生活保護世帯の子どものライフストーリー

貧困の世代的再生産

林 明子
Akiko Hayashi

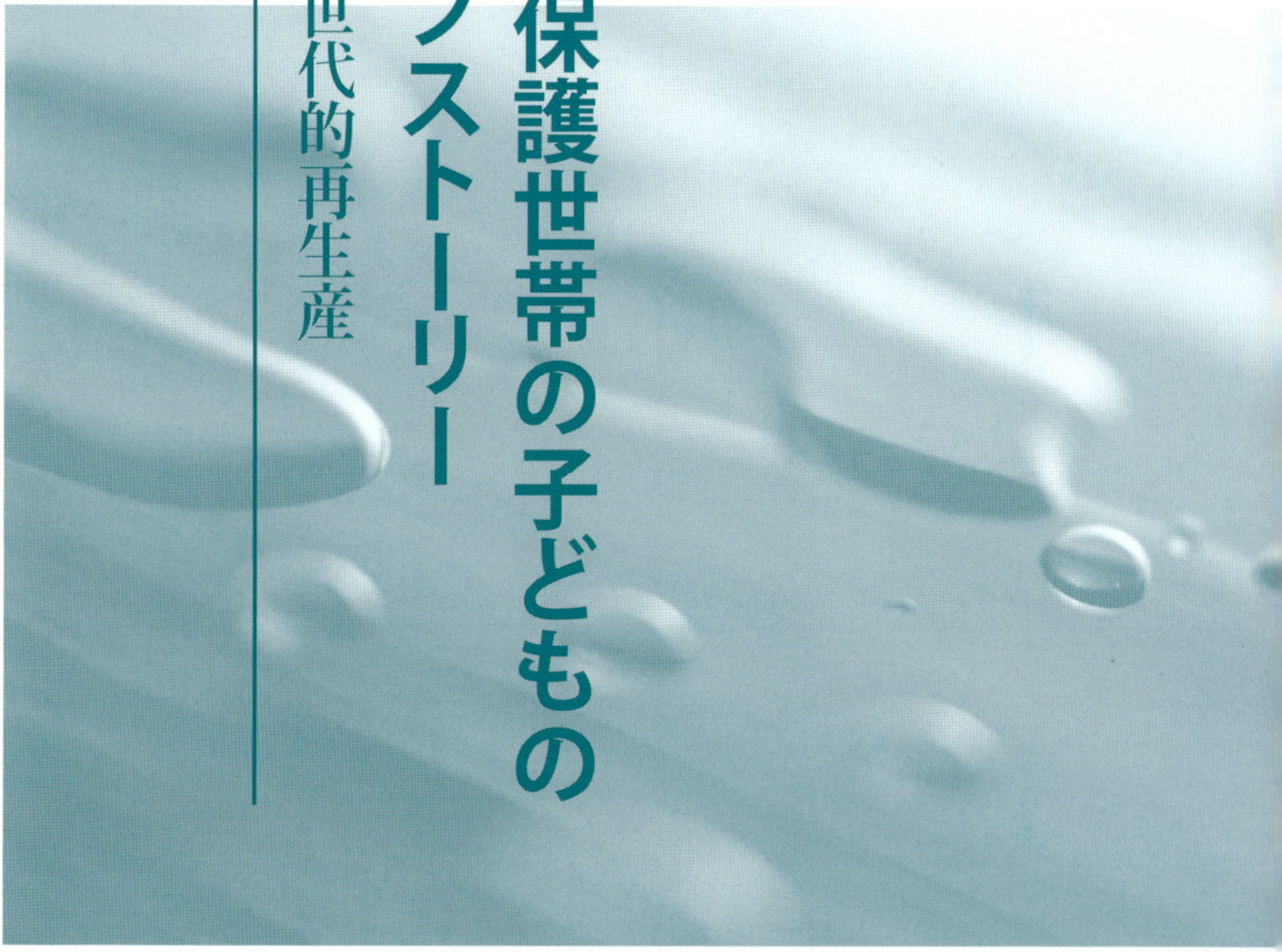

勁草書房

はしがき

「子どもの貧困」とは何か。子ども時代、「家にお金がない」ということは、どういうことなのか。たとえば、ある人はこのように考えるかもしれない。

――たとえお金がなくとも、あたたかく明るい家庭はあるだろう。よい教師や友人に恵まれ、充実した学校生活を送っている子どもも数多くいる。進路にしても、中学校までは義務教育であるし、公立高校であれば誰もが通えるようにも思われる。勉強をがんばって、奨学金を利用すれば、大学進学も不可能ではない。むしろいくらかの困難がある方が、ハングリー精神が養われてよいのではないか。そうしていずれ子どもが働き、親を楽にしてあげたらよいのだ。「お金がない」というのは、それほど問題ではない。そもそも昔はみんなお金なんてなかったのだから。今だって倹約し、「お金がない」なかで、必死に努力している人は大勢いる。「お金がない」ことは何の言い訳にもならないし、がんばるかがんばらないかは自己責任ではないか――。

確かに、家にお金がなくても、家族や周囲と円滑な関係を結び、平穏で豊かな生活を送っている子どもはたくさんいるに違いない。また自分で勉強して、高校や大学に進学し、就職して正当な賃金を得られるようになれば、「お金がなかった」ことは解決したとみなされるだろう。

しかしながら、この問題に関するさまざまな調査研究によれば、そうはならない現実が浮かび上がってくる。

たとえば経済的に困難な家庭の子どもほど学力が低いという調査結果がある。また経済的困難によって不登校が生じているという研究もある。さらにそうした家庭の子どもほど、高校進学率は低く、高校中退率が高いことも示されている。生活保護の受給歴に関する研究や貧困世帯を対象にしたインタビュー調査などからは、貧困は世代を超えて継承されることも明らかになっている。

つまり、「家にお金がない」ことは単なる経済的困難にとどまらず、そこで暮らす子どもの学校生活や学習、進路などさまざまな側面に影響を与え続け、次の世代に持ち越される。「子どもの貧困」は、「子ども」で終わることなく、そこからずっと続く可能性がある。

それでは、いまの日本に「子どもの貧困」はどれほどあるのだろうか。OECDによれば、日本の子どもの貧困率は一五・七%であるが、この数値はOECD加盟国三四ヵ国中一〇番目に高く、OECDの平均（一三・三%）を上回っている。また子どもがいる現役世帯のうち、大人が一人の世帯の貧困率は、日本の場合、五〇・八%と、OECD加盟国（平均三一・〇%）の中でもっとも高い（OECD 2014）。

二〇一二年には子どもの貧困率は一六・一%、子どもがいる現役世帯のうち、大人が一人の世帯の貧困率は五四・六%と上昇している。このように現在、「子どもの貧困」は拡大しており、とくにひとり親世帯は経済的に厳しい状態を強いられている。さらに言えば、日本の社会保障制度と税制度は「子どもの貧困」を軽減するような設計にはなっておらず（阿部 2008）、先進諸国の中でも日本は、「子どもの貧困」に対する課題が多い国なのである。

「子どもの貧困」を先送りにせず、貧困が繰り返されないためには、どのような社会保障、支援、サービス、取り組みが講じられる必要があるだろうか。今後、社会保障制度や税制度を整備し、児童手当や就学援助、奨学金制度等をさらに充実させることは必要不可欠であると考えられるが、「子どもの貧困」の影響が多岐にわたっている以上、経済的な側面以外にも何らかの方策が講じられることが肝要だと思われる。

本書では、経済的な側面だけでなく「子どもの貧困」の多様な側面に目を配り、どのような方策が有効であるかについて考えていきたい。経済的困難を抱えている家庭の子どもは、学習が遅れがちであり、学歴も相対的に低い傾向があることはいまや周知の事実となっている。しかしながら、なぜそうした結果に至るのかというプロセスは、解明されていない。このことを明らかにしない限り、「子どもの貧困」に対する有効な手立ては提示できない。したがって本書では、貧困世帯に育つ子どもたちの実態に迫り、彼らがどのような経験をしているのか、貧困であることが、どのように彼らの生活や進路に影響を及ぼしているのかを明らかにする。

そのためにまず、貧困世帯の子どもの進路の全体像を実態として把握しよう。そもそも貧困世帯の子どもの何割が高校へ進学し、何割が卒業しているのか、高校へ進学しなかった者や高校を途中で退学した者がその後どうしているのか、十分には分かっていない。本書ではこのことを明らかにした上で、彼らが幼少期から高校を卒業するまでどのような生活を送っているのかのプロセスを丁寧に追い、いかにしてある進路を「選択」したのかを連続的に描き出す。これらを明らかにすることによって、貧困がなぜ世代を超えて繰り返されるのかについて、子ども自身の経験という視点から考えることができるだろう。彼らのリアリティに迫らなければ、講じた方策は効果的に機能せず、もしくは必要としている人に手が届かず、いたずらに時間が経ってしまうおそれもある。

なお、本書では、生活保護世帯の子どもを対象として、同じ地域で三つの調査（①ケースファイル調査、②質問紙調査、③インタビュー調査）を実施した。インタビュー調査では、子どもたちに四年から五年をかけて何度も話を聞かせてもらった。そうしてできあがった彼らのライフストーリーを読み解くことにより、経済的な困難が単線的に学力や進路に影響しているのではないことをまざまざと思い知らされた。「ライフストーリー」は本書のタイトルにも含まれているが、それは本書全体の知見が彼らの経験や考えに多くを負っているためでもある。

本書の構成は以下のとおりである。序章では、貧困がなぜ問題であるのか、「子どもの貧困」とは何かを確認した上で本書の問題関心を述べる。第一章では、家庭背景と子どもの教育達成に関する研究をレビューした後、貧困世帯の子ども・若者を対象とした研究を確認する。そして、若者の移行に焦点をあてた研究を検討し、貧困の世代的再生産に関する研究を整理した上で、本書の研究目的を定める。続く第二章では、本書の研究目的と分析の視点、研究方法について述べる。

第三章から第六章にかけては、それぞれ具体的な調査と分析を行う。第三章では、ケースファイルから情報を抽出し、生活保護世帯の子どもの進路の様相を網羅的かつ連続的に描き出す。そしてさらに高校非進学者や高校中退者が、学校を離れた後、どのような移行を経験しているのかを明らかにする。また同じ生活保護世帯であっても、高卒資格未取得者とそうではない者とは何が異なるのか、その要因を分析する。第四章では、生活保護世帯と一般世帯の中学生を対象とした質問紙調査から、彼らの家庭生活と学校生活の特徴を比較し、高校進学や将来の進路希望について検討する。この章は、第五章、第六章における生活保護世帯の子どものライフストーリーを読み解く準備作業にもなっており、生活保護世帯の子どもの全体的な傾向を確認する意図がある。第五章では、生活保護世帯の子どもたちのライフストーリーから彼らの日常生活そのものを描き出し、彼らが中卒後の進路へどのように至ったのか、そのプロセスを明らかにする。そして第六章では、第五章と同様に、彼らのライフストーリーから中卒後の生活を描き出し、彼らが高卒後のある進路へと至るプロセスを明らかにする。高卒後アルバイトを継続している者や就職を果たした者、あるいは大学に進学した者を対象として、なぜどのようにしてそれらの進路を歩むことになったのかを明らかにする。とくに、大学進学者については、どのような要因によって進学が可能となったのかについても検討する。

終章では、第三章から第六章までの総括を行い、貧困の世代的再生産の仕組みについて考察する。最後に、各章の知見から、貧困世帯に育つ子どもたちの実状に即した政策や実践にかかわる提言を行う。現在、「子どもの貧困」に対しては、国や地方自治体、学校や民間で、さまざまな取り組みが行なわれているところではあるが、そうしたうねりのなかで、改めてどういった取り組みがなぜ重要であるのかを提示したい。

本書は、「子どもの貧困」に関心がある人はもちろん、広く子どもの育ちや教育に関心がある人にもぜひ読んでいただきたい。貧困世帯の子どもの様子は見えにくいが、「子どもの貧困」は現実に存在している。もしかしたら、すぐ近くにそうした子どもや、あるいは子ども時代に貧困を経験した人がいるかもしれない。本書の知見によって、「子どもの貧困」がすぐに解決するわけではないが、本書を通じて貧困世帯の子どもの実情の一端は知っていただけると思う。

本書が「子どもの貧困」をめぐる議論に少しでも寄与し、貧困世帯やそこで育つ子どもに何らかのかたちで役立つことができれば幸いである。またここでは、生活保護世帯の子どもに焦点をあてた議論を展開しているが、社会経済的に困難を抱えた子どもたちの生活や進路を理解することは、全ての子どもへの社会的なバックアップを探究することにもつながる。この本にはそうした思いも込められている。

生活保護世帯の子どものライフストーリー——貧困の世代的再生産／目　次

目　次

序章　問題の背景

1　「子どもの貧困」への関心の高まり

平成二五年の国民生活基礎調査で、子どもの貧困率は一六・三％であると報告された。これは平成二四年の集計結果であるが、昭和六〇年の調査開始以来、過去最悪の数値である（図序－1）。

貧困は「貧困のただ中にある人びとの状態を問題視することを通して、少なくともそのような状態が除去されないと、社会自体が成り立っていかない、ということを判断したもの」（岩田 2005）であるがゆえに、社会全体で取り組まなければならない社会問題である。それゆえ現代の日本社会において、子ども全体のおよそ六人に一人が社会経済的に厳しい状況の中で生活していることは看過することができない。また「子どもがいる現役世帯」のうち「大人が一人」の世帯の貧困率は、五四・六％に跳ね上がることも大きな社会問題となっている[1]（図序－2）。

松本（2008, p. 16）は、「子どもの貧困」について、「社会的に生み出され、家族を単位として立ち現れる貧困を、

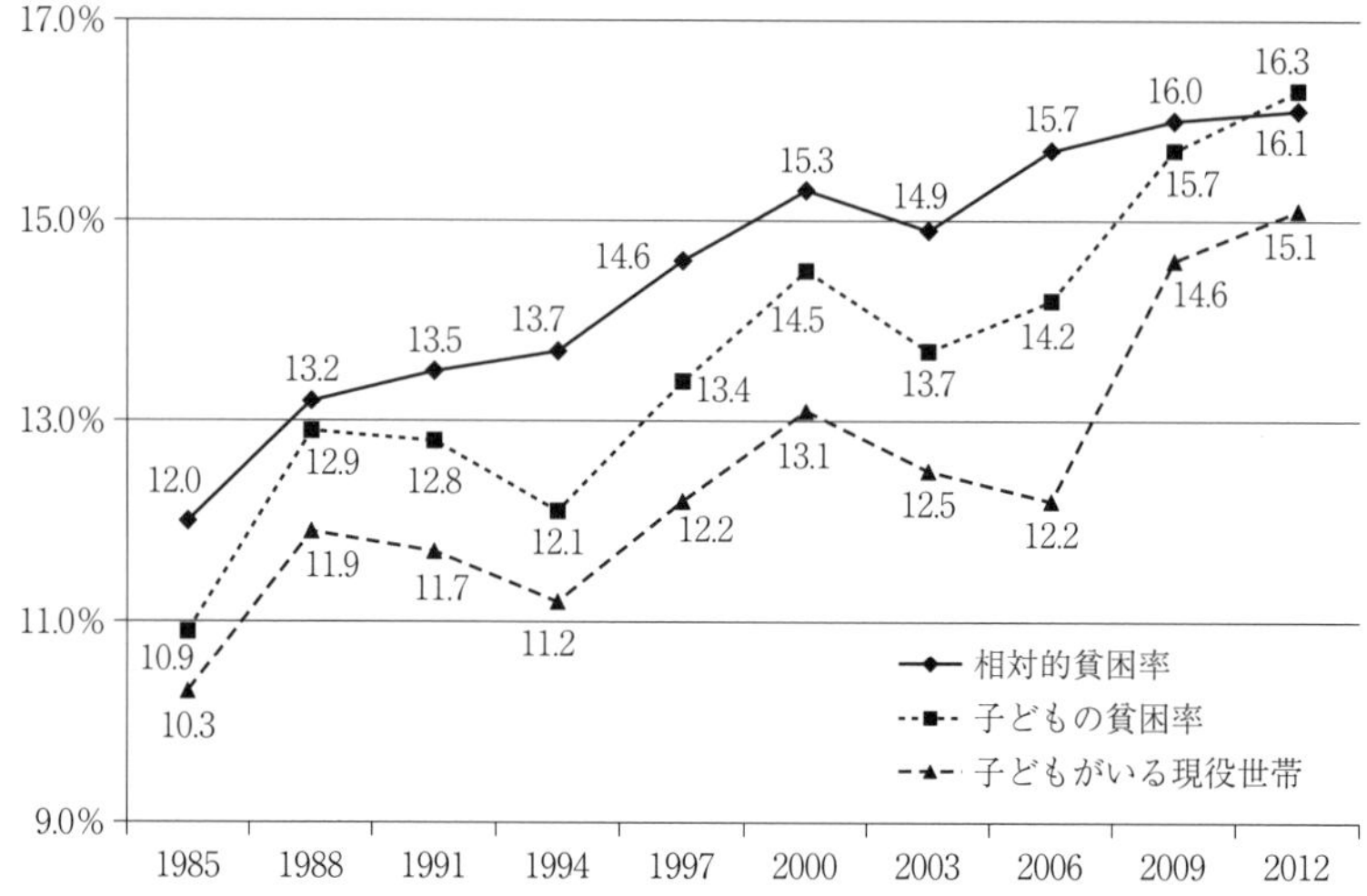

図序－1　相対的貧困率、子どもの貧困率の年次推移

出典）厚生労働省平成25年「国民生活基礎調査」より作成

そこに生きる子どもを主体として把握し、子どもの育ちと人生に即してより具体的に理解するために、子どもの貧困という言葉が使用される」と述べる。貧困状況にある子どもたちについては、今このときの育ちだけでなく、その先の進路についても考えあわせなければいけない。二〇一三年度の日本全国の高校進学率は九八・四％であるが、生活保護世帯の中学生の高校進学率は八九・九％であり、八・五ポイントの差がある（厚生労働省 2014c）。また「生徒の生活の貧困度を示す」授業料減免率が高い学校ほど、高校中退率も高くなることが明らかにされており[2]（青砥 2009）、家庭の経済状況は高校生活の継続にも影響を及ぼしている。

　こうした高校非進学や高校中退等、学歴の低さは、貧困の世代的再生産につながりうる。道中（2009）は、福祉事務所が保管している資料から生活保護を受給している母子世帯の世帯主の約四割は、自分が過去に生育した世帯でも生活保護を受給していたことを明らかにするとともに、彼女たちの多くが早期に学校から離れて低学歴にとどまっていることを提示した（中卒三八・七％、高

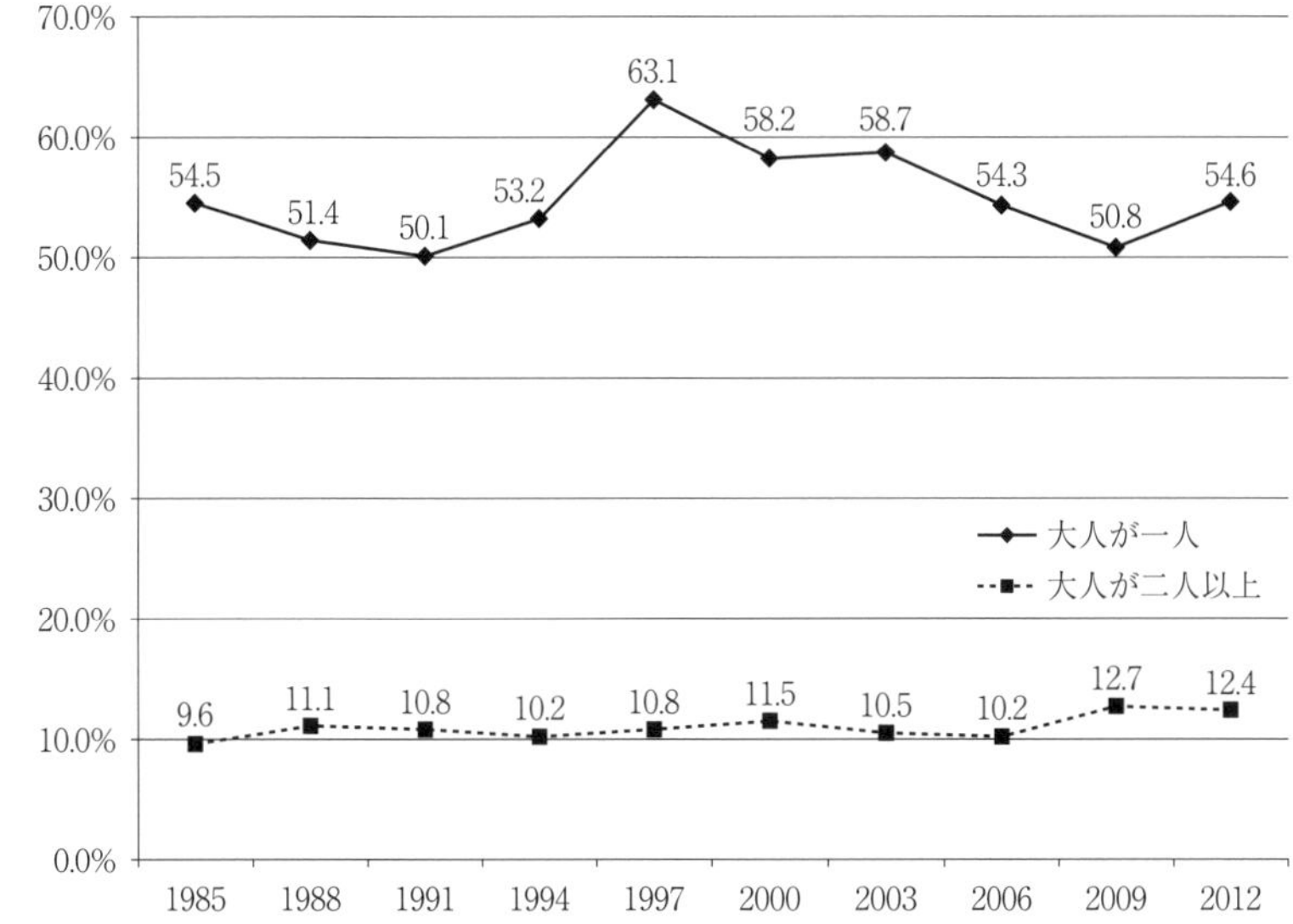

図序－2　子どもがいる現役世帯の貧困率の年次推移

出典）厚生労働省平成 25 年「国民生活基礎調査」より作成

校中退二七・四%)。こうしたデータから私たちは、経済的困難が子どもの学力や学歴を低位にし、彼らの将来の生活もまた困難になる可能性が高いことを容易に想像することができる。

このような「子どもの貧困」や貧困の世代的再生産に対応して、国もさまざまな支援に取り掛かり始めている。二〇一四年一月一七日、「子どもの貧困対策の推進に関する法律」が施行された。この法律の目的は、「子どもの将来がその生まれ育った環境によって左右されることのないよう、貧困の状況にある子どもが健やかに育成される環境を整備するとともに、教育の機会均等を図るため、子どもの貧困対策に関し、基本理念を定め、国等の責務を明らかにし、及び子どもの貧困対策の基本となる事項を定めることにより、子どもの貧困対策を総合的に推進すること」とされている。そして二〇一四年八月二九日の閣議において、政府は貧困世帯の子どもの教育や生活を支援するため、初めて「子どもの貧困対策大綱」を決定した。

また既に全国各地で取り組まれていた生活保護世帯等の子どもを対象とした学習支援事業は、二〇一五年四月に全面施行された「生活困窮者自立支援法」の対象ともなった(3)。世代間にわたる貧困の継承は、最終学歴の低位性とも深く関与していることから（道中 2009）、貧困の連鎖を断ち切るため二〇〇〇年代後半より、福祉行政として生活保護世帯の子どもを対象とした学習支援事業を実施する自治体が全国各地で次々とあらわれ始めた（二〇〇六年東京都小金井市、二〇〇七年度東京都板橋区、二〇〇八年度北海道釧路市、二〇一〇年埼玉県(4)、二〇一一年沖縄県那覇市、二〇一三年愛知県名古屋市など(5)）。なお、二〇一四年より先の「生活困窮者自立支援法」に基づく「生活困窮者自立促進支援モデル事業」が全国各地で実施されており、その中で学習支援事業は任意事業として五〇の地方自治体で取り組まれている（厚生労働省 2014a）。

こうした情勢を見るに、「子どもの貧困」は現場の実践に後押しされる形で政府が指揮をとり、法整備が進められ、社会全体で取り組まれるべき問題となっていったことがわかる。

2　「子どもの貧困」とは何か

ここで本書において使用する「貧困」の概念について確認したい。「貧困」には、「絶対的貧困」と「相対的貧困」があるとされている(6)。「絶対的貧困」とは、人間の生存費用から貧困の境界を定めたものであり、「相対的貧困」とは社会における生活様式からの剥奪指標により判断されるものである（岩田 2007）。先進諸国内で問題とされる「貧困」は、その社会における標準的な生活から判断されるため、「相対的貧困」を意味している。すなわち、「その社会の構成員として『あたりまえの生活』をいとなむのに必要な水準を欠くこと」を相対的貧困といい、「人とのつながりを保てる、職業や活動に参加できる、みじめな思いをすることのない、自らの可能性を大きく奪われることのない、子どもを安心して育てることができる生活、つまり、ぜいたくではないが望ましい社会生活をいとなむには一定の物的・制度的な基盤が必要」となるのである（松本 2008, p. 34）。

厚生労働省が使用する「貧困」も相対的貧困を指しており、世帯の貧困はこの相対的貧困率によって判断される。相対的貧困率は、経済協力開発機構（ＯＥＣＤ）が用いている手法であり、全世帯の等価可処分所得を並べ、その中央値の半分に貧困線を引くというものである。その貧困線に満たない世帯の割合が相対的貧困率とされる。

厚生労働省の国民生活基礎調査によれば、平成二四年の等価可処分所得の中央値は二四四万円であるため、その半分の一二二万円に貧困線が引かれた（平成二五年国民生活基礎調査）(7)。そして、これに満たない世帯の割合（相対的貧困率）は一六・一％となることが分かった。また子どもの貧困率は、一七歳以下の者のうち、貧困線に満たない世帯に属している者の割合を示す。これが冒頭で述べたように、一六・三％であり、数にして約三二八万人となる。

本書における「貧困」も、社会的な標準を含意した相対的貧困の意味で使用する。ただし、貧困は量的に把握されるが、経済的困難にとどまらず、さまざまな次元に渡って多くの困難を惹起しており、多方面に後続的に波及する複雑な社会問題である。

先に述べたように、貧困という状況で子ども時代を過ごすことは、学力や学歴を低くおしとどめ、将来にわたって不利をもたらす誘因となりえる。阿部（2008）は、東京近郊の地域において質問紙調査を実施し、一五歳の時の暮らし向きが現在の生活水準と関係していることを見出した(8)。子ども時代の貧困は、学力や教育達成の不利を招き、否応なくその後の就労にまで影響をもたらす可能性が高い。前節で紹介した福祉行政による生活保護世帯等の子どもを対象とした学習支援事業もその多くは、高校進学を支援するものであり、貧困の連鎖を断ち切ることを目指している。

また貧困という状況下にある世帯（以下、貧困世帯）の子どもたちは、学力や教育達成の不利を経験するだけではなく、それ以前に家庭生活そのものが不安定であることも数多く報告されている（山野 2008、岩田 2009 など）。たとえば、岩田（2009）は、「生活に困窮しているひとり親世帯の子どもたちと家族の生活」としていくつかのエピソードを紹介しているが、それぞれの家庭は両親の離婚や親の借金を経験していたり、親の労働環境が過酷であったり、家族構成が複雑であったりしている。家庭の内実はさまざまであるものの、そこには家庭生活が不安定となりうる複数の要因が混在しているのである。そうした家庭生活を送る中で、子どもたちは不登校や非行、高校非進学などに直面していく。「子どもの貧困」を考える際には、学力や学歴の不利のみに焦点をあてるのではなく、それ以前の彼らの家庭生活そのものについても同時に検討される必要があるだろう。

小西（2009）は、『子どもの貧困白書』において、「子どもの貧困」が若者の貧困、おとなの貧困、そして次世代の子どもの貧困へとつながることをふまえ、「子どもの貧困」とは「子どもが経済的困難と社会生活に必要なものの欠乏状態におかれ、発達の諸段階におけるさまざまな機会が奪われた結果、人生全体に影響を与えるほどの多くの不利を負ってしまうこと」であり、「本来、社会全体で保障すべき子どもの成長・発達を、個々の親や家庭の『責任』とし、過度な負担を負わせている現状では解決が難しい重大な社会問題」としている。また「人間形成の重要な時期である子ども時代を貧困のうちに過ごすことは、成長・発達に大きな影響をおよぼし、進学や就職における選択肢を狭め、自ら望む人生を選び取ることができなくなる『ライフチャンスの制約』をもたらすおそれ」があり、「子どもの『いま』と同時に将来をも脅かすもの」が「子どもの貧困」であると結んでいる。

本書においても、小西の定義に基づき、「子どもの貧困」は子ども時代から発達の諸段階にわたって影響を及ぼし、結果的に多くの不利を負ってしまうことと理解したい。また個々の親や家庭の「責任」としている限り、解決が難しい社会問題であるという点も押さえておこう。

以上を考えあわせると、「子どもの貧困」とは、子どもから若者、若者からおとなへと連続的な視点をもって検討することが必要な社会問題であるといえる。貧困世帯に育つ子どもの学力や教育達成については、子どもの「いま」と「将来」をつなげて理解しなければならない。さらに、学力や教育達成のみならず、彼らの家庭生活そのものについても目を配る必要があるだろう。(9) 彼らは一日の多くを家庭で過ごしており、家庭生活のなかでさまざまな出来事に遭遇していると考えられる。彼らがそこでどのような経験をしているのかを無視することはできない。「子どもの貧困」という社会問題に接近し、その打開策を提案するためには、貧困が子どもたちにどのように経験され、将来にどのように影響しているのかを連続的かつ多角的に見通すことが求められる。

3　解明すべき課題は何か

こうした「子どもの貧困」に関して、これまで学術的な研究が十分蓄積されてきたとは言い難い。それは、高度経済成長期以降、「貧困と教育問題」を結びつけて論じる研究は減少し、「教育と不平等」や「教育と社会階層」といったテーマが教育政策論争から外れてきた（苅谷 1995）ことと関係している。確かに、これまでも社会階層は学力や教育達成の重要な規定要因と見なされ、分析の視点に含まれてきた。しかし、貧困世帯の子どもや若者に焦点を合わせた調査研究はいまだ数少ないのが現状である。西田（2012）は、「貧困・生活不安定層の子どもたち、若者たち」の問題が社会的にも学術的にも等閑視され、結果的に彼らは排除されてきたと述べている。

二〇〇〇年代後半になって、ようやく研究上でも「子どもの貧困」が注目されるようになった。もちろんそれ以前から、「子どもの貧困」に着目し、研究を進めてきた研究者は存在するが、二〇〇〇年代後半からこの分野が活性化したのである。たとえば、阿部（2008）は、国内外の「子どもの貧困」に関する調査を幅広く紹介し、日本の政策の不十分さを指摘した。また浅井ら（2008）は、さまざまな立場の執筆陣を揃え、研究者のみならず、各現場から「子どもの貧困」の現状を訴えた。そして二〇〇九年には、子どもの貧困白書編集委員会が『子どもの貧困白書』を発行し、そこでは一〇五名に及ぶ執筆者が多様な角度から「子どもの貧困」に関する知見や情報を提供している。貧困世帯の子どもたちが背負っている家庭の経済状況や事情が次々と明らかにされ、彼らの学力や教育達成の背後にある家庭背景に改めて関心が集まった。

そしてまた、家庭背景と子どもの学力、教育達成についての量的分析に基づく研究も発表され始めた。稲葉昭英は、二〇〇五年ＳＳＭ調査から、社会全体では高学歴化が進む中で母子世帯の子どもは低学歴に止まる傾向があり、学歴格差が拡大していることを明らかにした（稲葉 2011）。それゆえ、母子世帯出身者は、高学歴化する社会の中で「取り残された存在である」と指摘した。さらに佐藤香によれば、二〇〇〇年代以降は学歴と雇用機会の相関がより鮮明になり、学歴による雇用の格差が拡大しているという（佐藤 2011）。また初職が非正規雇用である場合は、性別を問わず、現職も非正規になりやすいことが示されている。このように先行研究では、家庭背景と子どもの学力や学歴、職業についての量的分析が数多くなされている。

これらの実証研究から、貧困世帯の子どもは学力や学歴が低い傾向にあり、社会経済的に不利な職業に就きやすいということを改めて理解することができる。また子どもの学力や学歴に、世帯収入や父母の学歴、職業が影響を及ぼすことは今や周知の事実となっており、その格差の広がりも問題視されている。

しかし、依然として貧困世帯の子どもはなぜどのようにして、そうした低学力や低学歴にとどまるのかについては明確な説明がなされていない。この問いは、なぜ貧困が世代を超えて再生産されるのか、という問いと陸続きであるが、真正面から取り組んだ研究はほとんど存在しない。「子どもの貧困」に注目が集まり、国も地方もその対策に取り掛かり始め、学術的にも貧困世帯の子どもの不利が再確認されているものの、そのプロセスは不鮮明なままとなっている。貧困世帯の子どもたちがどのような生活を送り、なぜどのようにして低い教育達成にとどまるのか、こうした一連の理解が乏しいのである。仮にこのプロセスが解明されないまま、彼らを対象とした支援事業が矢継ぎ早に実施されるとすれば、それは彼らのニーズに応えるものとはならないかもしれない。彼らの生活と進路を連続的かつ多角的に理解しなければ、「子どもの貧困」という社会問題に対して適切な打開策を講じることはできないだろう。

ここで「子どもの貧困」の概念は、社会的排除の概念とも重なることを確認したい。バラとラペールは社会的排除の概念が貧困概念よりすぐれている点として、「剥奪の有する多次元的な特徴に焦点をあてるので、人びとが剥奪されつづけることの累積的な要因に関する洞察を提供してくれる」ことと、「剥奪を動態的《ダイナミック》な諸原因の結果として分析することを可能にしてくれる」ことを挙げた（Bhalla and Lapeyre 訳書 2005）。先に、「子どもの貧困」は連続的かつ多角的に検討されるべき社会問題であると述べたが、これはまさに社会的排除のプロセスを見ることに他ならない。松本（2008）は、「貧困がもたらすものは、可能性の制限である」と述べる。また続けて、「子どもはさまざまな可能性を保障されるなかで、自己を発達させる。ゆえに子どもの貧困の本質は、それによる発達権の侵害である。明らかにすべき問題は、子どもの可能性の制限、発達の阻害、関係の崩壊、自立の困難が、家族における経済的資源の制限とどのように絡まり合っているのか、という点であろう」という（松本 2008, p. 38）。本書では、こうした観点も含みながら、現代の日本社会に生活している貧困世帯の子どもたちがどのような生活を送り、いかなる社会的排除に遭遇してしまうのか、なぜ低い教育達成にとどまり、どのようにして結果的に貧困の世代的再生産へと至るのかというプロセスの解明を行う。

なお、本書では青木紀の議論（2003a）にもとづき、貧困の世代的再生産を貧困の再生産と区別して、「現象的には二世代以上にわたって、社会的に受容できないほどの貧困な生活状態が続くような状況が、ある集団あるいは層として形成されていること」と定義する。かりに貧困層が存在したとしても、その内部構成が世代的に流動的であるならば、「貧困の世代的再生産」という概念は生じないのである（同書、p. 11）。

4　解明する課題への道筋

そもそも貧困世帯の子どもについては、明らかになっていないことが多い。たとえば、彼らは具体的にどのような進路を歩んでいるのだろうか。義務教育終了後、貧困世帯の子どもの何割が高校に進学し、何割が最終的に高卒資格を得ているのだろうか。そして、高校卒業後の進路分化はどのようになっており、どの程度の者が大学・短大や専門学校などの高等教育に進学しているのだろうか。また高校非進学者や高校中退者など高卒資格を得ていない者は、その後いかなる進路を経験しているのだろうか。

貧困世帯の子どもについて議論する上で、経年的に進路をたどる基礎的データは欠かすことができないが、これまでこうした実態調査はほとんどなされていない(10)。貧困世帯の子どもに焦点を合わせた調査研究は十分ではなく、彼らの進路を時系列に沿って連続的にとらえ、その実態を明らかにした研究は筆者の調べた限りでは見当たらなかった。また貧困世帯の子どもの高校非進学率や高校中退率が高いことは報告されているものの、彼らのその後の進路が網羅的に明らかにされたことはない。

貧困世帯の子どもは学力や学歴が低くなりやすく、就職が困難であり、将来の生活が不安定となる可能性が高い、ということが自明であるならば、まず彼らがどのような進路を歩み、いかなる経験をしているのかをより具体的に把握しなければならない。貧困世帯の子どもについては、このように量的に把握されるべき課題もまだ残されており、こうした課題には早急に取り掛かる必要がある。

このことを明らかにした上で、次に、貧困世帯の子どもがなぜどのようにして相対的に低位の進路にたどり着くのか、というプロセスを解明することが求められる。須藤（2010）が述べるように、日本においては「学力の階層差が生じる過程や、それを克服するための方策」についての研究蓄積は乏しく、そのプロセスは不鮮明である。貧困であることが、なぜどのようにして子どもに影響を及ぼすのか、という問いは、ほとんど手付かずのままであるにもかかわらず、私たちは日本の文脈に基づいた調査研究を十分にしてこなかった。確かに、先行研究が明らかにしているように、世帯収入や父母の学歴、職業は子どもの学力や学歴、職業を規定する要因となりうるが、量的調査によってのみそのプロセスを精緻に解明することはできない。

そのため、日本において学術研究をベースとした、学力の階層差や教育の不平等に対する有効な支援策が具体的に提案されたことはほとんどない(11)。特に教育社会学の分野では、学問上の性質もあいまって、階層と学力について研究が蓄積されてきたにもかかわらず、「子どもの貧困」や世代的再生産を打開するような提案や提言がなされることは稀である。しかしながら、冒頭で述べたように、貧困は社会問題であることから、その解決が目指される。そのため、いまや社会的要請に応えるという意味においても、子どもの学力や学歴を規定する要因を特定するだけでは不十分といえる。

プロセスを解明するということは、これまで想定されてきた要因間の相関を、原因から結果へと至る道筋として描き出すことである。しかしながら、世帯収入や父母の学歴、職業が低位であることが子どもの低学力や低学歴へと結びつく、このプロセスは複雑である。なぜなら、現実には、世帯収入や父母の学歴、職業のみに回収されない複雑な状況やそこでの彼らの経験等が絡み合いながら存在しているのであり、また当事者の主観という重要な要因も潜んでいるからである。

量的調査ではこれらがほとんどそぎ落とされてしまっている。量的調査においては、要因間の結びつきの強さや一つひとつの要因の強弱を全体の傾向として分析することが可能であり、そこで明らかにされた知見に本書も多くを負っている。しかし、そうした要因のみでは、あまりにシンプルなプロセスしか描けない。

貧困世帯の子どもがある進路へとたどり着くまでの複雑なプロセスを解明するには、これまで閑却されてきた彼らの家庭生活に分け入り、世帯収入や父母の学歴、職業だけではない個々の状況と彼らの経験の積み重ねに目を向けなければならない。そのため、「2　子どもの貧困とは何か」で述べたように、彼らの進路を連続的に解明するには、彼らが多くの時間を過ごす家庭生活という視点を分析に組み込む必要があるだろう。貧困世帯の子どもはどのような生活を送り、なぜどのようにして低学力や低学歴へと至るのか、このプロセスは彼ら自身の経験に即して明らかにされなければならない。

こうした要請をふまえ、本書では貧困世帯の子どものライフストーリーに着目する。彼らのライフストーリーを分析することによって、彼らの家庭生活での経験や進路を時系列に沿って理解することができ、また彼らの主観を考慮することも可能となる。そしてそれらを一つひとつ解きほぐしていくことで、貧困がなぜどのようにして低学力や低学歴へと連なるのかというプロセスが明らかになる。またこのプロセスが明らかになることにより、貧困世帯の子どもたちが直面する社会的排除の局面についてもおのずと見出されるだろう。

第一章で詳述するように、貧困の世代的再生産については、日本独自の理論が生成されたことはほとんどなく、これまで諸外国から輸入された研究によって部分的に説明がなされてきた。確かにそれらの研究は説得的であり日本でも応用可能と受け止められている部分が大きい。しかし、そうした研究は日本社会の現状（家族主義やそれに支えられている社会保障制度、教育システムなど）を十分に組み込んでいるとは言い難い。したがって、貧困の世代的再生産については日本の子どもたちの実状とその背後にある社会背景を考慮した上で改めて考察することが必要だと考えられる。

以上をまとめると、課題を解明する順序として、まず貧困世帯の子どもたちの進路が全体としてどのようになっているのかを網羅的かつ連続的に把握することが先決であろう。次に、現代の日本社会において、彼らがなぜどのようにして低学力や低い教育達成にとどまるのか、また不安定な職業へと至るのか、このプロセスを彼ら自身のライフストーリーから描き出すことが目指される。このライフストーリーと社会背景を考えあわせて、貧困の世代的再生産の仕組みの一端を新たに解明しよう。

5　後期近代における貧困世帯の子どもの進路

以上の課題を解明するにあたり、本書では子どもを取り巻く社会背景を読み解く手がかりとして後期近代論と、社会保障制度に顕著に見られる日本の家族主義に目配りしながら分析と考察を進める。日本を含めた多くの産業社会はリスク社会化が進行する後期近代にあり、さまざまなリスク管理が個人の意思と責任にこれまで以上に委ねられている（Beck, Giddens & Lash 訳書 1997, Giddens 訳書 2005, 乾 2010 など）。そうした中で、年少者は自身の進路を選択しなければならない。そして日本では、その一方で家族主義に依存した形で社会保障制度が敷かれており、それは教育においても「『家族依存型』教育システム」（青木 2007）[12] となって彼らの教育や進路に影響を及ぼしている。本書では、こうした現状を踏まえた議論を展開していく。

なお、中学校卒業後の進路について分析する際、これまで教育社会学の分野では、「進路選択」や「進路形成」という概念が使用されることが多かった。しかし、本書では、それらに代わって「移行」概念を用いることとし、「進路選択」や「進路形成」概念は限定的に使用する。それは端的に以下の理由による。

すなわち、これまでの進路に関連した研究の多くは、生徒の「進路選択」により「進路形成」がなされるという暗黙の前提があったと考えられるが、本書ではその前提をより慎重に取り扱うためである。教育社会学でしばしば研究上のキーワードとして用いられる「進路選択」という概念は、個人が進路を選択しうる、ないし選択すべきであるという前提を含みもった近代的な概念である。進路選択の議論においては、個人は自由な選択をする主体的な存在であると仮定されている。また、「進路を選択する」という言葉には、同時に自己責任の論理がつきまとう。

しかしながら、ファーロング（Furlong 訳書 2009）が指摘するように、個人の進路には、階層やジェンダーの影響が色濃く反映されている。日本においても個人の進路はそうした影響を受けている。後に見るように貧困世帯の子どもの進路の実態は多様であり、高校非進学者や高校中退者も多い。そうした彼らの進路をこれまでの教育社会学における「進路選択」や「進路形成」研究の枠組みで読み解くことは難しい。彼らは自らの進路を意図的に形成しているというよりは、ある状況に対応する形で各段階の後半に次の行先を迫られて限定された選択肢の中から、進路を決定している場合も多く、これを「進路選択」や「進路形成」という従来の概念のみで解釈することは慎む必要があるだろう。

したがって、本書では、貧困世帯の子どもが中学校卒業後にたどる多様な進路の経験を「移行」の経験として連続的にとらえることにする。そして「進路選択」は、そうした移行の経験の中で彼らが具体的に次の進路先を選択した場面を意味する概念として限定的に使用する。彼らがどのような経験をして、いかなる状況下で、そうした「進路選択」をしたのか、本書ではその場面に至るまでのプロセスを描き出すことに主眼を置く。誰もが所与の条件下で「進路選択」を行っているのであり、そうした条件は各時代、各地域、各家庭で異なる。本書では、現代の日本社会において、ある地域の貧困世帯の子どもがなぜどのようにしてある「進路選択」を行うに至ったのか、そのプロセスを追究するものである。

以上を踏まえ、本書では以下の二つの課題の解明を通じて、貧困の世代的再生産の仕組みについて考察する。

第一に、移行という観点から貧困世帯の子どもが全体としてどのような進路を歩んでいるのかを網羅的かつ連続的に明らかにする。義務教育終了後、貧困世帯の子どもたちはどの程度の割合で高校に進学しているのか、そしてその後はそれぞれいかなる進路へと至るのだろうか。本書では、貧困世帯の子どもの進路における見取り図から議論を始めたい。

第二に、貧困世帯の子どもを対象としたインタビュー調査を実施し、彼らのライフストーリーから、彼らがなぜどのようにしてその進路にたどり着いたのか、そのプロセスを解明する。ライフストーリーに着目することで、彼らの状況や経験を連続的に理解することが可能となり、また彼らの主観をも分析に含めることができる。移行の段階を追って理解するため、ライフストーリーは中学校卒業時までと中学校卒業後に分けて分析を行う。

なお、貧困世帯について、公的に定められた貧困線以下の収入で生活している世帯を抽出し調査依頼をすることは、アクセスが困難であり現実的ではない。そのため、本書では生活保護世帯（以下、被保護世帯）の子どもを対象とし分析を行う[13]。被保護世帯については自治体の福祉行政が把握しているため、各福祉事務所の協力を得ることができれば、被保護世帯の子どもたちに関する情報を網羅的に入手できる可能性が高い。また被保護世帯の「それぞれの家族が抱える課題は深刻で貧困の熟度は高い」（道中 2009）ことから、調査対象としても適当と考えられる。

注

（1）厚生労働省の国民生活基礎調査の定義によれば、「大人とは一八歳以上の者、子どもとは一七歳以下の者をいい、現役世帯とは世帯主が一八歳以上六五歳未満の世帯をいう」。

（2）「公立高等学校授業料無償制・高等学校等就学支援金制度」は二〇一〇年から実施されている。ただしこの制度は授業料のみであり、修学旅行の費用等は該当しない。その後、改正され、二〇一四年に「高等学校等就学支援金制度」が施行された。この新制度では、国公私立を問わず、「市町村民税所得割額」が三〇万四二〇〇円（年収九一〇万円程度）未満の世帯の生徒に、高等学校の授業料として支払われる。国から都道府県、学校設置者に就学支援金が交付、支給され、学校設置者は就学支援金を生徒の授業料と相殺する。

（3）生活困窮者自立支援法は、「生活保護に至る前の段階の自立支援策の強化を図るため、生活困窮者に対し、自立相談支援事業の実施、住居確保給付金の支給その他の支援を行うための所要の措置を講ずることを目的」としている。

（4）埼玉県では「生活保護受給者チャレンジ支援事業」として生活保護世帯の中学生、高校生を対象として「困難を抱えた親の養育相談」と「高等学校進学及び卒業の動機づけを行い、学習支援を通じて基礎学力の向上を図る」取り組みを実施しているが、その取り組みは「教育支援員事業」と名付けられている。

（5）先駆的な試みとして、一九八七年からケースワーカーがはじめた江戸川中三勉強会がある。しかし、この勉強会はあくまでボランティアとして取り組まれており、事業化はされていない。江戸川中三勉強会については、宮武（2014）に詳しい。なお現在、ひとり親世帯の子どもを対象とした支援事業も東京都品川区や千葉県船橋市で実施されている。

（6）しかし、「貧困の意味の多くは、国や社会の仕切をまたいでいく」ことから、かつてほど絶対的貧困と相対的貧困の区別は強調されなくなったという（spicker 訳書 2008, p. 44）。

（7）この一二二万円は個人単位の額である。世帯全体の額を求めると、親子二人世帯では年間約一七三万円（月額約一四万円）、親子四人世帯では約二四四万円（月額約二〇万円）となる（山野 2014）。

（8）この調査は、二〇〇六年に東京近郊の地域で阿部らが実施したものである（阿部 2008）。二〇歳以上の男女約一六〇〇人を対象とし、二〇歳から九三歳の約六〇〇人から回答を得たという。

（9）本書では全ての章を通じて、基本的に三人称の表現を「彼ら」で統一する。「彼ら」を「彼／彼女たち」や「彼女ら」が互換的に表現されたものとして扱うため、「彼ら」と表現したものの中には女性のみを指す場合もある。

（10）本章の執筆後、公表された「子どもの貧困対策大綱」では、生活保護世帯の子どもの高等学校等進学率は九〇・八％と報告されている（全日制高校六七・六％、定時制高校一一・五％、通信制高校五・一％、中等教育学校後期課程〇・一％、特別支援学校高等部四・九％、高等専門学校〇・七％、専修学校の高等課程〇・九％）。また高等学校等中退率は五・三％とされている（平成二四年四月の在籍者数の総数で、平成二五年三月までに中退した者の数を除した数）。なお、大学等進学率については、三二・九％と算出されている（大学等一九・二％、専修学校等一三・七％）。中学校卒業後の就職率は二・五％、高等学校等卒業後の就職率は四六・一％であるという。

(11)　ただし、学校の取り組みに着目した効果のある学校（志水 2009、志水編 2011）などの蓄積はある。

(12)　エスピン・アンデルセンは、「家族主義的なシステム」について、「家庭こそが家族の福祉の責任を第一に負わなければならないと公共政策が想定（むしろ主張）するようなシステム」（Andersen 訳書 1999, p. 86）と説明している。

(13)　これまで日本では生活保護基準が貧困線となっていたが、ごく最近になってＯＥＣＤによる基準が用いられるようになった（岩田 2007, p. 48）。また「現在の保護基準は相対貧困の考え方に基づいており、その貧困ラインは一般の消費水準のほぼ六割と決められている」（同書、p. 58）。

第一章　先行研究の検討

1　はじめに

序章で述べたように、「子どもの貧困」は、現在だけでなく将来にまでさまざまな影響を及ぼすことが懸念され、社会的な問題となっている。こうした現状においては、まず貧困世帯の子どもたちの進路における実態がどのようになっているのかという現状把握が必要となる。次に彼らがどのような生活を送っており、なぜ彼らの教育達成は低くとどめられるのかといったプロセス解明が大きな課題となる。さらにこうした課題を解明することにより、貧困の世代的再生産の仕組みの一端をも明らかにできると考えられる。

上記の課題を解明するには、どのような先行研究を検討すればよいだろうか。これまで家庭背景と子どもの教育達成については、社会学や教育社会学の分野で多くの理論的・実証的研究が進められてきた。特に諸外国においては、さまざまな概念が生成され、それをもとに日本でも調査研究が行なわれてきている。また世帯収入の多寡や父母の学歴の高低などが子どもの進路を規定していることは、繰り返し実証されており、いまや周知の事実となっている。厳密に言えば、社会階層の低さと貧困は異なり、それらを同一に扱うことには慎重を期さなければならないが、社会階層の文脈で明らかにされたことは貧困世帯においても共通している部分が多いと考えられる。そのため本章ではまず、社会階層を含めた家庭背景と子どもの教育達成に関連する先行研究をレビューし、その知見を検討する。高度経済成長期においては、子どもの教育達成を家庭背景という視点から分析する調査研究は失速していたが、その間も同和地区を中心に教育の不平等は問題とされてきた。同和地区内に居住する世帯の子どもたちの教育達成はなぜ低いのか、地区外とは何が異なるのかについて地道な調査研究があり、本章ではこうした研究もとりあつかいたい。

次に、対象を絞り、貧困世帯の子どもに着目した調査研究を振り返る。世帯や個人に焦点をあてた研究は、教育社会学だけでなく、社会福祉学の分野でも活発に報告されてきた。先行研究によって対象者の選定が若干異なるため、貧困世帯という括りだけでなく、「生活保護世帯・低所得世帯」や「生活が困難である世帯」を対象とした研究もある。しかし、これらは「社会経済的に困難を抱えている世帯の子ども」という観点から見れば、問題関心は通底していると判断し、いずれも本章で検討する先行研究に含めることとする。またその観点でいえば、ひとり親世帯の子どもも検討に含める必要があるだろう。

これらの先行研究を整理した上で、次に若者の移行に関する研究を検討しよう。現代社会において、若者の移行はどのような展開を見せているのか。とくに、貧困世帯の若者はどのように次の進路へ進んでいくのか。こうした移行の問題は、社会学や教育学、また教育社会学での蓄積が厚く、さまざまな手法で取り組まれてきた。本章においては、各分野における先行研究を概観し、若者の移行に関する知見と課題を明らかにする。

加えて、本章では、これまで貧困の世代的再生産にいかなる説明が与えられてきたのかを確認する。貧困の世代的再生産については、古典的な問いとして、社会階層を含む家庭背景から理論的に論じられたり、あるいは貧困が世代を超えて再生産されるあり様が実証的に報告されたりしてきた。それはときに「貧困の文化」（Lewis 訳書 2003）と名付けられることもあった。こうした貧困の世代的再生産に関する議論を検討し、現時点における その到達点を見定める。

以上、本章では、「家庭背景と子どもの教育達成に関する研究」、「貧困世帯の子どもに関する研究」、「若者の移行に関する研究」、「貧困の世代的再生産に関する研究」をそれぞれ検討する。そのうえで、改めて本書の課題と分析の視点を示したい。

2　家庭背景と子どもの教育達成に関する研究

子どもの教育達成には、さまざまな家庭背景の要因が関連している。教育社会学の分野では、階層や階級といった社会的集団を前提に検討が進められており、そうした集団によってなぜ子どもの学力や教育達成が異なるのかといった問題が理論的・実証的に追究されてきた。その中でも特に日本に大きなインパクトを与え、今でも数多く引用または応用されているのはバーンスティン、ブルデュー、ウィリスの研究である。

バーンスティンは、話しことばに注目し、その言語を限定コードと精密コードに分類した。彼はコード自体を「社会構造の特質」と考え、限定コードは「構成員が共通の同一性を持つことを前提とした形態の社会関係によっても生み出される」が、精密コードは「そのような共通の同一性を持つことを必ずしも前提とはしないような形態の社会関係によっても生み出される」とした（Bernstein 訳書 1981, p. 138）。そして、労働者階級に属する個人は限定コードを習得するのに対して、中産階級に属する個人は限定コードと精密コードの二つを習得する可能性があると述べる（同書、pp. 138–139）。つまり、「中産階級において社会化された子どもたちは、精密コードと限定コードの双方を身につけると予想されるのだが、労働者階級の中で社会化された子どもたちは、とりわけ同じ労働者階級のなかでも低いクラスの場合、限定コードだけに制約されることが予想される」のである。そのため、彼は学校において、「低いクラスの労働者階級の子どもたちが見せる相対的に遅い進歩とは、言語過程をとおして子どもたちに伝達される文化的遅進の一形態」である可能性を指摘した（同書、p. 169）。

また彼は、この議論をさらに進化させ、言語コードと家族の役割形態の特質を検討した。バーンスティンによれば、意思決定が家族成員の形式的な身分（父、母、祖父、祖母、子における年齢や性別）によってなされる家族は地位家族と見なすことが可能であり、それは閉鎖型のコミュニケーション体系をもつ。このような形態の家族においては、一方的な社会化が促され、「役割体系は、個人の意図や動機のことばによる精密化を助長しない」。それに対して、意思決定が形式的な地位によらず、ひとの心理学的な性質によってなされる家族は個性志向家族と名付けられる。こうした形態の家族の成員は、相互的なやりとりにより社会化され、子どもは開放型コミュニケーション体系の中で「付与される役割よりも、むしろかれの役割を作ることを学ぶ」という（同書、pp. 188-189）。こうして、社会階級と子どもの教育達成について、ことばという切り口から、いくつかの実験をもとに理論的考察が進められた。

日本においても、バーンスティンの言語コード論を応用した実証的研究がいくつか取り組まれている（中野1974、前馬 2011 ほか）。たとえば前馬（2011）は、三つの小学校の児童九三名（一年生）を対象として、「物語作り」の調査を行った。五枚の絵を並べて提示し、その絵について児童に物語を作ってもらうという調査である。また児童の保護者を対象として、アンケート調査を併せて行っている。分析の結果、「精密コードの獲得には家庭環境が影響して」おり、限定コードを使用していた子どもは、「保護者がブルーカラー職業」、「母子家庭」、「出生順位が遅い」という特徴を有していたという。

バーンスティンの言語コード論に基づく研究は，社会階級と子どもの教育達成との関連について，子どもが家庭で獲得した言語コードに着目した点で斬新であり，また言語コードから家庭での社会化へと理論を展開させたことでより説得力をもつようになった。しかしながら，バーンスティン自身も述べるように，この理論は「どちらの話しことばの体系がより価値があるかとか，そのことばの象徴する文化のどちらがすぐれているかという点について，暗黙のうちに価値判断を下さないようにするということ」が難しい（同書，p. 227）。実際に，言語コード論は補償教育の文脈にのせられ，「『限定コード』の概念が，『言語的剥奪』，あるいはことばをもたない子どもとさえ，同一視されてしまった」という（同書，p. 235）。また神原（2000）は，家庭における社会化は，言語コードの社会化にとどまらず，「意識的・無意識的にあらゆる家族文化が社会化される」と指摘し，家族文化の社会化にも注目する必要性を述べる（同書，p. 31）。確かに，言語コードは家庭で行われる社会化の一側面を捉えているに過ぎず，言語以外の重要な側面を見落とす可能性も否定できない。

ブルデューは，大学生を対象とした調査から，「まったく異なる機会，生活条件，勉学条件を決定する出身階層は，あらゆる決定要因の中でも，学生の経験の全領域，全レベルにわたって影響を与える唯一のものであり，とりわけ彼らの生活状態とまず第一に関わるものである」と，出身階層が学生に与える影響を主張した（Bourdieu 訳書，1997，p. 24）。そこには，「学校的な基準に照らして測定される能力は，『生まれつきの才能』よりも，むしろある階級のさまざまな文化的慣習と教育制度の側の要求事項との，もしくは教育制度における成功を規定する基準との，親和性の大きさによって決まる事実」を重要視する考えがあった（同書，p. 40）。つまり，教育達成は出身階層に規定されているにもかかわらず，そうした事実が巧みに隠蔽されていることを明るみにしたのである。彼は「学校教育制度は生徒たちを種分けして，ある者は正統的慣習行動をおこなう者として評価の高い位置づけへ，またある者はこれをおこなわない者として評価の低い位置づけへと振りわけていくことにより，彼らの抱いているさまざまな希望や要求、自己イメージや自己評価を操作している」と述べた（Bourdieu 訳書 1990, p. 41）。また個人や家庭が自分の資産を保持あるいは増大させ、階級の関係構造における自らの位置を維持あるいは向上させようとして行う、その多様な慣習行動の総体を再生産の戦略とした。この戦略は、集団が所有している経済資本・文化資本・社会関係資本と、再生産手段のシステムの状態（慣習や相続法の状態、労働市場の状態、学校制度の状態、等々）によって規定される（同書、p. 199）。

こうしたブルデューのアイディアに基づき、日本でもいくつかの研究が行なわれてきた（片岡 2001、大前 2002、近藤 2011 ほか）。子どもの教育達成を、個人の才能の如何に帰するのではなく、出身階層に規定され家庭で相続された資本によると考える一連の議論は、学校教育の正統性に再考を促しながら階層の世代的再生産の仕組みを説明する。そしてこれらの議論は、社会階層に規定された家庭の資本と学校制度を連結させながら展開されており、理論の応用可能性も含めて魅力的に映る。

しかしその一方で、資本という考え方は、社会的に有利な位置にある階層の家庭がなおいっそう、子どもの教育達成に注力することを促しかねず、またバーンスティンの言語コード論同様、学校で評価される資本を有していない出身階層の子どもは「文化的剥奪」の状態にあると捉えられかねない。加えて、資本ということばを使用している以上、資本の有無や多寡が自ずと分析の視角に採用されることとなり、持てる者と持たざる者のコントラストが際立つようになる。またバーンスティンもブルデューも、ともに家庭生活の状況の捉え方が大まかであり、家庭背景が子どもの教育達成に影響を及ぼす子細なプロセスを描いてはいない。子どもの家庭内における役割に対する言及はあるものの（Bernstein 訳書 1981, p. 197）、その記述は限定的であり、子どもに期待された役割の中身さえ十分に明らかにしていない。つまり、これらの議論は家庭背景と子どもの教育達成について、大枠を捉えることには適していたかもしれないが、それぞれの子どもがある教育達成へと至るプロセスを説明しきれてはおらず、社会階層に規定される家庭背景の一側面が過度に強調されて展開してきたと言える。さらに、そうした研究においては、子どもは各社会階層に属する家庭から影響を受けるものとして、受動的な存在として捉えられてきた。しかし、そうした見方はともすれば彼らの能動性や主体性を見過ごすことにもつながりかねない。

これに対して、ウィリスは、労働者階級の〈野郎ども〉がなぜどのようにして自ら進んで筋肉労働者へと至るのか、という彼らの主体性に目を向け、その再生産のプロセスを明らかにした（Willis 訳書 1996）。彼は、労働者階級の男子生徒一二名の事例研究をもとに、彼らの生活誌からその分析を試み、彼らの対抗文化が労働者階級への入り口となっていることを描き出したのである。〈野郎ども〉は学校で、学校文化に対抗し、学校に順応している生徒を〈耳穴っ子〉として「たんに排斥するだけではなく、優越感をもって見下している」（同書、p. 39）。彼らは教師に反抗し、服装や髪形を変化させ、喫煙や飲酒をするが、そうした行為をすることにより、大人の世界にいることを周囲に誇示しているのである。このように、「反学校文化の経験をくぐり抜けた〈野郎ども〉は、短期的、中期的には、非常になめらかに職場への移行をなしとげる。また、手労働の世界は反学校文化の好みに実によくなじむ」（同書、p. 268）。つまり、〈野郎ども〉は、学校での対抗文化に積極的にコミットし、そのまま手労働の職へと自ら進んでいくのである。しかしながら、この過程は、結果的に社会体制を再生産していく過程でもある。学校に対抗していた彼らは、いつの間にか労働者階級へと取り込まれていくのである。

ウィリスの研究は、労働者階級出身の〈野郎ども〉の生活誌をもとに、彼らの主体的な側面に着目し、学校から職業への移行を描き出した点に大きな特徴がある。彼らを受動的な存在とみるのではなく、能動的な存在と捉えたことは、私たちにある見方の転回を促すものであった。ただし、ウィリスが調査した当時の社会状況や労働市場と、現代の日本の情勢は大きく異なる。また彼は、調査対象者の特質ゆえに、家庭生活の内実には踏み込んでいない。対象者としたのは、あくまでイギリスの労働者階級の若者であり、そこで得られた知見をそのまま日本の貧困世帯の子どもと重ねることは難しい。

このように、諸外国においては、家庭背景と子どもの教育達成について理論研究や実証研究がある特定の時代のその国の文脈から生み出されてきた。特にバーンスティン、ブルデュー、ウィリスによってなされた研究はインパクトが大きく、いまだに参照され続けている。そして、これらの理論は応用されながら、さらに発展、精緻化されている。

これに対して、日本においては独自の理論を生成するという展開が弱く、前述したように、海外の知見を輸入しながら議論を積み重ねてきた面が強い。そもそも日本では、高度経済成長期から九〇年代後半まで、「格差」や「貧困」に対する社会的関心は後退していたことから、家庭背景と子どもの教育達成を結びつけた調査研究は滞っていた。一九九三年に出版された『豊かさの底辺に生きる――学校システムと弱者の再生産』の中で、久冨善之らは調査の途中、「この豊かな日本の中で、いまさら『貧困と教育』の問題でもないだろう」という感想やアドバイスがあったことを吐露している（久冨編 1993）。当時の教育問題は豊かであることの弊害や心の問題に比重が置かれていたのである。

しかし、そうした状況下においても、同和地区における教育の不平等問題については、独自に調査研究が取り組まれてきた（池田 1987、神原 2000、鍋島 1993, 2004 など）。たとえば、池田（1987）は、一九七〇年代から八〇年代の同和地区における生徒の教育達成（高校進学率、大学進学率）の推移をいくつかの都道府県間で比較し、同和地区においては高校進学率は上昇し、全国の値に近づいてきたものの、大学進学率については依然として全国の値よりきわめて低いことを指摘した。また鍋島（1993）は、一九九〇年までの生徒の高校進学率と高校中退率、大学進学率、さらに学力について同和地区と全国の値を比較し、いずれも同和地区の生徒の方が低いことを明らかにした。彼は、なぜマイノリティである同和地区の人々の教育達成が低いのかについて、歴史的経緯を踏まえて検討する必要性を述べた。

こうした一連の研究に対して、苅谷（2001）は、分析の視点が同和地区の内と外の対比にとどまり、父母の学歴や職業等に及ばなかったことを指摘し、「不平等問題のダブルスタンダード」と名付けた。「同和地区の学力が問題になる場合には、地区か地区外かという家庭的背景にまで目を向けざるをえない。しかし、同和地区以外のところで生徒の学力差が問題になる場合には、それを家庭的な背景と結びつけて論じることを避けようとする」がゆえに、こうしたダブルスタンダードがつくられたという。彼は、日本において、同和地区という文脈でしか家庭背景と子どもの教育達成が議論されてこなかったことに反省を促し、より広い文脈で議論する必要性を訴えたのである。

二〇〇〇年代に入り格差や貧困への関心が高まるにつれて、家庭背景と子どもの教育達成に関する研究は、急速に蓄積されていく。とくに学力格差の問題は、社会的にセンセーショナルに報じられたこともあり、それに惑わされずに実態を捉え、誰の学力が低下しているのかを検証することに教育社会学者の関心は集まった。その中でもとりわけ注目されるのが苅谷ら（2004）の研究成果である。苅谷らは一九八九年に実施された学力テストと生活・学習状況アンケート（「関西調査」）と、一九八二年に行なわれた学力調査（「関東調査」）をそれぞれ二〇〇一年、二〇〇二年に再度実施し、学力の変化を捉えようとした。これは、「学力が低下したかどうかに関心があるのではなく、仮に学力の低下が生じていたとしても、誰の学力が、なぜ、どのように低下したのかに、より関心を向けたい」という意図をもって行われた調査である。この本の中で、編者の苅谷自身は関西調査の結果を分析し、「基本的生活習慣を身につけているかどうかが正答率に及ぼす影響が強まっていること、正答率の低い学業不振者になる可能性への影響も強まっていること」を明らかにした(1)（同書、p. 150）。

また同書の中で、金子（2004）は関東調査の分析から、父親が大卒である児童は、父親が大卒でない児童と比較して学習時間が長く、学力が高いことを示した。また学習時間が長くなれば学力は高くなることから、父親が大卒でない児童の学習時間の効用は大きいが、その一方、難易度の高い問題に関しては、学習時間が階層差を埋めることは難しいと指摘した。

なお、一九八九年に行なわれた関西調査は、同和地区の子どもたちの学力問題に焦点があてられており、二〇〇一年の調査においても児童・生徒が同和地区出身であるか否かの情報が把握されていた（鍋島 2004）。家庭背景と教育の関係について、二〇〇一年調査で明らかになったのは、同和地区の内と外での社会階層格差は大きいものの、同和地区内においても保護者が大卒の家庭や文化階層「上位」の家庭も存在し、多様性があるということであった。ただし、同じ文化階層であった場合には、同和地区の児童・生徒の方が低学力であることが確認された（鍋島 2004）。

以上のように、家庭背景と子どもの教育達成について、その多くは諸外国で見出された理論をもとに議論が積み重ねられてきた。その中で、言語コード論や文化資本論等の重要な概念を用いて、日本においても汎用性のある理論が蓄積されてきた。ウィリスが描いた労働者階級の若者が主体的な行為の結果として、既存の社会構造に取り込まれていく過程も今なお参照され続けている。

しかしながら、こうした議論のみを下敷きにして、現代の日本社会における家庭背景と子どもの教育達成は説明しきれないだろう。たしかに前述のとおり、日本においても、家庭背景と子どもの教育達成について、同和地区を中心に据えた研究が存在する。それらの研究は、マイノリティの社会集団がどのような教育上の不利を被っているのかを明らかにしてきた。ただし、そうした研究も貧困世帯の子どもがなぜどのようにして、教育達成が低くなるのか、という過程を十分説明したとは言い難い。社会経済的に不利な状況にあるという点で、同和地区の子どもを対象にした研究と貧困世帯を対象とした研究には共通点があると考えられるが、それぞれの歴史的背景の違いや貧困世帯は集団としての意識をもちにくいという点でひとくくりにすることは難しいからである。現代の日本社会において、なぜどのようにして貧困という家庭背景が子どもの教育達成に影響を及ぼしているのかというプロセスはいまだ明らかになっていない。

3　貧困世帯の子ども・若者に関する研究

前節では、家庭背景と子どもの教育達成に関する先行研究を検討した。それらをマクロな研究と位置づけるならば、本節で扱うのはよりミクロな研究といえる。本節では、主に世帯や個人に焦点をあてた研究を扱う。本章の「はじめに」で述べたように、ここでは貧困世帯の子ども以外に、「生活保護世帯・低所得世帯」や「生活が困難である世帯」等を対象とした先行研究も検討する。これまで社会経済的に困難を背負いがちである世帯の子どもについてどのようなことが議論され、何が明らかにされてきたのかを振り返る。

篭山（1953）は、PTA会費の払えない児童を「貧困」、その中で生活保護による扶助を受けている者を「保護」、その他の児童を「一般」として、児童の家族構成や保護者の職業、居住状況、身体状況、学業成績、知能、生活状態等の比較を行った。「一般」は新聞を取っていない世帯が一世帯もなかったのに対して、「保護」では三一・五%、「貧困」では四一・二%の世帯が新聞を取っていなかったこと、また児童の勉強机の所有状況について、「一般」はほとんどが所有していたのに対して、「保護」では六〇・五%、「貧困」では六四・〇%が所有していないことなどから、「両者の家庭における教育的・文化的水準に格段の差がある」と述べた。また児童の身体状況については、「一般」と「保護及び貧困」に差はなかったが、知能ではやや差があり、さらに学業成績においては大きな差があることが明らかになった。とくに学業成績に関しては、「保護及び貧困」の児童の長期欠席者が多いことが理由の一つとして挙げられている。また教師の児童に対する評価も、「一般」と「保護及び貧困」では異なり、「保護及び貧困」の児童については、「友達なく一人ぼっち」や「暗い性質」、「乱暴」、「消極的」といった記載が学籍簿に特に書かれていたという。

小西（2003）は、量的調査の限界をふまえ、直接、生活保護世帯・低所得世帯の子ども六名とその母親三名を対象として、彼らの生活習慣や学力、勉強への意識、将来展望などについて聞き取りを行った。ここでいう低所得世帯とは、生活保護を過去に受給していた世帯や、母親のパート収入と児童扶養手当のみで生活している世帯（年収一五〇〜二〇〇万円）などを指す。そして、低所得であることが子どもたちの悩みの源泉となっていること、また彼らは転居や転校、家族の離散や集合を経験していたことを明らかにした。彼らは家庭学習時間がほとんどなく、低学力であり、狭められた選択肢の中で、将来展望を描くことが困難な状況にあったのである。こうした将来展望に関して、小西は、世帯の収入のほか、「家族関係、学校への適応、子どもの学力などの諸要素が、長期間で互いに連鎖し合うことで障壁として形を現し、いつの間にか子どもたちの周囲に張り巡らされてしまっている」と述べている（同書、p. 21）。彼らは、経済的困窮だけでなく、その前後に保護者の離婚や再婚を経験しており、家庭生活の変容に直面していたのである。

それでは、幼少期、彼らはどのような経験をしていたのだろうか。これを明らかにしたのが大澤（2008a）である。彼は、「貧困・生活困難」な世帯の若者は将来展望をもつための経験そのものが不利となっているのではないかと考え、生活が安定している世帯の若者を対照群として設定し、彼らの幼い頃からの経験と社会関係のあり様を比較、分析した。なお、「貧困・生活困難」な世帯とは、生活保護世帯や児童扶養手当を受給している世帯、あるいはそうした制度を利用してはいないが低所得水準にある世帯などを含んでいる。分析の結果、「貧困・生活困難」な世帯の若者は、絵本の読み聞かせ経験や旅行などの余暇活動、誕生日などのイベント経験がないこと、もしくは乏しい状況にあったことが明らかとなった。また大澤は、進路選択に影響を及ぼした準拠集団の違いから、「所属集団準拠型」、「比較準拠集団獲得型」、「規範的準拠集団獲得型」という三つに分類したが、「貧困・生活困難」な世帯の若者は、「所属集団準拠型」がもっとも多かったことを示した。そして、生活が安定している世帯の若者には、両親以外にも影響を受ける「重要な他者」の存在があり、そこから将来展望を開いていく様子が読み取れたが、「貧困・生活困難」な世帯の若者にはそうした他者がほとんどいなかったという。彼らは、限られた体験と社会関係の中で、周囲の家族や友人を準拠枠とし進路を選択していくのである。

これらの研究から、貧困世帯の子どもたちは、幼少期から遊びや教育、イベント等の経験が少ないこと、また家庭学習時間が少ないために低学力であることが分かる。さらに社会関係が乏しいために、第三者の存在によって将来展望が広がるという機会を持つことも困難となるのである。

このようにしてみると、彼らは発達の各段階において、社会的排除に遭遇しており、その累積的な結果として選択の幅がきわめて限定されたものになると理解できる。日本においては、教育・社会保障制度が家族に依存しており（青木 2003a、小西 2007）、その影響は家族を介して子どもにも及ぶ。図1－1は、小西が示した「子どものライフチャンスの相互関連モデル」であるが、このように社会全体のシステムの中にそれぞれの家族がおり、その中で子どものライフチャンス（選択肢）やライフチョイス（選択）は決まっていくのである（小西 2007）。彼は、家族の状況がどのようにして子どものライフスタイル（日常生活）とライフチャンス（選択肢）に影響を及ぼしているのか、そしてその結果として子どもたちはいかなるライフチョイス（選択）を行っているのかについて、生活保護や年金で生活する貧困世帯の子どものインタビュー調査から検討した。彼らの事例から、貧困世帯では経済的な問題だけでなく、虐待やＤＶ、健康問題や障害というさまざまな問題があり、子どもたちは両親の離婚や転校、いじめや不登校なども経験していたことが明らかとなった。こうした蓄積がライフチャンスの制約

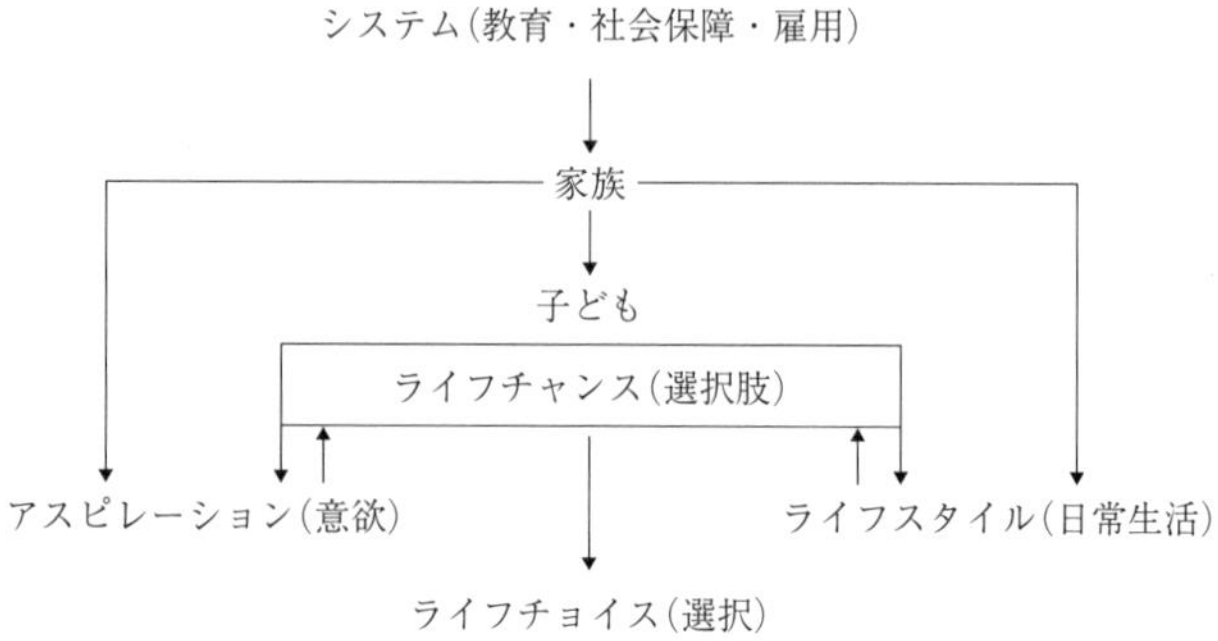

図1－1　子どものライフチャンスの相互関連モデル（小西 2007）

につながり、思い通りの選択（ライフチャンス）ができなくなるために、結果的に彼らは将来の不利へと導かれてしまうという。すなわち、「多くの子どもは、自分にどれだけの選択肢があるのかを前に選択場面に直面させられ、貧困世帯の子どもの場合は、気づいたときには何も選ぶことができない」のである（同書、p. 129）。

それではこうした貧困世帯の子どもたちは学校でどのように過ごしているのだろうか。知念（2012）は、貧困・生活不安定層の「ヤンチャな」男子高校生らが、学校の論理とは異なる論理をもつ家庭に影響を受け、学校の文化を異化しながらも、高卒資格の必要性は認めていることを明らかにした。彼らの親の中には、失業や転職など多様な困難を抱えている者もおり、このため彼らは「親の人生を参考にすると生活が困難になる」と思い、「親たちのような人生は歩みたくないと考えていた」のである。つまり彼らは、家庭の文化と学校の文化の間にあって、学校の文化に対して反発しつつも、その重要性は受け入れざるを得ないという構造的ジレンマを抱えており、このジレンマにさまざまなコーピング・ストラテジーを用いて対処していた。知念は、「現代日本の『貧困・生活不安定層』の学校経験は、学校文化を完全に異化できない点に特徴があるのかもしれない」と述べる。

盛満（2011）は、エスノグラフィーという手法で、「貧困層の子どもたち」が学校でどのように生活しているのか、また学校では彼らがどのように扱われているのかを検討した。ここで盛満が対象とした「貧困世帯の子どもたち」とは生活保護世帯出身の生徒一一名であり、また彼らのうち五名は同和地区出身であると紹介されている。エスノグラフィー調査の結果、一一名中三名が不登校であり、彼らは家庭の社会経済的要因から生じた、いわゆる「脱落型不登校」（保坂 2000）であることが分かった。また対象者の多くは低学力であり、さらに生活保護世帯であることから「就職を強く意識するあまり、将来の夢や進路を自由に描くことができていない様子」がうかがえたという。このように、「貧困世帯の子どもたちは」いくつもの課題を抱えているが、学校側からは「同一の社会的背景をもつ子どもたちとして捉えられ、特別に処遇されることはない」（盛満 2011, p. 283）。教師によっては個人的にクラブの遠征費を立て替えたり、お昼代を出してあげたりと金銭的な援助をしているが、これは他の生徒との差異を埋めるための支援なのである。こうして盛満は、学校を調査フィールドとして貧困層の子どもたちの実態と、それが特別扱いされない学校文化を描き出した。そして、彼女はニューカマーや同和地区出身の子どもたちは、「学校や学級の中心に位置付けられ、エンパワーの対象とみなされてきた」が、貧困層の子どもは「同じ社会的背景をもつ集団としてエンパワーの対象とはなりにくい」ことを指摘した。

このことに関連して、すでに九〇年代半ばに、久冨（1993）は、学校現場では、教師は生徒に対して、公正で平等な対応をすることが求められており、「低所得層といった特別な見方は、教育の現場にふさわしくない」という意識も働いていることを指摘している。また長谷川（1993）は、生活に困難を抱えている層の子どもへの聞き取り調査から、彼らの多くが学校「不適応」に陥りがちであり、「学校へのこだわりが希薄である」という知見を提示した。不登校・高校不進学・高校中退を経験している者は「あっさりと」学校から離れており、特に学校教育の価値を見出していなかったのである。埼玉県の学習支援事業に参加した生徒の不登校の割合は一八・六％と、埼玉県全体の二・七％より約七倍も高かったことからも、このことは裏付けられよう（埼玉県アスポート編集委員会編 2012)。

それでは貧困世帯の子どもに不登校傾向のある者が多く、学校へのこだわりが希薄であるとすると、彼らにアプローチするにはどのようにしたらよいだろうか。また不登校でなくとも、学校では貧困は不可視化され、支援が個別に行なわれているにすぎないため（盛満 2011）、彼らの実状に接近することは相当困難と考えられる。貧困世帯の子どもを対象とした調査を設計するには、どのようなアプローチが有効なのだろうか。

このことに関連してリッジは、貧困世帯の子どもたちの実状についてより詳細に解明するべく、「子どもを中心に据えたアプローチ」を打ち出した。彼女は、「子どもたち自身の説明をとおして、子ども期の貧困と社会的排除の、経済的・社会的・人間関係的な影響力を探る」ことを試みたのである（Ridge 訳書 2010, p. 14）。調査対象者は、「少なくとも六ヶ月以上、低所得補助の受給家族の中で生活していた」子どもたち四〇名であり、彼らのインタビュー調査から「子どもたちの日々の生活と体験を焦点化」することが目指された。

彼女は、子どもたちの生活において重要な側面として、①経済的・物質的側面、②社会的・関係的側面、③家庭環境や子どもたちの個人的な生活ならびに家族生活を挙げた（同書、p. 77）。以下では各側面について、何が明らかになったのか簡単に紹介しよう。

まず①について、対象者の多くは定期的な小遣いをもらっておらず、彼らは家の外で働いている場合が多かった。そして、ひとり親家族の子どものうち数人は、必要があれば母親にお金を貸していると述べていた。②では、子どもたちの仲間関係に焦点があてられた。彼らの半数がいじめを受けた経験があり、友人関係の困難を感じていた。彼らにとって、友人に会うための移動手段や「仲間に溶け込むような」服装がないことは重要なことであった。学校生活においても、彼らの多くは、「学校から排除されたことはなかったが、授業から排除されたり、停学になったりしたことはあった」という。また遠足や修学旅行に行くのは経済的に無理だと判断し、事前に

「自らを排除していた」者もいた（同書、p. 154）。

③については、彼らの余暇活動と家庭生活でのニーズに焦点があてられた。彼らの多くは、クラブや社会活動への参加が乏しく、また家族と休暇に出かける機会も少なかった。そして、彼らの半数以上は何か欲しいものがあったとしても、それが高価な場合には、親に頼まないという（同書、p. 195）。「とくに数名の年長の少女は、親を非常にかばっており、自分のことで親に心配をかけまいと、自制的で我慢の態度を示した」（同書、p. 196）という表現は象徴的である。彼女たちは、「自分と親とが対立しているとは見ておらず、むしろ貧困経験を両親と分かち合っていると考えていた」のである（同書、p.197）。このように、リッジは「子どもを中心に据えたアプローチ」によって、いくつかの観点から子ども自身の生活と体験を詳らかにした。

小西（2006）は、子どもの貧困に関する研究動向を検討し、先のリッジの「子ども中心の視点」による研究や、階層間による家庭の子育て方法を比較したラリューの研究が現在の到達点であると述べた。また小西（2006, 2009）は、主に海外の子どもの貧困研究を紹介するなかで、ラリューが「『家族全体』に注目し、「学校や病院、買い物のようすなどすべての行動を子ども（家族）とともにしてデータを収集したうえで、親の子育て方法と子どもの生活の分析」を行なったことを紹介した。ラリューは、ミドルクラスの家庭の「共同的・計画的子育て（Concerted Cultivation）」とワーキングクラス・貧困家族の「自然的・放任的子育て（Accomplishment of Natural Growth）」に大別し、「『日常生活』『言語の利用（コミュニケーション）』『学校など公的機関との関係』という三つの局面での不平等について検証」を行なった。その結果、ミドルクラスは積極的に養育に関わっているのに対して、ワーキングクラス・貧困家族は子どもに自由にさせていることを明らかにした。とくにミドルクラスの家庭においては、学校に積極的に介入を行うのに対して、ワーキングクラス・貧困家族は機関に対して従属的であり、家庭では家庭と学校間での子育てに対するギャップに葛藤するのだという(2)。

日本においても、こうした子育てや子どもの教育を担う家庭に着目した研究も見られ、子どもに対する母親のかかわりに焦点をあてたり（本田 2008）、親の教育期待や戦略に注目したりする研究もあらわれている（石川ほか 2011）。量的調査から子どもの学力や教育達成の規定要因を見出すだけでなく、さまざまな調査手法を用いながら家庭背景と子どもの教育達成の関係が追究され始めているのである。

しかしながら、こうした研究は、ある程度の経済的基盤のある家庭が主な対象となっていることが多い。この点に関連して、これまでの教育社会学による教育達成研究は、両親のいる核家族を前提として議論が進められてきたとの指摘（竹ノ下ら 2013）は重要である。竹ノ下弘久らは、日本と韓国を比較しながら、家族の社会経済的状況だけでなく、「家族形態が、一貫して親の教育への関与を左右する重要な要因」であることを知見のひとつとして明らかにし、「ひとり親であることは、親の子どもに対する関わりを大きく低めていた」と述べた（同書、p. 69）。ひとり親世帯や単身赴任等で父母が別居している世帯については、親との討論（政治や社会の事柄、学校での出来事などについて話し合う頻度）が少なく、母親からの情緒的支援（心配や悩み事の相談にのる頻度）も少ない傾向があるという。貧困世帯にはひとり親世帯が多いため、家庭内での親とのやり取りがどのようなものであるのか、改めて検討される必要があるだろう。

以上、本節では、貧困世帯の子ども・若者に関する一連の先行研究から、そうした子ども・若者が離婚や転校という状況の変化や家庭が低所得であることから派生するさまざまな制約を経験していたことが確認できた。こうしたいくつかの蓄積が、結果としてライフチャンスの制約を招き、将来の不利へとつながるのである。また学校生活においては、貧困世帯という彼らの社会的背景が集団的に考慮され、特別に処遇されることがないことも明らかにされた。貧困世帯の子どもたちの中には「脱落型不登校」の者も多く、学校に来ない場合もある。リッジが採用した「子どもを中心に据えたアプローチ」では、彼ら自身の声によって彼らがどのような生活や体験をしているのかが明らかにされ、彼らの家庭生活の内実についても示された。

しかしながら、先行研究は、家庭生活での出来事や、そこでの変容に対して十分な検討を行っていない。これまで多くの研究が核家族を前提として議論を進めていたために、家庭生活における子どもたちの役割や、そこでの経験についての踏み込みも弱い。また貧困世帯の子どもに焦点を合わせた研究においても、彼らがなぜどのようにして、低い学力や教育達成にとどまるのか、その過程は明らかにされていない。いくつかの要因や出来事は指摘されているものの、それがどのように結びついているのかといった相互のつながりは鮮明ではない。家庭生活の内実やそこでの彼らの役割は、彼らの進路選択にも影響を及ぼすものと考えられるため、彼らの進路を分析する際には、彼らの家庭生活の内実に迫る必要があるだろう。

その一方、若者の移行問題については、家庭生活の内実にも光をあてて研究されているものが多い。現代社会において、若者はいかに進学や就職へと進んでいくのか。特に貧困世帯の若者は学力や教育達成が低位にとどまっており、また家庭のバックアップも十分でないことが多い。そのため、彼らがどのような家庭生活を送ってきたのかについて注目が集まるのである。次節では、こうした若者の移行に関する先行研究を検討する。

4　若者の移行に関する研究

移行はさまざまな局面で使用される概念であるが、その多くは学校から職業、子どもから大人など社会的な所属や地位が移動することを指している。たとえば、藤岡（2009）は、若者の移行を「青年期に起こるイベント（就職や結婚など）を通じて大人として自立している過程であり、移行の長期化とは、自立への過程が多様化・複雑化することによって青年期が長期化する事態」とし、若者の移行の長期化に関する先行研究を整理、検討した。

特に貧困世帯の子どもたちについては、高校進学率が低く、また高校中退率も高いことから、すでに中卒後から「自立への過程が多様化・複雑化」しており、移行が長期化しているものと考えられる。

本節では、これまで若者の移行についてどのような研究がなされてきたのかを振り返りながら、そこで培われた観点を確認したい。また若者の移行を検討する際には、労働市場などの社会情勢についても強く意識せざるをえない。そのため、現代社会がいかなる状況にあるのかについても目を配る。

ジョーンズとウォーレスは、若者が大人になる移行を分析するためには、労働市場や社会保障といった公的領域に加えて、家庭生活という私的領域から併せて分析するライフコースパースペクティブを採用すべきだと主張した（Jones & Wallace 訳書 2002）。彼女らは、若者が家庭で果たす役割や親子関係にも注目し、若者が家族に依存しているという捉え方に警鐘を鳴らす。「重要なことは、若者の生活の家族・家庭コンテクストを調べることである」（同書、p. 134）とし、彼らが家庭生活の中で一方的に依存しているわけではないことを示した。

若者の移行について、このように家庭生活という私的領域を考慮した研究はいくつか存在する。宮本（2005）は、「移行の困難に直面している若者の家庭環境と親子関係」に着目した際、その着眼点を以下の四つとした。①若者の成長過程において、親や家庭環境はどのような役割を果たしてきたのか、②移行期の若者の意識や行動には、成長過程の家庭の社会化がどのように影響しているか、③親世代の職業と家計に影響を及ぼした一九九〇年代の不況が子どもにどのように影響したか、④移行の困難に直面している若者を家庭がどのように扱っているのか。こうした着眼点に基づいて分析を行い、宮本は移行の危機に直面している若者には、早い時期から家庭の問題を抱えてきた者が少なくないと述べている。

同様に、若者の移行における家庭生活の重要性に着目した研究として児島ら（2010）が挙げられる。彼らによれば、「低階層の若者」の困難は、「労働と家庭という二つの領域の問題が、時間経過の中で複雑に絡み合ったところにある」という。「家庭は、経済面のみならず情緒的な面での資源でもあり、親子関係の編み直しなど、〈子どもから大人へ〉の移行が起こる当の場という意味で、若者の移行過程に大きな影響を与えて」いることから、若者らの移行を包括的に捉えるためには就労状況をみるだけでも家庭背景を指摘するだけでも不十分だと指摘した。そのため、「就労状況や家庭環境、友人関係等の経年的変化やそれらの相互関係、またその時々の状況に対する若者自身の意味づけをも把捉可能な調査が必要」であるとし、経年的なインタビュー調査から移行期の困難を描き出した。また宮島（2013）は、若者の移行段階における家庭内でのケアワークに着目し、女性たちが子どもを育てたり、親やきょうだいを支えたりする様相を描き出した。そこでは、家事役割や、母親による過度な管理、また母親の健康不安によって、進路やアルバイトなどが制限される者もあった。彼女は生活保護世帯であり、母親からアルバイトなどの仕事について、厳しく制限され管理されていた。

以上の研究が示すように、若者の移行については、家庭生活という私的領域にも十分注目する必要がある。前節でも確認したように、特に貧困世帯の若者らは家庭生活の中で親の離婚を経験していたり、経済的困難について親を気遣ったり守ったりしている。こうした私的領域でのことがらは、彼らの移行に何らかの影響を与えていると考えられる。彼らがどのような状況の積み重ねの中で、その移行に至ったのか、家庭生活の側面を含めて検討することで、より精緻なプロセスを描けるだろう。

ただし、こうした貧困世帯の若者の移行プロセスを明らかにする際には、彼らを取り巻く時代背景も十分に考慮する必要がある。彼らの事例を読み解くことに終始すると、彼らの物語ばかりが強調され、彼らがどのような社会状況におかれているのかを見落とす恐れがある。彼らの背後にあるそうした状況を自覚的に考えあわせた上で、彼らや彼らの家族がどのような生活を営んでいるのか、そしていかなる進路を歩んでいくのかを明らかにしなければならない。そうでなければ、彼らの移行プロセスを見誤って解釈してしまう危険性もあるだろう。

本書では、彼らを取り巻く時代背景として、後期近代論と日本の家族主義に注目することとする。「現代社会における若者の人生経験は、非常に大きく変容して」おり、その直接的な理由として、「労働市場の再編、『教育ある』労働者への需要の高まり、雇用の柔軟化、さらには、若者の家族（親元）への依存期間を長期化させる社会政策」が挙げられている（Furlong and Cartmel 訳書、2009）。「学校から仕事への移行が短期間で完了し、安定していて、予測可能なものであるのは、フォーディズム社会の特徴」であるが、現代社会はそうした移行が困難になっている。こうした現代社会を後期近代として捉えているのは、ギデンズやベックらである。ファーロングらも後期近代論を前提として議論を展開している。こうした時代背景のもとで、とくに貧困世帯の子どもたちは、安定した移行が困難な状況に陥っていると予想される。

乾（2010）は、日本の文脈に後期近代論を援用し、若者の移行についてパネル調査をもとに分析を行った。このパネル調査は、日本教育学会特別課題研究として二〇〇七年より継続されており、二〇〇七年四月一日の時点で満二〇歳の全国の対象者を毎年追跡しているものである。分析の結果、父母の学歴と若者たち本人の学歴には相関があり、高卒未満学歴（中卒および高校中退）と、高卒以上学歴の者は移行パターン類型が異なることが明らかとなった。貧困世帯の若者は、学力や教育達成の面で不利を被りがちであり、社会状況が変化する中でよりいっそう安定した移行がしにくくなっているのである。

こうした若者の移行に関する一連の先行研究からは、彼らの公的領域と私的領域の双方に目を配ることに加えて、より大きな視点で彼らを取り巻く時代背景の変化を正視する必要性を読み取ることができる。後期近代という時代背景のなかで、貧困世帯の子どもたちはいかなる状況にあるのか、また家庭生活ではいかなる役割や親子関係が営まれているのか、こうした複合的な視点を保持することが求められている。

5　貧困の世代的再生産に関する研究

最後に、貧困世帯が世代を超えて貧困な状況に繰り返しおかれる現象に着目した、貧困の世代的再生産に関連する研究を整理、検討する。

この問題に関する実証的な研究は数少ないが、そうした中で、青木（2003b）は、貧困の世代的再生産の背景にある資本主義の社会構造や国家の福祉・社会保障、教育保障のあり方に関心をもちながら、生活保護を受給している母子世帯に対してインタビュー調査を行い、母親から子どもに健康や教育の不利が移転される実態を明らかにした。また対象となった世帯の母親の多くは、生育家庭において両親の離婚や経済的困難を経験しており、親の就労は安定的なものではなかったことを明らかにした。母親自身の「二〇歳までの経験」から、彼女たちが「大人になる過程では、相当部分がいわば『家庭崩壊』に近い環境の中におかれていた」のだという（同書、pp. 48-49）。そのため、母親は自身の離婚時にも実家から十分な援助を得ることが困難であった。こうした生活保護母子世帯の母親の生活史から、青木は貧困の世代的再生産を「『もろい家族』同士の『同類婚』を通じて、また貧困な状態で暮らさざるを得ない『もろい家族』が再び生まれてくる現象」とし、「その背景には、資本主義社会における『個人責任』というより『家族責任』を重視したシステム」があることを指摘した。

また、湯澤（2009）は、ある母子のライフヒストリーに基づき、世代を超えて貧困が再生産されていく様子を描いた。その事例からは、母親の子ども期の貧困が若者期の貧困へと直結しており、慢性的な貧困が継続する様相が読み取れる。その母親は生活保護世帯に育ち、一二歳の時に児童養護施設に入所した。その後、彼女は若年で出産したものの、子どもの父親とは家族形成ができず、母子生活支援施設に入所、母子家族となった。しばらくして同じ施設で知り合った男性と結婚（階層的同類婚）したが、子どもは児童養護施設に入所させることとなった。しかし、経済的困難や家庭不和によりその男性とは離婚する。結局、母親と子どもはそれぞれ母親の妹のもとへ身を寄せ、はからずもそこで母子は同居することになった。この事例からも、貧困が二世代以上にわたって再生産され、重層的な困難が積み重なっていく在り様を確認することができる。

貧困が世代を超えて再生産される現象については、諸外国においても、古くから数多くの調査研究が実施されてきた。たとえば人類学者のルイスは、五つの家族の一日をそれぞれ観察し、メキシコの貧困層における家族が有している文化から貧困のメカニズムを描こうとした（Lewis 訳書、2003）。しかしながら、ルイスの掲げた「貧困の文化」には批判も多い。この「貧困の文化」に対して、スピッカーは「決して文化などではなく、一連のありふれた心理的反応である」と述べる。つまり、「貧しい人々が、裕福な人々とは異なった行動をするのは真実であるものの、それは「異なった生活をしなければならない」からであり、「かれらが選びとっているというのは、全くのでたらめである」という（spicker 訳書 2008、p. 198, p. 215）。

日本でこれまで取り組まれてきた貧困の世代的再生産に関する調査研究は限られており、ましてや養育対象のただなかにある貧困世帯の子どもを中心に据えたものは見当たらない。しかしながら、家庭背景が子どもの教育達成に影響を及ぼしており、また貧困は世代を超えて再生産されるというそれぞれの先行研究を踏まえれば、その一連のプロセスを連続的に明らかにすることが必要であると考えられる。貧困世帯の子どもたちがなぜどのようにして再び貧困へと陥るのかというプロセスは彼ら自身の状況や経験が明らかにされない限り、解明されることはないだろう。

しかしながら、現代の日本社会においては、世帯の貧困も子どもの貧困も見えづらいのが現状である。青木（2003a）は、生活保護受給家族や児童扶養手当を必要としている家族の貧困が見えにくいのは、そうした家族が

「地域社会のメインストリームからはずれ、いわば潜在化されて存在している」ためであると述べた。また「本来的にはアドボケート（擁護・代弁）すべき関係者においてさえ、現実の彼らが抱えている生活困難・貧困をBlaming the Victim（犠牲者に責任を転嫁すること）する傾向が強い」という（同書、p. 3）。そうした中で、当事者の声はますます聞こえづらくなる。貧困の世代的再生産がなぜどのようにして繰り返されるのか、こうした仕組みについても、貧困世帯の子どもを対象とした調査研究から考察されることが必要である。

6　先行研究のまとめ

本章ではこれまで、「家庭背景と子どもの教育達成に関する研究」、「貧困世帯の子どもに関する研究」、「若者の移行に関する研究」、「貧困の世代的再生産に関する研究」についてそれぞれ整理、検討してきた。

家庭背景と子どもの教育達成については、諸外国で実施された調査研究の知見を応用しながら、日本でもさまざまな研究が積み重ねられてきた。そのため、日本の文脈に基づいて、新たに実証研究から理論を打ち立てるという展開が乏しいことが指摘された。社会経済的に不利な状況にある世帯の子どもたちは、なぜどのようにして学力や教育達成が低くとどめられるのかという問いは古典的であり、先進諸国共通の論点であるが、いまだに私たちはそのプロセスを説明しきれていない。

確かに、バーンスティンの言語コード論やブルデューの再生産論から、家庭背景と子どもの教育達成について説得的な議論がなされているが、それは諸外国の文脈や歴史的事情が多分に絡んで形成された議論であることに改めて注意を払う必要があるだろう。こうした理論は魅力的であるが、これにひきつけられている間に、現代日本における社会システムに基づいた知見を見落とす可能性も高いと考えられる。またウィリスの描いたエスノグラフィーは現在も参照され続けている重要な知見ではあるが、その当時の社会状況や地理的条件に規定されているとの批判もなされており、現在の社会状況やその地域（国）に照準を合わせた新たな実証研究が取り組まれることが求められる。

貧困世帯の子どもに関する研究については、教育社会学のほか、教育福祉学等の分野でも調査研究が進められてきたが、そこで得られた知見は子どもの実態を捉える上で重要な視点を提供していた。たとえば、貧困世帯は母子世帯が多く、特に離別母子世帯については、離婚による生活の変化や子どもへの影響も明らかにされている。こうした知見を領域横断的に用いながら、先の「社会経済的に低位におかれた世帯の子どもたちは、なぜどのようにして学力や教育達成が低くとどめられるのか」という問いに対して実証的に接近することが必要だと考えられる。ただし先行研究では、幼少期から現在に至るまでの連続性が十分に読み解かれたとは言い難く、家庭生活での子どもの役割や家族とのやり取りへの言及が少ないことが明らかになった。また学校経由での調査が多く、対象者の網羅性に課題があることも指摘できるだろう。

さらに貧困世帯の子どもの進路については、高校進学率が取り上げられることが多いが、それでは高校に進学しなかった者はどのような進路を歩んでいるのだろうか。日本ではそもそも、貧困世帯の子どもたちが進路に際して、きわめて不利な状況にあることは明らかであるものの、そうした彼らの進路を長期的に把握するような研究はこれまで十分に取り組まれてこなかった。社会経済的に不利な状況にある若者の高校卒業後を追跡した研究はいくつか存在するが、そうした研究の多くは質的なものであり、貧困世帯の子どものとりうる多様な進路は見えてこないことが課題として挙げられるのである。こうした基礎的研究は、あらゆる議論の前提として踏まえておく必要があるだろう。

若者の移行に関する研究においては、公的領域だけではなく私的領域の重要性が指摘されてきた。家庭の困難な状況と若者の移行は密接に関係しており、私的領域が彼らの進学や就職に色濃く影響していることが数々の事例により報告されてきた。これらを踏まえ、本書においても貧困世帯の子どもの教育達成や若者の移行を検討する際には、私的領域である家庭生活に分け入り、彼らのおかれた状況や彼らが経験した出来事などにも目を配る必要があると考えられる。またこれまでの先行研究を見たところ、貧困世帯の若者に焦点を当て、彼らの進路を詳しく明らかにした研究はほとんどない。貧困世帯の子どもがどの程度の割合でそれぞれの進路へ進んでいくのか、その実態も明らかにされておらず、彼らの進路分化は未解明なままである。したがって、こうした量的調査についても早急に取り掛かる必要がある。

さらに彼らの多様な実態を長期的に解明するにあたっては、現在の時代背景をふまえた議論を重ねなければならない。いまや若者は、自分の進路や処遇を自ら見定め、そのリスク管理も問われる立場におかれている。彼らがいかに進学や就職、あるいは他の進路を「選択」していくのか。これを解きほぐすには、彼らがどのような時代のいかなる社会状況に身をおいているのかについても自覚的であることが求められる。

そこで本書では、子どもを取り巻く今日の時代背景を読み解く手がかりとして、リスク社会化の進展を指摘する後期近代論や、家族主義に基づく日本の社会保障制度や教育システムにも目配りしながら考察を行う。とくに後者に関して、図1－1「子どものライフチャンスの相互関連モデル」(小西 2007) で示したように、子どもたちのライフチャンス (選択肢) やライフチョイス (選択) は社会全体のシステムから家族を通して、子どもに影響を及ぼしている。日本では、家族のことは家族で対処するという社会システムに起因する問題が大きく、家庭生活は家族の構成員が内部で努力し、維持されるという側面が強い。貧困世帯の子どもの教育達成や彼らの移行を解明するには、このような社会システムと家庭生活の内実を考えあわせる必要がある。

貧困の世代的再生産に関する研究については、主に事例研究によってその傾向が捉えられてきた。しかし、なぜ貧困の世代的再生産が生じるのかといった仕組みが十分に解明されたとは言い難く、また貧困世帯の子どもを対象とした調査研究は手薄であることが確かめられた。彼らの低い学力や教育達成は貧困の世代的再生産を生じさせる誘因となりえるが、このことを連続的に彼ら自身の声によって解明した研究は見当たらない。貧困の世代的再生産の仕組みの一端を、子どもたちがおかれた状況や彼らの経験から考察することは可能であると考えられるため、本書では子どもたちを対象としたいくつかの調査研究からこのことを解明する。

注

（1）なお、この調査には児童・生徒の出身階層を判断する質問項目が含まれていなかったため、基本的生活習慣を、児童・生徒の出身階層の代替指標として扱っている。

（2）ただし、小西（2009）によれば、ラリューの基本的な問題関心は「不平等」であり、先に紹介した研究（『Unequal Childhoods』）は厳密にいえば貧困研究とはいえないという。またラリューは、この研究を「ブルデューの理論を実証的に検証したものとして位置づけている」（小西 2009, p. 297）。

第二章　研究目的と分析の視点、研究方法

1　本書の目的

前章で検討してきた先行研究を踏まえ、本書では大きく以下二点を研究目的として設定する。

第一に、貧困世帯の子どもが全体としてどのような移行に至っているのか、その実態を明らかにする。中学校卒業後、貧困世帯に育つ子どもの何割が高校へ進学し、何割が高校を中退しているのか。また高校卒業後の就職や進学の割合はどのようになっているのか、そして高校非進学者や高校中退者はどのような移行経験をたどっているのだろうか。これまで等閑視されていたこうした実態を明らかにすることで、貧困世帯の子どもの移行における多様性が把握でき、また後に行なうインタビュー調査の対象者の位置付けを明確にすることが可能となるだろう。

第二に、貧困世帯の子どもたちがどのような状況の中で、いかなる経験を経て、ある進路へとたどり着いたのか、そのプロセスを解明する。それには、貧困世帯の子どもの家庭生活に着目し、彼らがどのような生活を送り、

家庭の状況にいかに対応しているのか、時間軸に沿って明らかにする必要がある。これらを明らかにすることにより、彼らが低位の学力、教育達成へと至るプロセスのこれまで見えてこなかった側面が新たに浮かび上がってくると考えられる。さらに、このプロセスの中で、彼らが遭遇する社会的排除についても明らかとなるだろう。また、彼らのおかれた状況や彼らの経験から、貧困がなぜ世代的に再生産されるのかということについても考察を行う。貧困の世代的再生産は教育達成と密接にかかわっており、その教育達成は彼らの家庭背景と深く関係しているためである。

第二の研究目的に取り掛かる前に、一般世帯の中学生を対照群とした質問紙調査を実施し、貧困世帯の中学生の傾向を浮かび上がらせたい。貧困世帯の中学生は一般世帯の中学生と比較したときに、家庭生活や学校生活においてどのような違いが見られるだろうか。また彼らの自己肯定感や中学校段階での将来の進路希望についても比較しよう。こうした作業を行うことにより、貧困世帯の子どもの生活や彼らのおかれている状況に関する理解が深まり、それに基づいて、彼らの語りを解釈することが可能となる。

なお本書では、上記の課題を追究するにあたって、貧困世帯の子どもたちを取り巻く時代背景と社会システムにも目を配る。彼らがどのような社会状況におかれているのかというマクロな視点をもたないままに、彼らの生活や進路を読み解くことはできないからである。本書ではその手がかりとして、後期近代論および日本の家族主義に着目する。

2　分析の視点

本書では、前章で検討した先行研究を踏まえ、以下の三つの視点に立って分析を進める。それは、①貧困世帯の子どもの進路を移行の経験として捉えること、②彼らの家庭生活に着目すること、③子どもを中心に据えたアプローチを採ること、である。以下では、この三つの視点がなぜ必要であるのかについて改めて説明する。

2・1　進路を移行の経験として捉える

中学校卒業後の進路を分析する際、これまで教育社会学では「進路選択」や「進路形成」という概念が使用されることが多かった。「進路選択」は、生徒達が様々な過程を経ながらも、主体的に進路を選び取っていくものである、あるいはそうすべきものであるとの前提に立った概念である。またアスピレーションという概念は進路を選択する主体の動機の存在を前提にしており、それゆえにその加熱（ウォームアップ）や冷却（クールアウト）ということが言われてきた（天野 1982）。進路研究は、基本的には進路を意識し選択する主体としての生徒像を前提にして展開してきた。生徒のアスピレーションが学力や制度とどのように関係しているのか、あるいは父母の学歴や職業がいかに影響しているのかを明らかにすることに腐心してきたのである。

たとえば苅谷（1986）は、質問紙調査を用いて、中学校時代の学業成績は生徒の意識の中で「自己選抜」を促しており、それは「過大な教育期待の形成を抑制することで選抜の効率性を高めているのかもしれない」と述べた。藤田（1995）は、中学生を対象としたインタビュー調査から、彼らは偏差値によって序列化した選抜システムのなかで、「自分より高いレベルや低いレベルといった層」を想定するが、それは「自らとは関係のないもの」として捉える「層的認識」を持つという。そしてその「層的認識」により、「アスピレーションの縮小と加熱」は同時に生起するとした。彼らは、「努力主義の採用」と「層的認識」により選抜されるまでの過程を「『自己鍛錬の過程』として自ら構築」するという。志水（2002）は、中学生の作文から、彼らにとって「進路選択のプロセス自体は、ひとつの巨大なイニシエーションセレモニー」であると解釈した。志水が調査フィールドとした南中においては、選抜が生徒を「加熱」や「冷却」をしているというより、「クラスや学年といった所属集団の結束を強める重要なモーメントとして考えられ、生徒個人にとっての人生の試練という位置づけがなされている」という。

これらの研究は、基本的に進路の問題が生徒の選択の問題であるとの仮定に立ち、中学生にとって高校入試は努力すべき事柄であり、学校や仲間内で共有されるはずの一大事であるという観念を共有している。従来の研究は、生徒たちの「進路選択」の積み重ねにより「進路形成」がなされていく、という暗黙の前提のもとになされてきたのである。

しかし、第三章以降で明らかになるように、貧困世帯の子どもの中には高校非進学者や高校中退者も多く、彼らは学校を離れた後、多様な経験をしている。また彼らはある状況や制約のもとで、それらの進路をたどることになったのであり、本書では彼らがそれぞれの進路に至ったプロセスの解明に主眼をおいている。彼らの多くは、必ずしもそれらの進路を選びとったわけではないため、それを従来の「進路選択」や「進路形成」研究の枠組みで読み解くことは難しい。

そこで本書では、貧困世帯の子どもの中学校卒業後の所属や地位、あるいは状況を、網羅的かつ連続的に把握するために、彼らが様々な進路についていく過程を「移行」の経験として捉えることにする。その中には、高校進学や大学進学等、「進路形成」とも呼ぶべき事象も含まれるが、先に述べた高校非進学や高校中退のほか、アルバイト先の退職や病気療養といった経験も決して稀ではない。これまでの進路研究はこうした経験を積み重ねる層を十分に捉えきれてこなかったのである。移行とは、主体の選択といった意志を含まずに、彼らが辿った進路や彼らが遭遇した経験を客観的に捉えるための概念である。それゆえ、ここでは、中卒後の変化は全て「移行」の範疇とする。

前章でみたように、これまでにも若者の進路形成を移行として捉えた研究は蓄積されており、社会経済的に困難な家庭に育った者は家族の問題を抱え、安定した移行が困難となるリスクが高いことが明らかにされてきた（宮本 2005、西田 2010、児島ら 2010 など）。

しかしながら、これらの先行研究は質的手法を用いており、いくつかの課題が残されている。第一に、貧困層における多様な移行経験の全体像が十分には描けていない。個別具体的な事例を積み重ねることで、その多様性はある程度は把握できるかもしれないが、どのくらいの人々が高校を卒業できて、どのくらいは中退するのかなど、多様な移行経験のそれぞれの比率は全く分からない。また困難な事例が過度に強調されることによって不要なスティグマが付与されることも危惧される。

第二に、彼らの多様な移行を明らかにするには、義務教育を終了した全ての対象者を網羅的に把握することが望ましいが、そうした手法は取られていない。高校非進学者や高校中退者に着目した研究も存在するが（小杉 2005、古賀 2013 など）、時系列に沿って連続的に彼らの移行を捉えた研究は見当たらない。

高校進学率が九八％を超える現代の日本社会の中で、高校非進学者や高校中退者が社会経済的に困難を抱えるリスクはきわめて高いが、貧困世帯の子どもはそうした進路をたどる者が多い。こうした状況があるだけに、彼らの移行がどのように分化していくのか、その全体像を描く研究が必要なのである。

移行という捉えに基づいて、量的手法を採用した代表的な研究としてファーロングら（2003, 2009）が挙げられる。彼らは失業期間と状態変化の回数に基づき、移行経験のかたちを直線型に描ける者と非直線型になる者とに区別した。つまり、教育期間が長く、卒業後すぐに就職を果たす者は移行経験がシンプルに描けるが、教育期間が短く非正規就労を繰り返す者は移行経験が断続的となるため、その変化は非直線型となる。貧困世帯の子どもの中には高校非進学者や高校中退者が多く、しかもその後の移行も断続的であることが多い。彼らの移行経験はまさに非直線型に分類される。本書においても彼らの移行過程を検討する際には、ファーロングらの調査手法を参考にして、これまで十分に光が当てられてこなかった、こうした非直線型の移行に焦点をあてる。

2・2　家庭生活への着目

前章で確認したように、家庭背景は子どもの学力や教育達成に影響を及ぼしており、また貧困世帯の子どもたちの多くは、両親の離婚やそれにともなう引っ越しなど家庭生活の変容を経験している。そして社会システムの中に家族は存在し、それぞれの子どもはライフチャンス（選択肢）の中からライフチョイス（選択）を行っている（小西 2007）。これらのことから、貧困世帯の子どもの移行を明らかにする上でカギとなるのは、家族とそこで営まれる家庭生活であると言えるだろう。

宮本（2009）は、若者の経済状態にアプローチする際に重視しなければいけない特性として、以下の四点を挙げている。①若者は「親への依存（親への扶養）」から「親からの自立」への移行過程にあること、②貧困に対する〝溜め〟としての親の保護やサポートをどの程度持っているかが重要であること、③若者の経済は、将来のための準備（職歴の形成と経済的準備＝貯蓄）ができるかどうかが重要であること、④若者は親に扶養されているという面だけで見るのは間違いであり、親に対する義務を背負っているかどうかを見る必要があること、である。このうち④の重要性について、宮本は、「経済的に恵まれない家庭では親に対する義務を果たすことが期待されているか、親から早々に切り離された状態に置かれるからである」と述べている（同書、p. 64）。また神原（2014 p. 123）は、ひとり親世帯では、子どもも「自分から率先して家事を分担することで」生活が回っている様子があることをインタビュー調査から明らかにしている。母親が働いている中、子どもが食事を作ったりお風呂掃除をしたりしていることが語られている。

家事については、「子どもの家事をニーズの面から要求する親は多くない」（品田 2004）というが、ひとり親世帯ではそうした分担が自然になされていると考えられる。若年層の女性の移行について検討した児島ら（2010）も、低階層の女性の暮らす家庭は脆弱な経済基盤であり、彼女たちが家計負担や家事を担い家庭を支えているという側面があることを示した。それとともに児島らは、対象となった若い女性の多くが家族との葛藤を生じさせており、「母親の支配／依存」が彼女たちの進路選択を大きく規定していたと指摘している。その中で、彼女たちは友人や友人の家族と過ごせたことにより、「自分の家族を相対化し、閉鎖的なその関係に一定の距離をとることができている」ことを見出した。

ジョーンズとウォーレスが指摘するように、若者の移行を検討する際には、公的領域に加えてこうした私的領域にまで目を配り、二つの領域をあわせて分析しなければならない（Jones and Wallace 訳書 2002）。そこで本書では、分析の視点として貧困世帯の子どもの家庭生活に着目する。貧困世帯とはひとり親世帯（特に母子世帯）であることが多いため、先に述べたように家庭生活で家事を担っている子どもが多いと考えられる。また被保護世帯の母子世帯は障害や疾病をもっているケースも多く（道中 2009）、イギリスでいうところのヤングケアラーが日本においても見られることが予想される（柴崎 2005）。貧困世帯の子どもたちがいかなる家庭生活を送っているのかという点に着目して彼らの移行を検討することにより、彼らのおかれた状況やそこでの経験を連続的に組み込みながら、そのプロセスを解明することができるだろう。

先行研究では、子どもに対する家族（とくに母親）の働きかけに注目することが多かったが、家庭生活の変容に対する子どもの反応やそこでの子どもの役割については十分に明らかにされていない。家庭背景が子どもの教育達成に影響を及ぼしているならば、今度はこうした私的な領域での内実にまで分け入る必要があると考えられる。彼らがどのような状況におかれ、それに対してどのように考え、行動しているのか、そして学校の卒業時など次の進路を決めなければならない時に、どのような「進路選択」をして、いかなる移行をたどるのか、こうした一連のプロセスを描き出すことが求められる。

2・3　子どもを中心に据えたアプローチ

このように、彼らの状況や経験、あるいは彼らの主観を分析に組み込むためには、前章で確認したリッジの「子どもを中心に据えたアプローチ」が有効である。リッジは、「貧困状態にある子どもたちの生活と経験」について理解を深めるべく、「子どもを中心に据えたアプローチ」から分析を行った（Ridge 訳書 2010）。彼女は貧困についての分析のほとんどがこれまで「経済的分配と物質的資源についての大人の議論の内部で組み立てられてきた」と指摘した（同書、p. 22）。そのうえで、実際の調査について「子ども本人と直に接触し、子どもたちを社会的で家族的な関係や帰属の中で複雑な社会を相手に交渉する独立した行為者《アクター》とみなすことによってのみ、確かな説明を手に入れることができる」と述べる（同書、p. 27）。

またリスターは、「貧困状態にある人々の行為における主体性」について、つい最近まで「個人の貧困に対する責任を特定すると言う視点」から認識されていたにすぎず、「逆境をなんとか生き抜こうとしている同胞としての人間の、複雑な主体性を認識するという視点」はこれまでほとんどなかったと指摘している。そうして彼女は、行為の主体性について、①日々の対処である〈やりくり〉、②「日常的抵抗」を通じての〈反抗〉、③貧困からの〈脱出〉、④変化をもたらすための〈組織化〉、という四つの側面から考察した（Lister 訳書 2011, pp. 181-182）。松本（2008, p. 49）も、「おとなと同じように、子どもも人生の主体であることに変わりはない」と指摘し、そうであるならなおさら、子どもを「発達の主体として理解すること」が重要であると述べている。

これらの先行研究をふまえて本書では、貧困世帯の子どもたちを複雑な主体性をもつ行為者《アクター》ととらえ、「子どもを中心に据えたアプローチ」を採用する。彼らを対象としたインタビュー調査を実施し、彼らの発達段階に重要な側面に目を配りながら、幼少期から現在までの彼らのライフストーリーを連続的に描き出す。こうした作業を通じて、彼らの経験がより立体的に立ち現れてくるだろう。やまだようこ（2000）はライフストーリー研究を「日常生活で人びとがライフ（人生、生活、生）を生きていく過程、その経験プロセスを物語る行為と、語られた物語についての研究」とした。ライフストーリーに着目することにより、彼らのライフを生きていく過程が明らかとなり、その語られ方をも考察対象とすることが可能となる。

換言すれば本書では、貧困世帯の子どもたちが所与の状況の中でどのような経験をし、そのことがどのような移行につながったのかを検討する。また彼らがそのような状況や経験をどのように語るのかについても着目する。先行研究において、「子どもを中心に据えたアプローチ」はこれまでほとんど採られておらず、貧困世帯で暮らす子どもたちが家庭生活の中でどのような役割を果たしており、そのことをどのようにとらえていたのかは解明されてこなかった。

なお、こうした観点に立つ分析は、ともすれば「貧困の文化」（Lewis 訳書 2003）の研究とも見なされるかもしれない。しかし、本書では貧困な経済状態が文化を形成・維持しているという見方ではなく、スピッカーの「決して文化などではなく、一連のありふれた心理的反応である」という指摘（Spicker 訳書 2008）をふまえ、あくまで彼らがある状況にどのように対応しているのかという点を重視して、その生活の様子と、そこでの彼らの対応に焦点をあてる。

3　研究方法

本書では、本章「1　本書の目的」で掲げた課題解明のため、三つの調査（ケースファイル調査、質問紙調査、インタビュー調査）から、①貧困世帯に育つ子どもの移行過程の全体像を明らかにし、②彼らのライフストーリーからある進路へと至るプロセスを読み解く、という手順で進めていく。

なお、序章の最後でも述べたように、本書は被保護世帯の子どもを対象とした調査の結果に基づいている。筆者は、首都圏近郊のA市X地区とY地区の福祉行政に調査協力を依頼し、後に詳述する三つの調査を実施した。

A市は首都圏の中でも人口の密集した自治体の一つである。同市のX地区とY地区では、二〇〇〇年代後半より被保護世帯の中学生を対象とした学習支援事業が行われており、全国的にも比較的早期に「子どもの貧困」や「貧困の世代的再生産」の対策に乗り出した地域である。A市のなかで、X地区の人口や事業所数はほぼA市の平均と同様であるが、入居収入基準が定められた公営住宅数はきわめて多い。X地区の生活保護受給率も、A市全体の値とほとんど同じである。またY地区の人口や事業所数は、A市内においてもっとも多い部類に入る。公営住宅数は平均より少なく、生活保護受給率はA市全体の受給率の半分程度である。この二つの区の学習支援事業はともに、被保護世帯の中学三年生を対象にしてＮＰＯ法人に委託され、実施されている。参加を希望する中学生に勉強を教えるのは主に近隣の大学生や大学院生である。

本書の分析は以下の三つの調査の結果に基づいている。

第一に、被保護世帯に育つ子どもの中卒後の移行過程を明らかにするため、A市X地区とY地区の福祉事務所の協力のもとに、そこで保管されているケースファイルに基づくデータセットの分析を行った。各地方自治体の福祉事務所では、生活保護を受給している全世帯について、各世帯の情報を追加しながら経年的に蓄積していくケースファイルを保管している。これに基づいて作成されたデータセットにより、学習支援教室に参加した中学生に限らず、両地区の被保護世帯の子どもたちの移行の全体的な様相を捉えようとした。

第二に、被保護世帯の中学生の特徴を一般世帯の中学生と対比して描き出すために、質問紙調査を実施した。これは次に続く被保護世帯の子どもたちのライフストーリーを読み解き、そこで描かれた生徒の生活や意識が他の生徒とかなりの共通性を有していることを確認するための基礎資料ともなる。一般世帯の中学生については、A市Y地区の公立中学校六校の協力を得て行なった。被保護世帯については、X地区とY地区の被保護世帯の中学生に手渡し、あるいは郵送で調査を実施した。こうした質問紙調査を実施することで、一般世帯と被保護世帯のそれぞれで暮らす子どもの傾向を比較することが可能となる。

第三に、被保護世帯の子どもたちのライフストーリーから彼らの移行を読み解くため、A市X地区とY地区の学習支援教室の卒業生を対象としたインタビュー調査を実施した。彼らは、どのような生活を送り、どのような状況の下で「進路選択」を行うのか。このことを、中卒後の進路と高卒後の進路の二つに分けて検討する。貧困世帯の子どもの進路を連続的に把握するためには、学校生活の中だけに注目するのでは不十分であるため、本書では彼らの高校生活だけではなく家庭生活についいて十分な注意を払った。

本書では、これら三つの調査から得られた知見の分析を進めることにより、先に述べた二点の研究課題を明らかにし、貧困の世代的再生産の仕組みについいて考察する。

なお、これらの調査研究は、量的研究と質的研究を組み合わせているという点では混合研究法とも呼べるものである。中村（2007）は量的研究と質的研究をめぐる議論を整理した上で、両者を使用するメリットを二つ挙げた。すなわち、「単一の方法を用いたのでは答えられない研究課題に答える」ことと、「多角的な視点から一つの現象を立体的に理解すること」である（同書、pp. 234-235）。

また中村（2010）は高校生の進路選択について、「試験の合否のようにある一時点で一斉に決まるというものではなく、高校生活の中での様々な情報や学習、活動などを通じた試行錯誤のプロセスが本質的に伴うものである」と述べている。中村らのグループは進路選択をプロセスとして把握することを試み、高校三年間のパネル調査とインタビュー調査を実施し、彼らがどのように進路を選択していくのか追跡した。彼らの調査設計は学校を通じたものであるため、網羅的であり、脱落サンプルが少ないという長所がある。

しかし本書では、分析対象を貧困世帯と定めていることから、学校を通じた調査では捉えることが難しく、異なるアプローチを採用する必要があった。そこで、先述したように被保護世帯に関する情報を網羅的に把握している福祉行政側から調査する案を思いつき、A市X地区とY地区に調査を依頼した。そうしたところ、当該地区においても、被保護世帯の中学生を対象とした学習支援や、その後の就労支援を考える上で、彼らを対象としたできるだけ客観的で詳細な調査研究の必要が検討されていたため、一連の調査について協力関係を結ぶに至った。とくにケースファイル調査と質問紙調査については、X地区、Y地区と合同の会議を複数回行い、調査方法や結果の公表の仕方について検討を重ねた。

被保護世帯の子どもは高校非進学者や高校中退者も多く、中学校卒業段階から進路分化がはじまっているため、福祉行政が管理しているケースファイルを用いて移行過程を分析することとした。また両地区において、被保護世帯の子どもたちを対象とした質問紙調査を実施し、Y地区では公立中学校六校にも調査協力を得た。インタビュー調査はX地区とY地区で実施し、ライフストーリーの手法を用いて分析を行った。

本書は、通常、得難い福祉行政のデータ（ケースファイル）を使用したこと、被保護世帯と一般世帯の中学生を対象とした質問紙調査を行ったこと、被保護世帯に育った者に直接インタビューを行ったことが特長といえる。

またこれら三つの調査はすべて同地区内で行っている点も本書の利点である。

第三章　生活保護世帯の子どもの中卒後の移行経験

――ケースファイルを用いて

1　はじめに

本章の目的は、被保護世帯に育つ子どもが中学校卒業後にどのような進路をたどっているのかを、これまで教育社会学が頻繁に用いてきた「進路選択」や「進路形成」の概念に代わり、「移行」の経験として捉え、その経験の連続を実証的に明らかにすることである。その中でも、さまざまな困難に遭遇するリスクが高いと考えられる高校非進学者・高校中退者（高卒資格未取得者）に注目し、高校在籍者・高校卒業者と比較することで、彼らがそのような移行を遂げることとなった要因について検討する。さらに、高校非進学者と高校中退者は学校を離れた後にどのような移行を経験しているのか、その詳細を解明する。そのうえで、彼らの移行経験を整理し、類型化を行うことによって、これまで等閑視されていた学校離脱後のパターンを見出す。

「子どもの貧困」に関しては、問題の性質上、その実態を多角的に捉えるという観点から質的手法が有効であることは言うまでもない。しかし、局所化した理解を防ぐためにも、量的手法で迫ることが同時に求められている。ただし、中高生を対象としたこれまでの進路研究では、貧困世帯の子どもに焦点が定められていないがために、彼らが調査対象からこぼれ落ちたり、あるいは彼らの多様性に十分な目が向けられず、その多様性が捨象されてしまうきらいがあった。

そこで本章では、A市X地区およびY地区の協力を得て、ケースファイルから情報を抽出するケースファイル調査を実施し、被保護世帯に育つ子どもの中卒後の進路を連続的に捉える。ケースファイルを用いることで、貧困世帯の子どもに焦点を合わせた量的手法を採用することができる。

本章では、以下の三点を明らかにする。①被保護世帯に育つ子どもがどのような進路を歩んでいるのかを網羅的かつ連続的に明らかにする。②高校非進学者・高校中退者（高卒資格未取得者）とそうではない者とを比較し、経済的条件はほとんど同等にもかかわらず、何が彼らを分かつのかその要因を分析する。③高校非進学者・高校中退者の移行経験の多様性を描き出す。

本章で分析するケースファイル調査の利点は、ある自治体における被保護世帯の全ての子どもを網羅できる点である。進路に関する多くの研究は、一時点を対象としているか、もしくは高校入学後にパネル調査を開始しており、高校非進学者や高校中退者を対象に含めていない。また移行研究は質的な調査が多く、貧困世帯の子どもの進路分化の全体像を明らかにしていない。本章はこうした課題を克服し、「子どもの貧困」問題に対応し得るよう貧困世帯の子どもを対象に据えた調査手法を採用した。

2　ケースファイル調査の概要

各地方自治体の福祉事務所では、被保護世帯の構成員の情報を追加しながら経年的に蓄積するケースファイルを保管している。本章では、首都圏近郊のA市X地区およびY地区の福祉行政と協力関係を結び、被保護世帯の一六歳から二二歳を対象として、ケースファイルから情報を抽出した調査（以下、本調査）の分析を行う[1]。X地区とY地区では、被保護世帯の中学生を対象とした学習支援事業が取り組まれており、若者を対象とした就労支援事業についても検討がされている。筆者の問題関心と行政担当者の要請が合致し、協力関係が結ばれたことから本調査は実施された。

これまで福祉の分野では、行政管理のデータやケースファイルを利用した調査分析がいくつか行われている。たとえば、道中（2009）は相談記録およびケースファイルの記録、ケースファイルに編綴された関係資料から分析を行っている。藤原・湯澤（2010）は、福祉事務所への聞き取りと生活保護が廃止になった世帯（母子世帯）に関する記録から、保護の開始・廃止時の世帯構成、就業・疾病等の状況、受給期間中の変化等、研究目的に関する項目についてデータ収集を行った。そして、被保護母子世帯では、第一子の出産年齢が若いこと、借金やDV、障害・疾病などさまざまな事情が複雑に絡んでいること等を明らかにし、廃止後の支援について検討した。また、小林ら（2012）は、ケースワーカー等がケースファイルから、調査項目に該当する情報を抽出し、調査票へ記入したものをデータベースにして分析するという方法をとり、世帯の経済状況や保護開始の理由、父母の学歴や初職、健康状態、子どもの年齢等を明らかにした。彼らは親の生活課題と子どもの進路の問題が同時期に立ち現れることも見出している。

本調査ではとくに小林ら（2012）の手続きを参考にして、行政側と協議し、ケースワーカー等行政職員にケースファイルから必要事項を抽出して調査票へ記入してもらう方法をとった。調査票には、個人が特定されないID番号を付した上で、年齢・性別とともに、中卒後にある進路に就いた時期とその進路先を、用意した選択肢から選んでもらう形で記入してもらった。選択肢には、高校入学・卒業や中退・転編入などの学校経験、高卒後の進路、就労や求職活動、妊娠・育児、その他等の項目を設けた。併せて、父母の学歴や就労状況、世帯の保護開始時期、学齢期の引越し回数や不登校経験の有無、中卒時の同居家族などについても選択肢を設けた。また備考欄には、中退理由や就労の内容、その他の状況など特記事項をごく簡潔に書いてもらった。

調査手続きは、以下のとおりである。①行政職員が、ケースファイルをもとに調査票の各項目に記入する。②筆者がSPSSソフトを使用して、記入された調査票をデータベース化して分析にかける。調査時期は、二〇一二年九月から二〇一三年一月である。

まず各調査項目について集計を行った後、移行経験の全体像が読み取れるよう「移行過程図」を作成した。この図は、中卒後の高校進学者数と中退者数、中退後の編入者数、高卒後の大学進学者数等が一目で分かるよう工夫されている。またこの図を参照し、高校非進学者・高校中退者と高校在学者・高校卒業者の比較を行った。次に高校非進学者と高校中退者について、ファーロングら（2003, 2009）の分析を参考にして個別の「移行パターン図」を作成した。具体的には各自が進路に就いた時期と、その際の内容〈正社員、求職活動、アルバイト、妊娠・育児、編入、その他、不明、何もしていない〉を一直線上に描いた。そのうえで、移行の様相によって類型化を行った。これにより、今まで可視化されなかった高校非進学者と高校中退者の学校離脱後の移行経験を捉えることができる。

本調査にあたっては、事前に行政管理職を対象としたヒアリングを実施した。また定期的に開かれた庁舎での会議やフィードバック時の意見交換の場でも、行政管理職やケースワーカー等行政職員にヒアリングを行った。

3　倫理的配慮

本調査は先の小林ら（2012）同様、生活保護業務の目的の範囲を逸脱しないよう、あくまでもX地区およびY地区で実施・検討されている支援事業に資することを目的として行った。調査目的に基づき、調査項目と調査手続き、分析方法、データの取り扱い、公表の仕方などについては、両地区の行政担当者と合同で複数回の議論を重ねた上で、確認書を交わした。個人情報保護ならびに研究倫理を最優先し、データの取り扱いについては最大限の配慮を行った。なお先に述べた手続きによって、データは連結不可能匿名化されたものとなっている。

4　ケースファイル調査の分析結果

4・1　調査対象者の所属と年齢

A市のX地区とY地区の被保護世帯に育つ一六歳から二二歳についてデータの抽出を行ったところ、全数で三九一名いることが分かった。年齢は調査した年度末で統一されており、一六歳は高校一年生に相当する。彼らの保護開始時期は表3－1に示した。高校相当は、高校に通っていない一八歳までの者を表している。一九歳以降に保護が開始されているケースが二八ケースあったが、これらは本人が世帯主である可能性があるため、「生活保護世帯に育つ子ども」の範囲外と判断し、今回の分析からは除外した(2)。このため、本章の分析対象者は、保護開始時期が幼少期から高校相当の三六三名となる。

現在の所属（状況）は、高校生が二三〇名（男性一〇五名、女性一二五名）と全体の六三・四％を占めた。次い

表３－１　X地区とY地区の被保護世帯に育つ子ども（16歳から22歳）の保護受給開始時期

	人数	割合
幼少期	67	17.1%
小学校	125	32.0%
中学校	101	25.8%
高校	66	16.9%
高校相当	4	1.0%
その他	28	7.2%
合計	391	100.0%

で「その他」が一〇六名（二九・二％）と多かったが、これには就労（正規雇用・非正規雇用）、求職活動中、作業所等への通所、妊娠・育児などが含まれる。

年齢別にみたところ、一六歳から一八歳まではほぼ八〇人程度で推移しているが、一九歳が五〇名、二〇歳二七名、二一歳二二名、二二歳二四名と二〇代は人数が減る傾向が見られた。これは全国の動向と同様である(3)（国立社会保障・人口問題研究所 2014）。

４・２　家庭背景

分析対象者が中学校を卒業した当時の世帯類型は、母子世帯が七六・三％と圧倒的な割合を占めた。ふたり親世帯は一五・二％、父子世帯は四・七％であり、その他は三・九％であった。その他には、祖父母と暮らしていた者やきょうだいのみで暮らしていた者、または児童養護施設で生活していた者が含まれる。

母親の学歴については、高卒が四〇％ともっとも多く、中卒が一六・三％、高校中退が一五・四％と低位の学歴が続く。大学・短大卒は六・九％、専門学校卒は九・六％であった。父親の学歴はケースファイルに記載がないことが多く、三六三件中六六件の情報が抽出された。六六件の内訳は、中卒が二三名、高校中退が一一名、高卒が二三名、専門学校卒が一名、大卒が八名である。

母親の就労状況については、パートが三七・七％ともっとも多く、次に障害・疾病による無職が三〇・一％、求職活動中が一一・〇％となった。その他、介護や育児、病気療養などがあった。父親はやはり先と同様の理由により不明が多かったが、五四件が判明した。その内訳は、障害・疾病が二三名、日雇いと求職活動中が九名ず

表3－2　生活保護世帯に育つ子どもの中卒後の進路状況

	合計(a＋b＋c)	高等学校進学者							高等専修学校等(b)	高校等非進学(c)
		合計(a)	全日制	定時制	通信制	特別支援	課程不明	高専		
全国	100.0%	98.4%	92.4%	2.2%	1.8%	1.0%		0.9%	0.3%	1.3%
本調査	100.0% (N＝363)	91.7% 333	50.4% 183	18.5% 67	12.7% 46	8.5% 31	1.7% 6	0.0% 0	2.5% 9	5.8% 21

注）全国の値は平成25年度学校基本調査のデータを使用した。

つ、正社員とパートが五名ずつ、派遣が三名であった。

また、学齢期に引越しを経験した者は約六割であった。引越し回数一回の者がもっとも多く四一・〇％であったが、二回以上経験した者も一七・三％いた。

4・3　中卒後の進路状況

それでは分析対象者の中卒後の移行をたどっていきたい。今回の分析対象者の高校進学率は九一・七％であった(4)（表3－2）。平成二五年度の日本全国の高校進学率は九八・四％に達しているため、それと比較すると六・七ポイント低かったことになる。また課程別に見ると、本調査における全日制高校の進学率は五〇・四％であった。かりに課程不明の六名全員が全日制であったとしても五二・一％に過ぎない。全国の値は九二・四％であり、約四〇ポイントの差が開いた。その分、被保護世帯の子どもたちは、定時制高校への進学率が全国の値より約一六ポイント高く、通信制高校に関しても約一一ポイント高い。また特別支援学校への進学についても全国の値より七・五ポイント高いことが明らかになった(5)。

4・4　移行過程図からみる被保護世帯に育つ子どもの進路

まず、中卒後の移行の全体像を把握するため、移行過程図を作成した。本調査の対象者は一六歳から二二歳であり、調査時点で高校在学年齢の者とそうで

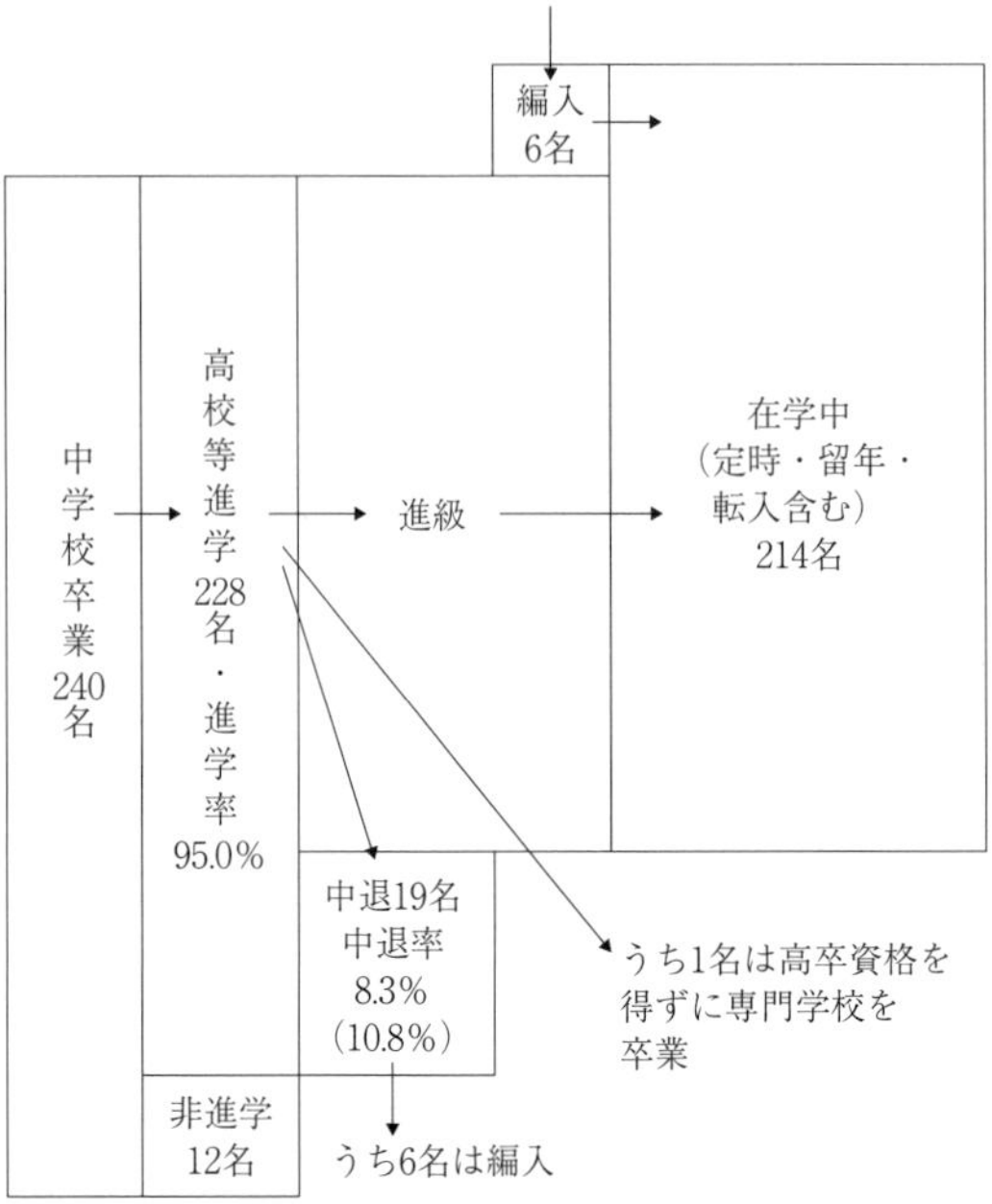

図3－1　16歳から18歳（240名）の移行過程図

注）中退率8.3%は単純計算で算出し、10.8%はカプラン・マイヤー法を使用し算出した。

ない年齢の者が混在している。このため全日制高校の生徒が卒業する一八歳を一つの区切りとして、移行過程図は二つ作成した。

一六歳から一八歳を対象とした移行過程図では、対象者二四〇名中、高校または高等専修学校等の教育機関に進学したのは二二八名であり、高校等への進学率は九五・〇%となった[6]（図3－1）。高校等進学者二二八名中、中退した者は一九名いたが、そのうち六名は他の学校へ編入し現在も在学中である。三学年分をまとめて計算すると中退率は八・三%となるが、一六歳から一八歳は主な高校在学年齢であるため、今後中退する生徒がいることが想定され、中退率が低く見積もられている可能性がある。そのため、観察期間における打ち切りケースを考慮することができるカプラン・マイヤー

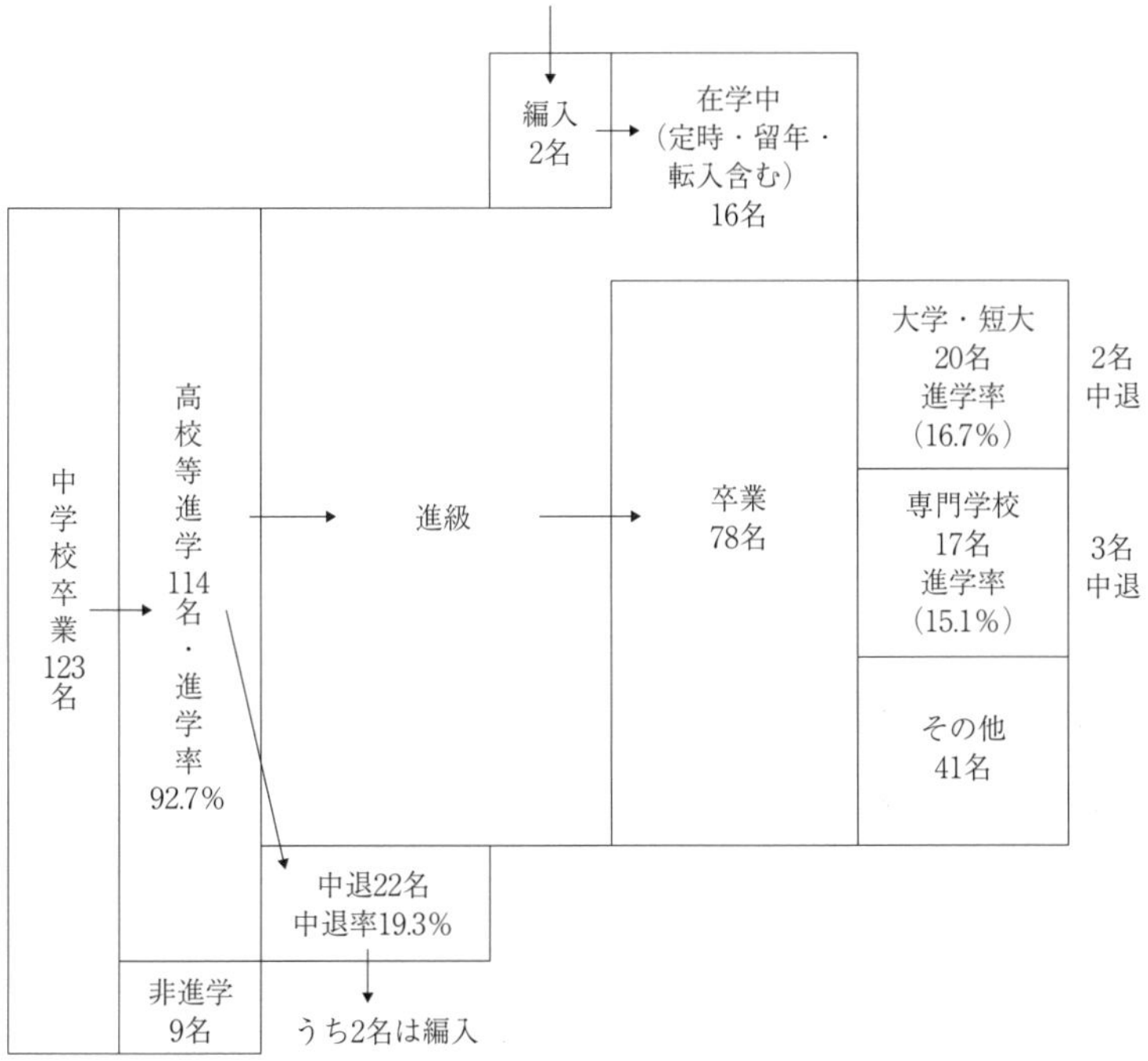

図3－2　19歳から22歳（123名）の移行過程図

注）中退率19.3%は単純計算で算出し、大学・短大進学率、専門学校進学率についてはカプラン・マイヤー法を使用し算出した。

（Kaplan-Meier）法を使用し、中退率算出を試みたところ、中退率は約一〇・八%となった[7]。ただし、ケースファイルに現一八歳の高三時の中退記録はまだなかったことから、高三における中退者数は中退率に反映されていないため、高校三年間の中退率としてはこの数値も過少に算出されていることに注意が必要である。

図3－2は一九歳から二二歳を対象として描いた移行過程図である。中学校卒業者一二三名の中に高校中退と卒業が曖昧なケースはなく、高校入学時からその課程の修業年限を超えた年齢の者一六名については、在籍継続を確認できる記載があった。

中学校を卒業した一二三名中、高校等に進学したのは一一四名であり、高校等への進学率は九二・七%であった。高校等に進学した一一四名中、中退したのは二二名であり、全体で中退率は一九・三％となる。また全体の一二三名中、大学や短大に進学した者は二〇名に過ぎないことも浮かび上がった。一八歳を越えて大学や短大に進学する可能性を考慮し、カプラン・マイヤー法を用いて、大学・短大進学率を算出したところ、一六・七％となった。専門学校への進学者は一七名であり、同様の計算を行うと、進学率は一五・一％となった。

高校中退率については、一六歳から一八歳のグループより、一九歳から二二歳のグループの方が高い。本調査は高卒後、世帯分離(8)をして大学や短大、専門学校に進学した者については網羅されているが、高卒後就労し始め、世帯全体の収入が上がったことにより生活保護が廃止になったケースや高卒後、本人のみ家を出て別世帯として生計を立てているケースなどは含まれていない。そのため、一九歳から二二歳については高卒者の一部が除かれ、その分高校中退者の割合が多く表れていることが考えられる。これは本調査の限界であるものの、次にみる高校非進学者・高校中退者（非直線型）と高校在学者・高校卒業者（直線型）の比較や、非直線型の移行経験を描く際の妨げにはならないと判断した。

次に、一六歳から二二歳の全数三六三名を対象として、高卒資格をもっている、ないしは調査時点で高校に在籍しており、今後卒業して高卒資格が得られる見込みのある者というグループと、中卒後、高校に進学しなかった、あるいは高校を中退しており、調査時点では高校に通っていない者というグループに分類し、高卒資格取得に関連する要因を検討する。具体的には、図３－１の在学中の者二一四名と図３－２の在学中の者一六名、卒業者七八名の合計三〇八名（八四・八％）が前者にあたり、これを①直線型とした。次に、図３－１の高校非進学者一二名と中退後編入しなかった者一三名、また高卒資格を得ずに専門学校を卒業した一名、図３－２の高校非進学者九名と中退後編入しなかった者二〇名の合計五五名（一五・二％）が後者に相当し、これを、②非直線型とした。①直線型は今回の対象者の中では比較的リスクが低いと考えられるが、②非直線型は今後社会的に

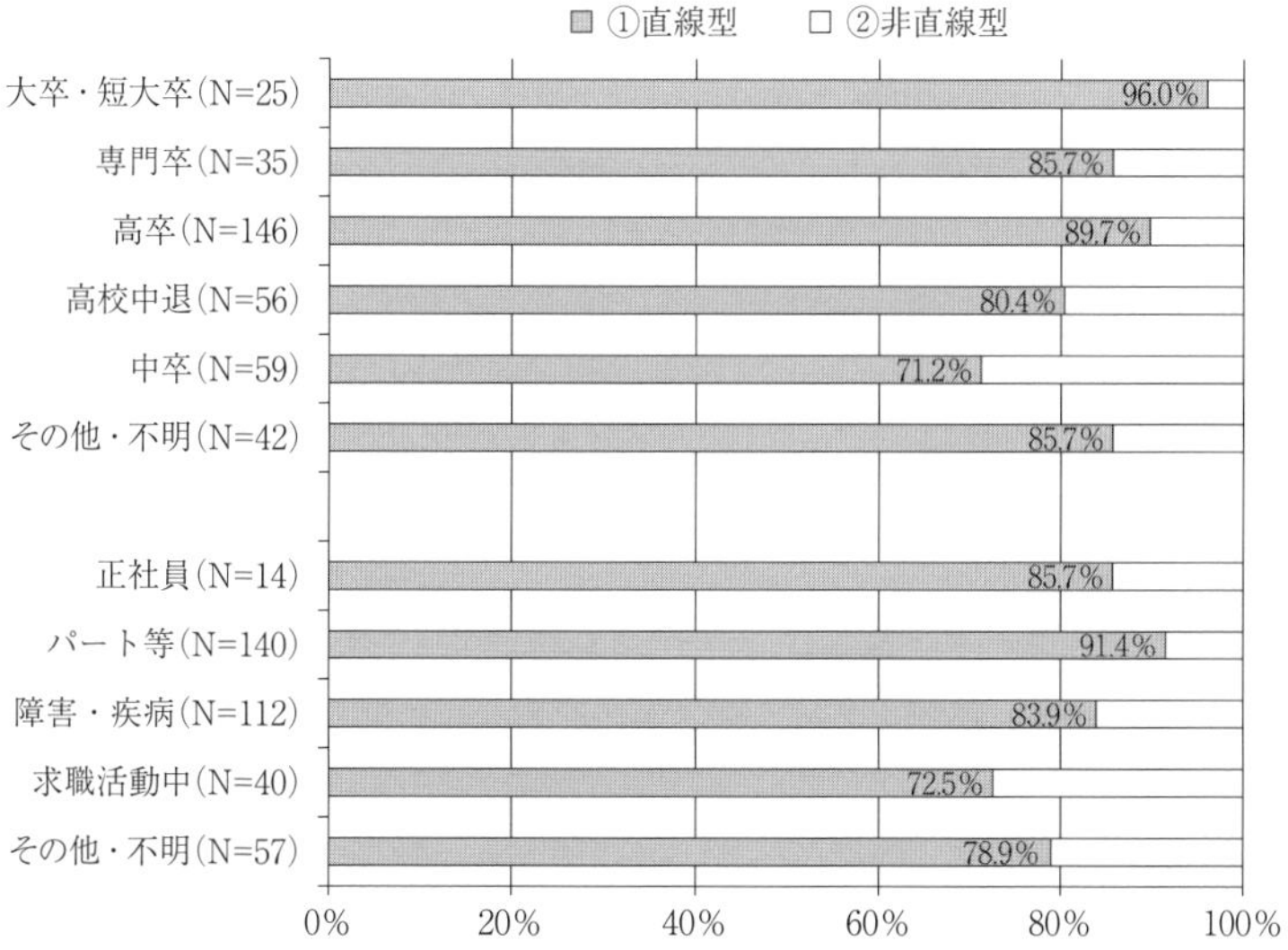

図３－３　直線型と非直線型の母親学歴、母親就労の比較

排除される可能性が高いと予想される。①直線型と②非直線型を従属変数とし、母親の学歴、就労状況、学齢期における不登校経験の有無や引越し回数、中卒時のきょうだい数を独立変数としてクロス集計を行った（図３－３、図３－４）。

その結果、同じ被保護世帯に育つ子どもであっても、母親の学歴が高い場合や、母親が何らかの就労をしているケース、きょうだいが二人以下、学齢期の引越し回数が一回以下、小中学校時代に不登校経験がない者は、それぞれの項目で①直線型に属する傾向が高いことが明らかとなった。カイ二乗検定でも、全ての項目において五％水準で有意な結果となった。また生活保護の受給が開始された時期に着目してみると、①直線型グループに属するのは、幼少期八八・一％、小学校八四・〇％、中学校八七・一％、高校八四・八％、高校相当〇・〇％であった。開始時期が幼少期であっても高校であっても割合は特に変わらないことから、いずれかの時期に子どもの家庭生活が急変したことにより、直線型と非直線型に分岐される傾向があるというよりは、不利な条件の積み重

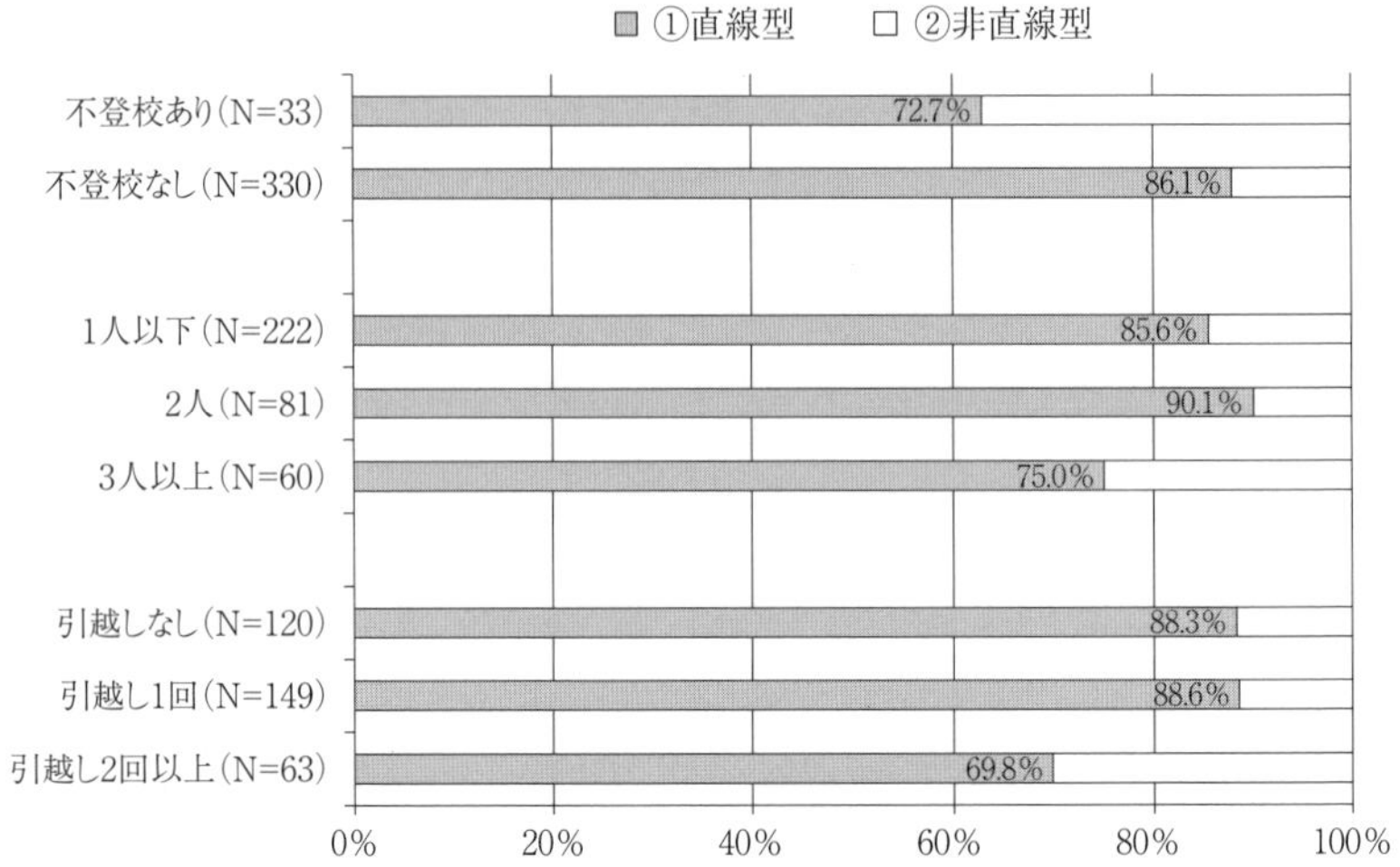

図３－４　直線型と非直線型の不登校経験、きょうだい数、引越し回数の比較

ねにより、非直線型の移行をたどる層が存在していると推測される。

４・５　非直線型（高校非進学者と高校中退者）の移行パターン図

本調査において、学校教育を離れた高校非進学者と高校中退者は合計で六二名おり、分析対象者の一七・一％を占めた[9]。彼らは非直線型の移行を経験している者であるが、学校を離れた後にどのような移行をたどっているのだろうか。このことを明らかにするために、ここでは移行経験の内容として八項目〈正社員、求職活動、アルバイト、妊娠・育児、編入、その他、不明、何もしていない〉を用意し、各人の移行過程を帯に描き移行パターン図を作成した（図３－５）。

乾（2010）は若者の移行過程を描く際に、〈在学、正規雇用、非正規雇用、自営等、失業、その他〉を区別し、その移行過程を帯で表した。そこでは、中卒・高校中退者と高卒学歴以上の者とが分類され、高卒学歴以上の者については安定類型、準安定類型、不安定類型の三類型に整理されている。本章ではこれをヒントにして、被保護世帯の高校非進学者と高校中退者をクローズアップし、彼らの移行過程を描いた。図３－５のＩＤ1から21は高校非進学者、ＩＤ22から62は高校中退者である。

その結果、全体で大きく四つの類型（①求職・アルバイト型、②更生保護・医療・福祉型、③妊娠・育児型、④編入型）が見出され、その他分類不能のケースも多々あることが浮かび上がった。このうち、①求職・アルバイト型は、何らかの仕事に就こうと求職活動をしたりアルバイトに就いたりしている経験が期間の大半を占める者である。②更生保護・医療・福祉型には、非行や引きこもり、病気療養中の者などが該当する。ただし、ここには短期間、正社員になった経験をもつ者もいる。③妊娠・育児型とは、妊娠・出産した経験をもつ女性があてはまる。④編入型とは、高校中退後、他の高校へ編入した者を指す。この四つの類型に基づき、彼らの移行経験の内実を詳しく見ていくと、学校を離れた後の経験がきわめて不安定で断続的であることが分かる。

まず高校非進学者二一名については、調査時点までに再び学校教育に戻ることはなかった。彼らの約四割（九名）は①求職・アルバイト型に分類されたが、求職活動が長期化するケースも見られ、アルバイトが比較的長く続いているのは二ケースのみである（ＩＤ2、9）。図３－５から、中卒後、比較的早くアルバイトや正社員になった者が四名（ＩＤ2、7、8、9）、求職活動から初職に就くまで半年から二年以上かかっている者が四名（ＩＤ1、3、4、5）いることが分かる。また中卒後に求職活動を開始して以来、いまだ初職に就いていない者も確認できる（ＩＤ6）。男性が就いた職種は飲食店での接客業や建設業などが多く、女性は全員スーパーやファーストフード店での接客業に就いていた。②更生保護・医療・福祉型には七名が該当し、ここには病気療養中の者や引きこもり、非行の者が含まれる。非行については三名いたが、全員男性であった。引きこもりになっている者は、小学校や中学校段階から不登校気味であり、それが中卒後も継続していた。病気療養中の者は二名おり、通院中である。また③妊娠・育児型は一名であり、一六歳時に妊娠・出産を経験している。その他分類で

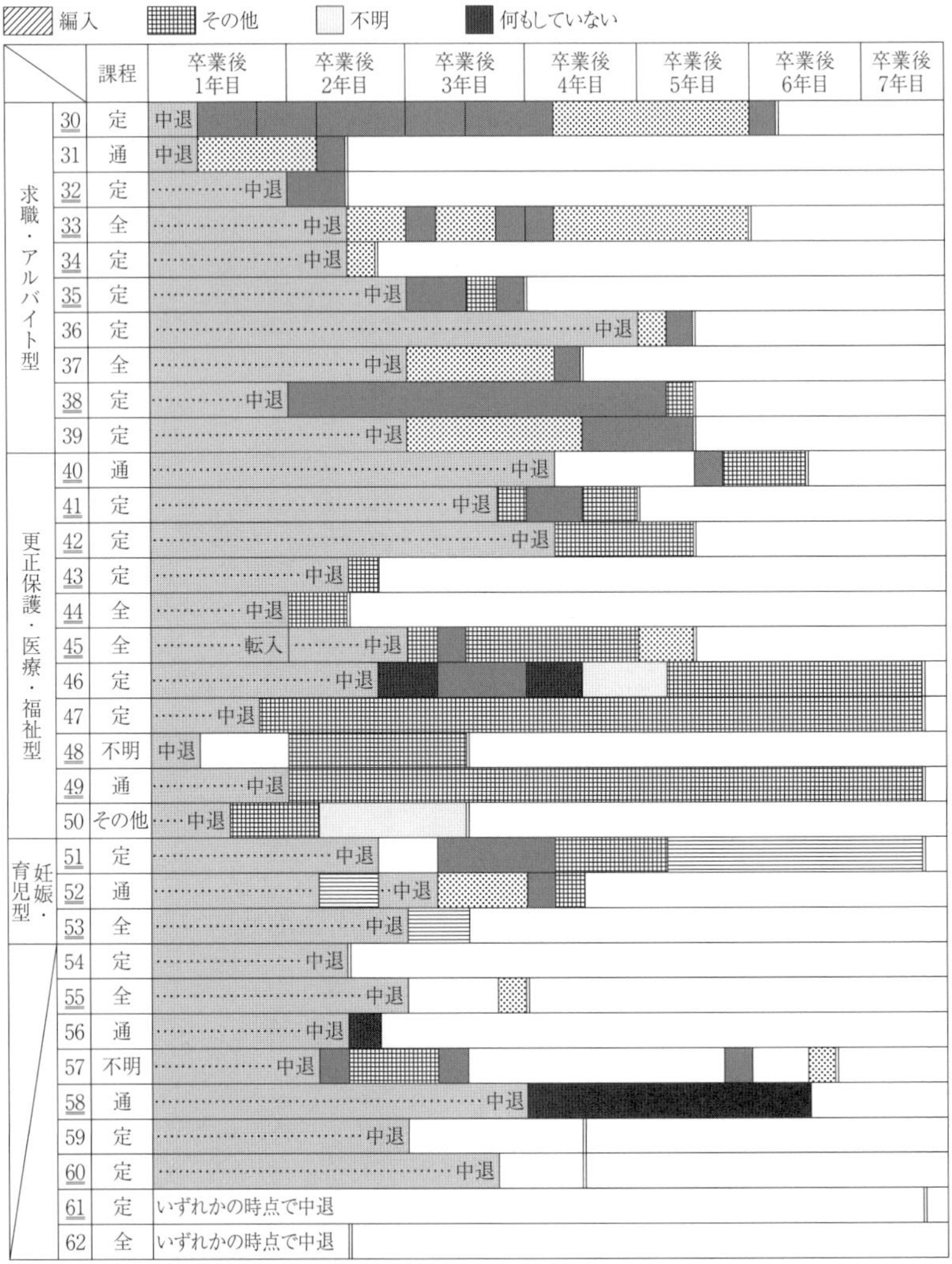

移行パターン図（非直線型）

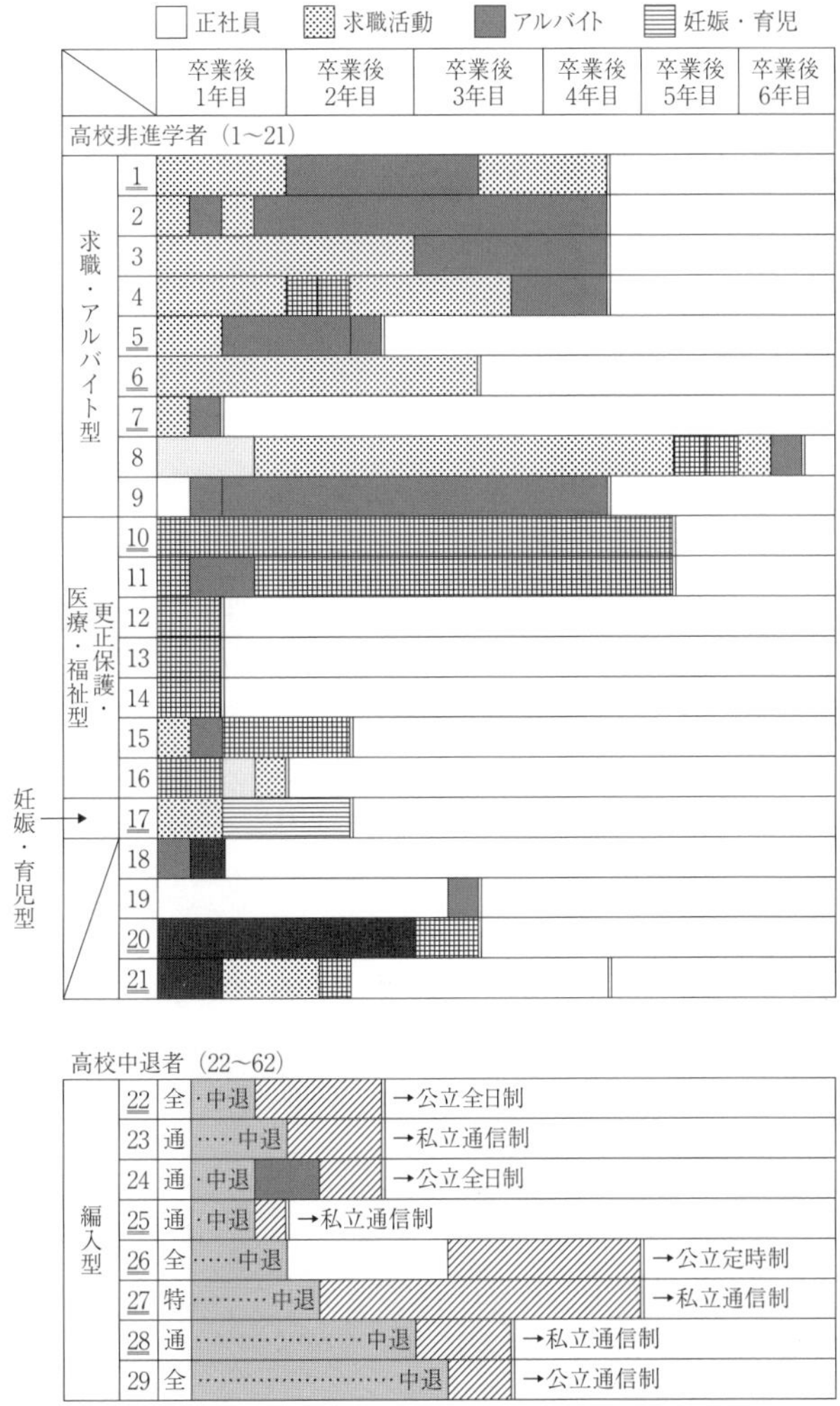

図 3－5　被保護世帯の子どもの

注）ID 番号の下線の有無は性別を表しており、下線を引いたものが女性である。
ID45 は一度転入したのち、中退している。ID50 は来日のため、東南アジアのハイスクールを中退している。

きないケースが四ケースあるが、これは特に何もしていない期間が長いとされた者やケースファイルの記載が長期間ない者である[10]。中卒後いったんはアルバイトに就いたものの、退職し、何もしない期間が続いている者（ＩＤ18）と、長らく記載がなかった後にアルバイトを始めた者（ＩＤ19）、中卒後、何もしていない期間がはじまった者（ＩＤ20、21）がいる。また彼らの中には家出による転出、転入を経験している者もいた。

次に高校中退者四一名についてであるが、彼らの元在籍校の内訳は全日制高校九名、定時制高校一八名、通信制高校一〇名、特別支援学校一名、その他・不明が三名である。備考欄に書かれた中退理由は、留年（原級留置）が最も多く、一四名が該当した。その内容には、「学業についていけない」、「日本語がわからない・出席日数足りず高校の規定により」、「問題を起こし留年」、「単位不足」等が挙げられた。留年以外の中退理由は、不登校五名、非行三名、妊娠二名、経済的事情四名、その他一三名、不明・無回答五名であった[11]。その他には、ＤＶからの避難による引越しや引きこもり、病気療養、友人関係の困難等が含まれる。

これらの理由から、彼らはさまざまな理由で高校を辞めざるを得なかったということが分かる。自らの積極的な進路変更により高校を辞めたと思われる理由はなく、彼らは学習の困難や体調の問題、家庭の事情により高校生活の継続が困難となっていた。また、定時制高校からの中退者が多いが、彼らの中で編入した者はいなかった。

高校中退者四一名中八名は編入し（④編入型）、現在も高校に在学しているが、彼らはみな（ＩＤ22〜29）、定時制高校以外の出身である。定時制高校はある一定の層が学校教育にとどまる最後の砦であり、彼らはそこから押し出されるとその後再び教育機関に戻ることは難しいと考えられる。また八名中五名は元在籍校が私立であった。

④編入型以外の高校中退者のうち一〇名は、①求職・アルバイト型である。このうち三名は、高校在学中からアルバイトをしていたが、中退後も勤務先が同じである者はいなかった。一ヵ所で長く勤務している者が一名い

るが（ＩＤ38）、彼女は病気により退職している。男性三名は、建築関連の仕事や飲食店、スーパーで働いている（ＩＤ31、37、39）。ＩＤ36については、定時制高校入学後に求職活動を開始し、高校在学中、製造業に関連した職に就いたり、飲食店に勤めたりと転職を繰り返している。その後、留年となり、その一年後中退に至った。

①求職・アルバイト型の女性六名は、飲食店やスーパー、コンビニで働いていることが多かった。

②更生保護・医療・福祉型には一一名が該当した。ここには先と同様、病気療養中の者や引きこもり、非行の者などが含まれている。二名のみ正社員経験者がいるが（ＩＤ46、50）、いずれも男性であり建設業関連であった。この類型の多くは女性であり（八名）、そのうち五名は病気療養中で（ＩＤ41、42、43、44、45）、中退の前後の時期から通院もしくは入院をしている。全日制高校から定時制高校に転入し、その後中退に至った者もいたが、それは病気の発症により通学が困難となったためである（ＩＤ45）。引きこもりについては（ＩＤ40、49）、どちらも通信制高校に在籍していたが、「学費が払えない」、「手続きの期限までに連絡をしなかった」との理由でそれぞれ中退となった。また高校入学後すぐに中退した者は、中学三年時、児童養護施設から退所となっており、その後自立援助ホームに入所している（ＩＤ48）。

③妊娠・育児型については、三名があてはまった（ＩＤ51、52、53）。そのうち二名は、その前後で高校を中退しており、妊娠したことが中退するきっかけとなっていた（ＩＤ52、53）。彼女たちの中には求職活動やアルバイトを行った者もいるが、長期的な就労には至っていない。

こうした類型のほか、先と同様、分類できないケースが九ケースあった（ＩＤ54～62）。ＩＤ54は中退後間もないため、類型に含めるのがそもそも不可能であった。中退後、何もしていないとされた者が二名（ＩＤ56、58）、ケースファイルへの記載が長期間にわたってなかった者が六名いた（ＩＤ55、57、59、60、61、62）。ただしそのうち二名は現在、求職活動を行っている（ＩＤ55、57）。彼らの中退理由は、留年や経済的困難、非行、不登校、引きこもりとさまざまであり、いくつかの理由が重なっている者もいる。またこの中で、ＩＤ55は唯一の全日制高校の出身であるが、彼女は経済的理由から高校中退に至り、その後生活保護を受給するようになった。

以上のように、高校非進学者も高校中退者も、非直線型の移行を経験している者はいずれも単純に学校教育が継続できなかったというだけではなく、その後の進路がきわめて断続的であり、特に、②更生保護・医療・福祉型においては非行や引きこもり、病気療養等、さまざまな困難を抱えている者が多い。さらに中退理由を見ると、高校を中退したのは本人の意志による選択というよりも、学校の規則やそのときの状況に従う形で辞めざるを得なくなったと読み取れる。

このようにしてみると、この非直線型の移行を経験している者に、従来の進路研究が想定しているような主体性を見ることは困難であり、彼らは学校から排除されて押し出されるようにこうした移行をたどり、そして多くの困難に直面していることが分かる。しかも、被保護世帯の子どもにはこうした非直線型の移行に陥る者が、分析対象者の一七・一％と、無視できない割合で存在するのである。

5　まとめと考察

本章では、首都圏近郊のA市X地区とY地区における被保護世帯に育つ子どもを対象として、彼らの移行経験を網羅的かつ連続的に解明することを試みた。福祉事務所が保管するケースファイルから情報を抽出することで、対象とした地区の被保護世帯に育つ子どもの全数を対象とすることが可能となった。

被保護世帯の子どもに焦点を合わせて調査を行ったことにより、彼らの移行経験を長期的に見通すことができ、その実態は多様であることが明らかになった。それは進路形成という枠に収まりきらない様相を呈している。従来の進路研究では、非直線型の移行をたどる者に焦点があてられておらず、場合によってはフリーター・ニートと一括りにされることもあった。これまでの研究枠組みでは、非直線型の内部における基本的な類型化さえ見出すことは困難であったと言える。以下では、本章で得られた知見をまとめよう。

第一に、被保護世帯に育つ子どもの高校進学率は全体で九一・七%と全国の値より低く、中でも全日制高校への進学は五〇・四%と極めて低いことが確かめられた。また中卒後の進路分化についても明らかとなり、カプラン・マイヤー法を用いたところ、大学・短大進学率は一六・七%と算出された。

第二に、同じ被保護世帯の中でも高卒資格を得るか否かには、母親の学歴や就労状況、きょうだい数、小中学校時代の不登校経験の有無や引越し回数が関連していることが明らかになった。これらのことから、貧困世帯においても潜在的な差異が存在しており、不利な条件や困難な状況が積み重ねられている者ほど非直線型の移行をたどりやすいと言える。また引越しはおそらく、いわゆる転勤によるものとは異なり、経済的事情や離婚など家庭の都合でなされていると考えられる。ここから、長期間にわたって安定的な生活を営んでいるかどうかの指標が引越し回数に現れるのではないかと推測される。なお、こうした層は、学校を介した調査からもれる可能性も高いだろう。

第三に、高校非進学者や高校中退者といった非直線型の移行過程をたどる者は分析対象者全体の一七・一%を占め、①求職・アルバイト型、②更生保護・医療・福祉型、③妊娠・育児型、④編入型という四つの類型に分類することができた。ただし、分類不能のケースも少なくない。学校を離れた後の彼らの移行経験は不安定であり、さまざまな困難に満ちている。また高校非進学者や定時制高校から中退した者は、その後、学校教育に戻ることはなかった。

また本調査では、何もしていないという空白期間が長い者や、求職活動が長期化している者も多数いることが判明した。彼らは社会での居場所を喪失していることも懸念される。彼らの多くは親の離婚や引越し、転校、不登校など社会的に不利となりうる事項や経験を積み重ねながら移行を経ているが、彼らのセーフティネットとなる機関や窓口、支援制度は十分とは言い難い。子どもたちに対してどのような手立てが有効であるのかについては、各章を検討した後、終章にて考察したい。

貧困世帯の子どもであっても大多数は順調に高校生活を送り、首尾よく進学や就職を果たす者も存在しているという見方ももちろんできるが、経済的困難のみならず重層的な課題に直面し、進路が立ち行かなくなっている者も一定数存在する。家庭における何らかの課題によりいったん経済的困難が生じると、今度は経済的困難がほかの課題を呼び込んだり、あるいは課題に対する解決の方策をもてなくさせたりするのだと考えられる。いかにそのスパイラルを断ち切るのか、経済的な保障や支援だけではない具体的な手立てを構築する必要がある。

注

（1）「児童の権利に関する条約（子どもの権利条約）」によれば、一八歳未満を「児童（子ども）」と定義している。同様に、子どもの貧困率も、一七歳以下の者を子どもとして扱っている。しかしながら、本章では、被保護世帯に育った子どもがいかなる進路を歩むのかを検討課題としていることから、保護開始時期に着目し、一八歳までに世帯が生活保護を開始したケースを分析対象とした。また一般に、四年制大学を卒業する二二歳を分析対象年齢の上限とした。

（2）除外した二八名の中には五名の高校非進学者がおり、二三名の高校進学者のうち八名が中退を経験していた。彼らについての分析は今後の課題としたい。

（3）二〇代の生活保護受給率が下がることについて、行政職員にヒアリングを行ったところ、高卒後に就労し始め世帯に収入を入れることで世帯自体が保護廃止となるケースや、高卒後に子どもが家を出て別世帯となって就労するケース、また女性の場合には家を出て同棲や結婚をするケースが想定される、との回答を得た。生活保護制度における世帯分離については、牧園（1999）に詳しい。
（4）課程不明の六名（表3－2）は、高校に進学したことは確認されたが、課程が判別されなかったケースである。
（5）全日制高校への進学率は男子四六・四％、女子五三・八％、定時制高校への進学率は男子二一・一％、女子一六・二％であった。また高等学校と高等専修学校等をあわせて高校等進学率を算出すると九四・二％となる。高校等進学率は男子が九二・二％、女子が九五・九％であった。Pearson のカイ二乗検定の結果は有意確率〇・一二五であり、高校等への進学と性別について統計的に有意な差はない。
（6）中学校卒業後、専門学校に入学した一名は、その学校を一年で卒業しており、高卒資格は得ていない。
（7）カプラン・マイヤー（Kaplan-Meier）法における累積生存率の考え方に基づき、本章では累積在籍率から累積中退率を算出した。計算式は以下の通りである。a＝一六歳から一八歳の高校進学者（二二八名）、b＝一六歳から一八歳における高一での中退者（九名）、c＝現在高一で中退していない者（七八名）、d＝一七歳から一八歳における高二での中退者（一〇名）①b÷a＝0.0395、1－0.0395＝0.9605（高一での在籍者率）、②a－b－c＝（現在一七歳以上の者一四一名）、③d÷141名＝0.0709、1－0.0709＝0.92908（高二での在籍者率）、④（高一での在籍者率）×（高二での在籍者率）＝0.8924（高二における累積在籍者率）、⑤1－0.8924＝0.1076（高二における累積中退率）なお、dには中退時期不明者一名が含まれているが、現在の年齢（一七歳）を考慮し、高二で中退したと仮定した。また一九歳から二二歳における大学・短大進学率、専門学校進学率についても上記の方法に準じて算出した。
（8）生活保護の実施要領によれば、「その就学が特に世帯の自立助長に効果的であると認められる場合」には、大学や専修学校等に就学できるが、就学する本人は世帯分離の手続きを取り、同一世帯に居住していたとしても別生計となる。つまり、就学した者を除いて、収入認定と保護費の支給が行われることになる。
（9）図3－1中にある「高卒資格を得ずに専門学校を卒業」した者は、図3－5に含めなかった。しかし、彼もまた専門学校を卒業後、四ヵ月をおいて飲食店でアルバイトをし（二ヵ月）、その後六ヵ月の求職活動を経て、コンビニでアルバイトを始めたところである。仮に移行パターン図に含めるなら、求職・アルバイト型に該当する。

(10) ケースワーカーは一人あたり一〇〇世帯前後を受け持っているため、一世帯に対応する時間は限られ、また面接するのは主に世帯主となる。そのため、ケースワーカーが子ども本人と面接することが難しく、子ども自身の状況を把握できないケースもあるという。

(11) 複数の理由が挙げられているケースがあったため、のべ人数四六名となる。

第四章　生活保護世帯の中学生の家庭生活と学校生活

——質問紙調査による比較検討

1　はじめに

前章では、被保護世帯の子どもたちの移行経験について分析を行った。彼らの大多数は高校に進学しており、高卒後、進学や就職を果たす者ももちろん存在する。しかし、全国の値と比べて被保護世帯の子どもの全日制高校の進学率は低く、その分、定時制高校や通信制高校の進学率が高い。また彼らの一七・一％は、高校非進学や高校中退といった非直線型の移行をたどっており、学校離脱後の移行経験はさまざまである。義務教育終了後に、被保護世帯と一般世帯の子どもの進路分化は始まると言ってよいだろう。

この進路分化の要因を探るために、本章では、一般世帯の中学生と比較して、被保護世帯の子どもの中学校時代の家庭生活や学校生活にどのような特徴があるかを質問紙調査から明らかにする。それとともに、彼らの将来の希望についても比較検討する。本章での分析は、第五章以降における被保護世帯の子どものライフストーリー分析の前段にあって、そこで描かれる数名の子どもの家庭生活や学校生活での様相が、他の被保護世帯の子どもにも共通であることを確認する作業となる。その意味で、本章は以下に続く質的研究の信頼性を高める基礎的なデータの紹介という位置づけともなる。

子どもの生活に分析的に迫る上で参考になるのは、リッジが示した「子どもたちの生活において重要な三つの領域」である（Ridge 訳書 2010）。彼女は、「子どもたち自身の主観的な説明をとおして、子ども期の貧困と社会的排除についての子ども中心的な理解を深めること」を試みる際に、「子どもたちの生活において重要な三つの領域」として「経済的・物質的側面」、「学校生活の社会的・関係的側面」、「家庭環境や個人的な生活ならびに家庭生活」を挙げた。この三つの領域は、次章以降も参照する重要な区分であるが、まず本章ではこの領域を参考にして、質問紙調査の分析を行う。なおリッジは、学校での授業や家庭での学習および塾など学業面にはあまり触れていない。本章においては、それらを子どもたちの生活における重要な一部として扱うことから、「学校生活の社会的・関係的側面」に「学業的側面」を加え、「学校生活の学業的・社会的・関係的側面」として分析した。塾は学校外の施設であるため学校生活とは異なるが、教育機会の提供という面で学業面に含めることとし、「学校生活の学業的・社会的・関係的側面」に便宜的に分類した。

まず本章の目的に沿い、「学校生活の学業的・社会的・関係的側面」として、成績や勉強に関する項目、塾や習い事、高校進学、将来の進路、部活動、友人関係について検討する。次に、「家庭環境や個人的な生活ならびに家庭生活」として、きょうだい数や勉強できる部屋の有無、家の手伝い、朝食、家族への思い、自己肯定感について検討する。そして最後に、「経済的・物質的側面」として、子どもたちの小遣いや持ち物について確認を行う。一般世帯の中学生とこうした領域ごとに比較することで被保護世帯の中学生はどのような特徴を有しているのか浮かび上がらせたい。また彼らの特徴を明らかにすることにより、第五章以降のライフストーリー分析の際にも、ヒントとすることが期待できる。そのため、本章は次章以降の分析にあたり、適宜参照することにもなるだろう。

次章以降で対象としたのは、筆者が学習支援教室で出会った者であり、なおかつ連絡をとり続けることができた者に限られる。すなわち、被保護世帯の中学生を対象とした学習支援教室に本人あるいは家族が参加を申し込み、参加し続けた者であるため、分析対象者が偏っている可能性がある。そのため、被保護世帯の中学生を対象とした質問紙調査を実施し、全体の大まかな傾向をつかむことも本書全体の分析にとって有益であると考えられる。

貧困世帯の子どもの現状については、第一章でみてきたように質的調査で数多くのことが明らかにされているが（小西 2003、2007、大澤 2008a、2008b など）、全体としてどのような傾向や特徴があるのかについては十分に捉えられていない。文化的階層を指標とした質問紙調査は存在するが、明確に貧困世帯の子どもたちを対象とした調査は十分には行われていないのである(1)。それは、調査の困難さによるところが大きいだろう。今回、福祉行政の協力の下、首都圏近郊のA市X地区とY地区に居住する被保護世帯の中学生ほぼ全員を対象とした質問紙調査を実施することができた(2)。またY地区の公立中学校六校の協力を得られたことにより、一般世帯の中学生との比較検討が可能となった。公立中学校で実施した調査には、当然、被保護世帯の中学生も含まれるが、対象となった各中学校における被保護世帯の中学生の割合は、いずれも約一～二％程度であったことから、公立中学校で実施した調査結果の数値を「一般世帯」の数値として分析することに大きな支障はないと判断した。

2　質問紙調査の概要

まず、本章で扱う質問紙調査の概要を述べる（以下、本調査）。本調査は、A市X地区とY地区の被保護世帯の中学生を対象としたものと、Y地区の公立中学校六校の中学生を対象としたものと二回実施した。分析するのは、両者をあわせたデータセットである。本調査についても、第三章で扱ったケースファイル調査と同様、筆者の問題関心と行政担当者の要請が合致したことから行われた。公立中学校については、行政担当者とともに調査協力の依頼を行い、協力が得られた中学校六校で実施された。

質問項目については、リッジが示した先の三つの領域を柱としながら各地区の行政管理職やケースワーカー等行政職員らと協議し、決定した。なお、調査票の作成にあたっては、文部科学省が実施した「平成二四年度全国学力・学習状況調査」（国立教育政策研究所 2012）とベネッセ教育総合研究所の「神奈川県の公立中学校の生徒と保護者に関する調査[3]」で使用された質問項目を参考にしている。

被保護世帯を対象とした調査票の配布と回収については、①学習支援教室で配布と回収、②自宅へ郵送し、返信用封筒で回収、③自宅へ郵送し、ケースワーカーらが回収という三つの方法を併用し、合計一二五票の回収ができた（表4－1）。学習支援教室で配布と回収を同時に行なった五一票を除いて回収率を求めると、X地区では、一〇八票郵送して四八票回収できたので四四・四％、Y地区は六一票郵送して二六票回収できたため四二・六％となった。

またY地区の公立中学校六校で実施した調査では、合計二二七九票の回収があった。学級担任の指示の下、クラスごとに実施してもらったため、こちらは調査実施日の欠席者を除くほとんど全員から回答を得た。

調査時期は被保護世帯の中学生が二〇一二年一一月、一般世帯の中学生が二〇一三年三月である。回答を得た被保護世帯の中学生一二五名と六校の分析対象者二二七九名の性別と学年の分布は表4－2、表4－3の通りである。

以下では図表を含めて、被保護世帯の中学生の回答を「被保護世帯」、中学校で回答した者の回答を「一般世

表4－1 被保護世帯を対象とした質問紙調査の配布と回収

	学習支援教室で配布と回収	郵送で配布、返信用封筒で回収	郵送で配布、直接回収	合計
X地区	23	43	5	71
Y地区	28	24	2	54
合計	51	67	7	125

表4－2 対象者の性別

	男性	女性	無回答	合計
被保護世帯	52.0%	48.0%	0.0%	100.0% (N＝125)
一般世帯	50.8%	48.7%	0.5%	100.0% (N＝2279)
合計	50.9%	48.7%	0.5%	100.0% (N＝2404)

表4－3 対象者の学年一覧

	中学1年生	中学2年生	中学3年生	無回答	合計
被保護世帯	22.4%	47.2%	30.4%	0.0%	100.0% (N＝125)
一般世帯	33.4%	34.5%	31.8%	0.2%	100.0% (N＝2279)
合計	32.9%	35.2%	31.7%	0.2%	100.0% (N＝2404)

帯」と表示する。

3　質問紙調査の分析結果

3・1「学校生活の学業的・社会的・関係的側面」

①成績の自己評価

本調査では成績の自己評価を尋ねているが、被保護世帯の中学生は「下の方」と回答した者が四〇・八％と一般世帯の二一・一％より約二〇ポイント高かった(4)(図4－1)。一般世帯の中学生がもっとも多く回答しているのは、「中くらい」の三八・二％であり、この違いは特徴的である。

被保護世帯の中学生の中で「中くらい」「中～上」「上の方」と回答したのは合計で三一・二％と約三割にとどまったのに対して、一般世帯においては五九・三％と約六割となった。実際の学力とは齟齬が生じている可能性があるものの、被保護世帯の生徒は、自らの成績を「下の方」と回答する者がもっとも多く、「下～中」「中くらい」「中～上」「上」と回答する者は少ない。

②勉強について

学校の宿題については、「している」と回答した者が被保護世帯においては四八・八％、一般世帯では五三・九％という結果であった(表4－4)。「あまりしていない」と「まったくしていない」を合計すると、被保護世帯は二四・八％、一般世帯は一五・一％になる。このことから被保護世帯の中学生は宿題をしていない者が多いことが分かる。

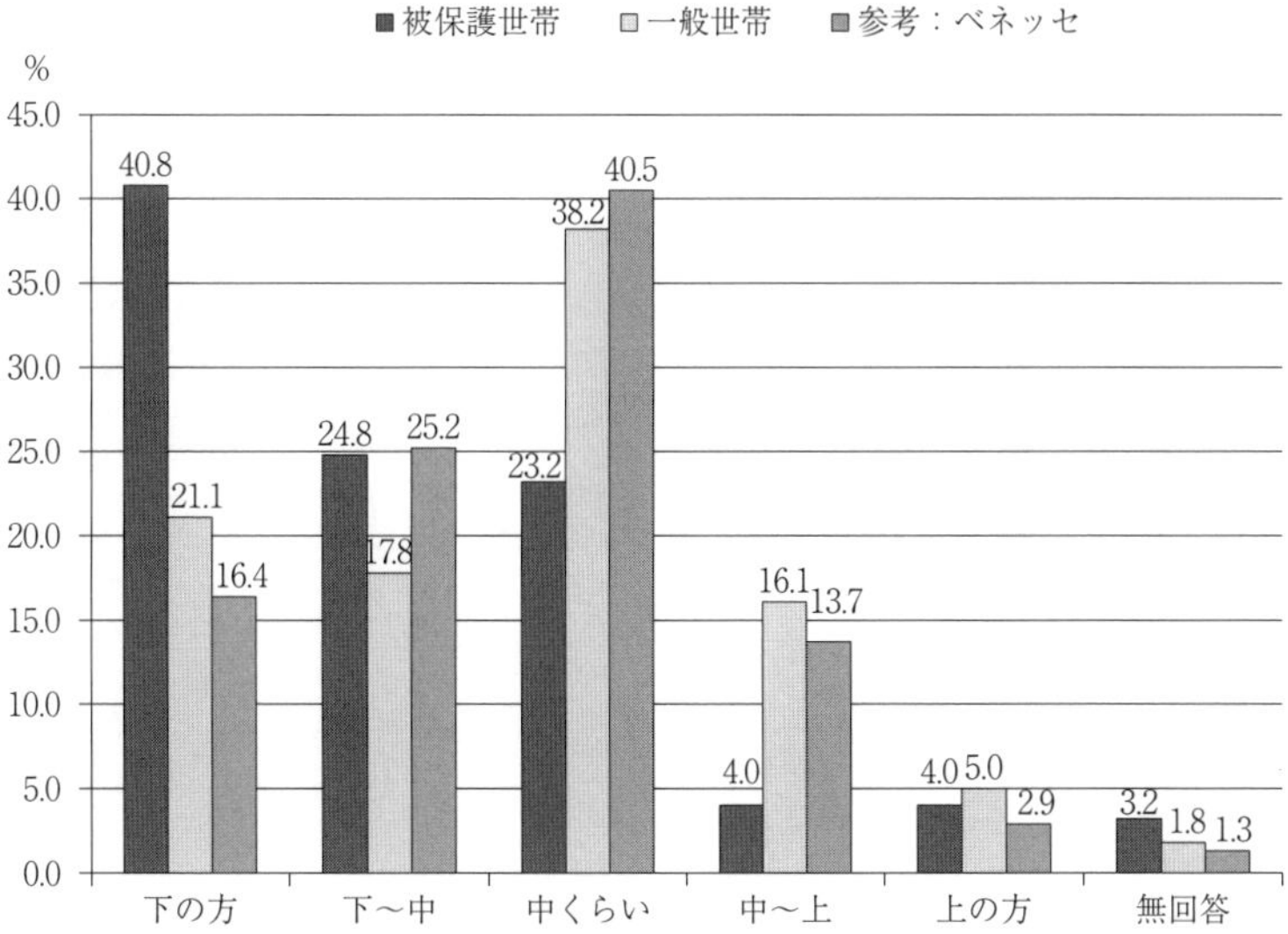

図4－1 学校での成績

p<.000

表4－4 学校の宿題をしているか

	している	どちらかといえばしている	あまりしていない	まったくしていない	無回答	合計
被保護世帯	48.8%	25.6%	13.6%	11.2%	0.8%	100% (N＝125)
一般世帯	53.9%	30.1%	10.4%	4.7%	0.9%	100% (N＝2279)

p<.005

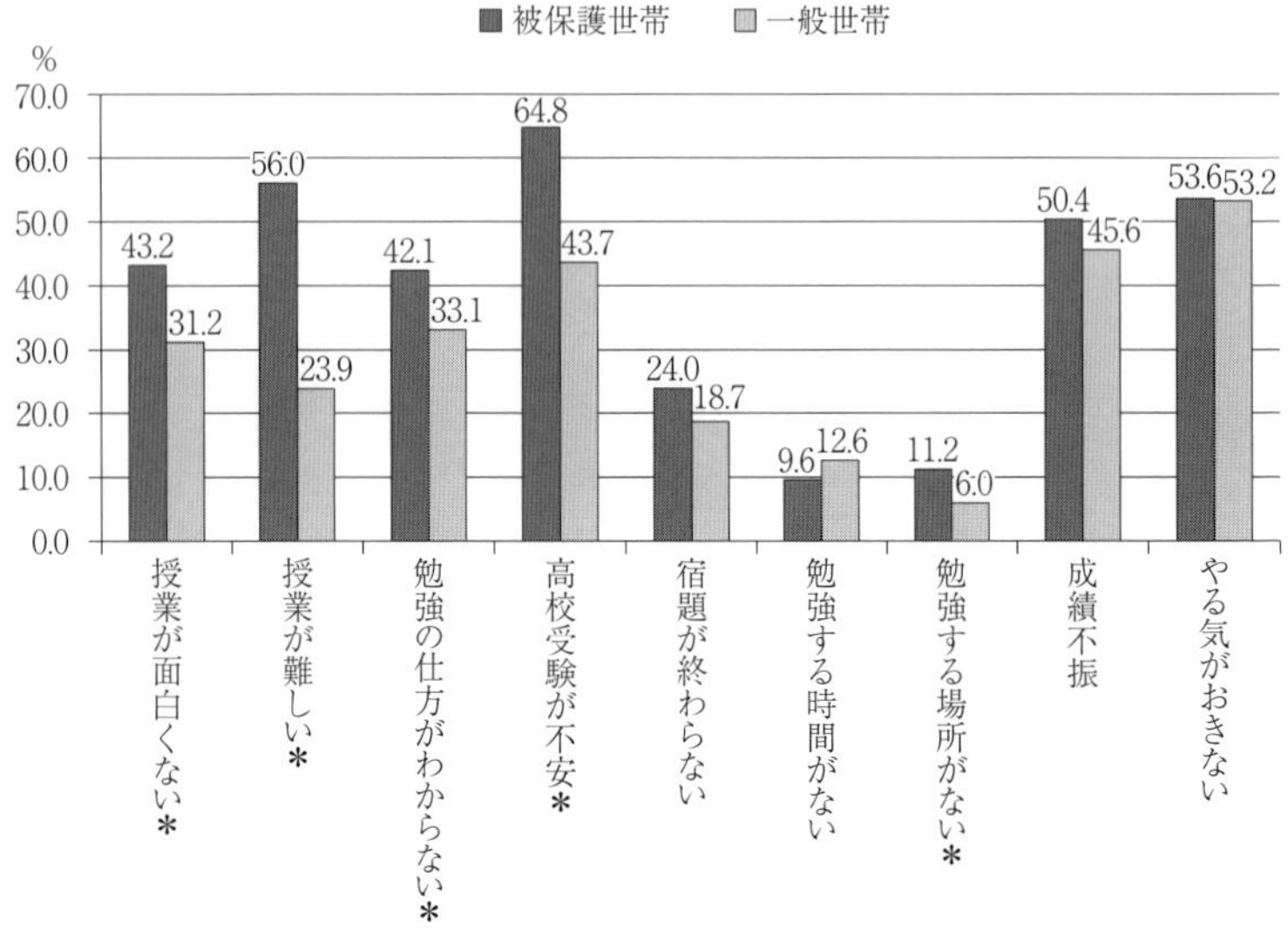

図４－２　勉強に関する項目（あてはまるとした人の割合）

＊ p<.005

宿題については母親の面接調査から、母親のサポートの下で行われることが多いことが指摘されており（片桐 2013）、また家庭学習時間には家庭の文化的階層が関連していることが明らかにされている（苅谷 2001）。現在、中学校の成績は、観点別評価に沿ってつけられるため、学力試験の点数だけでなく、日常的な学習態度や宿題提出の有無等も成績に左右する。そのため、日々の宿題をこなしているか否かは、高校入試の際の内申にもかかわってくる。しかしながら被保護世帯の中学生はこのように宿題をしていないがために、先にみたように学校の成績がなおさら低迷していると考えられる。また彼らは、学校の宿題を選択的に「していない」のではなく、「できない」という可能性があることが考えられる。この点について、以下の勉強に関する項目について「あてはまる」と回答した者の割合を確認してみよう（図４－２）

「授業が難しい」という項目について「あては

まる」としたのは、一般世帯の中学生が二三・九％と約二割にとどまるのに対して、被保護世帯の中学生は五六・〇％と過半数を超えた。「授業が面白くない」と回答した者も四三・二％存在する。また「勉強の仕方が分からない」と回答した者も一般世帯の中学生は三三・一％であるが、被保護世帯の中学生は四二・一％と約一〇ポイント高い。さらに「勉強する場所がない」とした者も被保護世帯の中学生の方が統計的に有意に高い（一一・二％）。これらの結果から分かるのは、被保護世帯の中学生にとって、授業は難しく面白くないものであること、彼らは勉強の仕方が分からず、勉強する場所がないと感じているということである。これらの要因によって、被保護世帯の中学生は、宿題に取り組み、提出することが困難なのだと考えられる。こうした状況が続くことにより、彼らはさらに授業が面白くない、難しいと感じるようになるだろう。

「高校受験が不安」という項目について「あてはまる」と回答したのは、被保護世帯の中学生が六四・八％と六割を超えた。一般世帯の中学生は四三・七％であるため、約二〇ポイントの差がある。しかし、「成績不振」「やる気がおきない」「宿題が終わらない」という項目については、明確な差が見られなかった。ただし先に見たように、被保護世帯の中学生の中には、宿題をしていない者が含まれていることに注意が必要である。そもそも宿題に取り掛かっていない者は、「宿題が終わらない」とは回答していない可能性がある。

③通塾率

通塾の割合を見てみると、一般世帯の中学生の六九・〇％が通塾していることが分かった（図４－３）。これに対して、被保護世帯の中学生の通塾率は三二・〇％にとどまり、一般世帯の半分以下の数値となっている。図４－２で見たように、被保護世帯の中学生の四二・四％が「勉強の仕方が分からない」と回答しているが、彼らの多くは学校外に学習する場をもっていない。

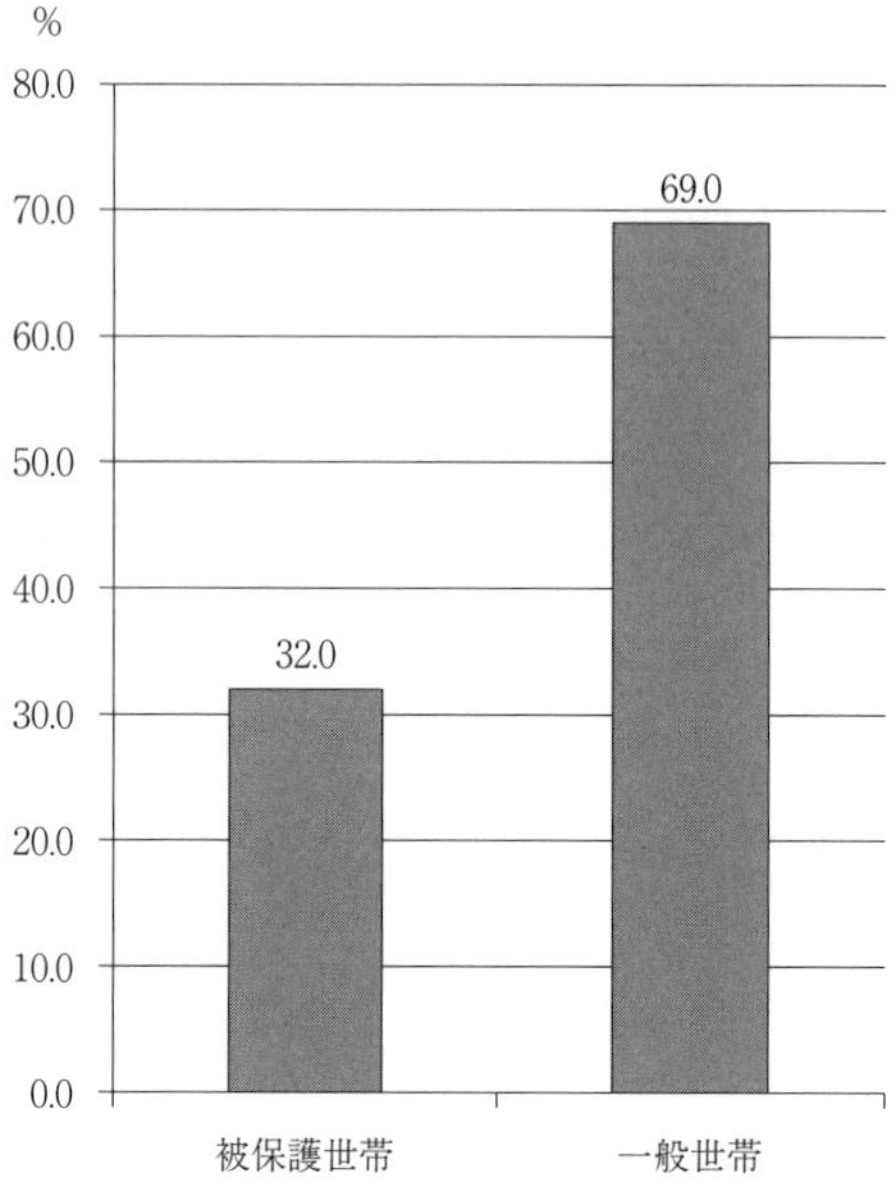

図4－3　通塾の割合

p<.000

④勉強面での相談相手

それでは、図4－2で示した勉強面での困難があったときに、被保護世帯の中学生は誰に相談するのだろうか。この相談相手について、一般世帯の中学生と大きな違いが見られたのは、「学校の先生」であった（表4－5）。一般世帯の中学生の中で、学校の先生に相談すると回答したのは一八・六％であったが、被保護世帯の中学生は三九・二％に上った。その一方で、塾などの先生や親に相談すると回答した生徒の割合に大きな特徴は見られなかった（表4－6、表4－7）。なお、表4－6については、通塾していると回答した者のみを対象として、クロス集計表を作成している。

これらの調査結果から、被保護世帯の中学生の多くは学校外に勉強する場所をもっておらず、それゆえ彼らの勉強面での相談相手として学校の先生が浮上する割合が高くなると

表4－5　勉強面での相談相手（学校の先生）

	あてはまる	あてはまらない	合計
被保護世帯	39.2%	60.8%	100.0% (N＝125)
一般世帯	18.6%	81.4%	100.0% (N＝2279)
合計	19.7%	80.3%	100.0% (N＝2404)

$p<.000$

表4－6　勉強面での相談相手（塾などの先生）

	あてはまる	あてはまらない	合計
被保護世帯	50.0%	50.0%	100.0% (N＝40)
一般世帯	47.9%	52.1%	100.0% (N＝1573)
合計	48.0%	52.0%	100.0% (N＝1613)

表4－7　勉強面での相談相手（親）

	あてはまる	あてはまらない	合計
被保護世帯	44.8%	55.2%	100.0% (N＝125)
一般世帯	51.3%	48.7%	100.0% (N＝2279)
合計	51.0%	49.0%	100.0% (N＝2404)

表4－8　友人の人数（塾や習い事）

	通っていない	0人	1～3人	4～9人	10人以上	合計
被保護世帯	36.1%	18.5%	23.5%	15.1%	6.7%	100.0%（N＝119）
一般世帯	17.1%	11.9%	22.2%	21.8%	27.1%	100.0%（N＝2250）
合計	18.1%	12.2%	22.2%	21.4%	26.0%	100.0%（N＝2369）

推測できる。なお、相談相手として親が「あてはまる」と回答したのは、被保護世帯の中学生は四四・八％、一般世帯の中学生は五一・三％であり、一般世帯の中学生の方がやや高かった。しかしながら、有意確率は0.155であり、統計的に有意な結果ではない。

⑤塾や習い事

放課後の塾や習い事は、中学生の友人関係にも影響を及ぼす。ここでは、塾や習い事に通っているか否か、またそこでの友人の人数について見てみよう（表4－8）。塾や習い事に通っていない者の割合を見てみると、被保護世帯の中学生が三六・一％、一般世帯の中学生が一七・一％であった。一般世帯の中学生は、実に八割以上が塾や習い事に通っている。塾や習い事には通っているものの、友人の数を〇人としたのは、被保護世帯の中学生が一八・五％、一般世帯の中学生が一一・九％であった。「一〇人以上の友人」に注目してみると、被保護世帯の中学生は六・七％に過ぎなかったが、一般世帯の中学生は二七・一％に上った。被保護世帯の中学生と一般世帯の中学生は、塾や習い事の有無についても差があるが、そこでの友人関係についても大きな違いが認められた。

⑥高校進学に対する希望

「高校に進学したいと思いますか」という問いに対して、被保護世帯の中学

表4－9　高校に進学したいと思う（全体）

	そう思う	少し そう思う	あまり そう思わない	そう 思わない	無回答	合計
被保護世帯	79.2%	13.6%	4.0%	2.4%	0.8%	100.0% （N＝125）
一般世帯	87.3%	7.5%	1.4%	1.3%	2.4%	100.0% （N＝2279）

$p<.005$

生で「そう思う」と回答したのは七九・二％であったが、一般世帯においては八七・三％であった（表4－9）。「そう思う」と「少しそう思う」を合計すると、被保護世帯の中学生の割合は九二・八％、一般世帯の中学生の割合は九四・八％と差が縮まるのだが、ここでは、「そう思う」と回答した割合に注目したい。質問紙調査の実施時期が異なることには注意が必要だが、さらに学年別に分析した（図4－4）。その結果、一般世帯の中学生においては、中学校三年間を通して、「そう思う」と回答した者の割合が約九割とほとんど変化が見られないのに対して、被保護世帯の中学生は、学年を追うごとにその割合が増加していた。一年生の段階の段階では六七・九％と七割に達していなかったが、中学校二年生で七六・三％、三年生で九四・六％と学年が上がるごとに高くなる傾向が見られたのである。

また「中学校卒業後の進路を決める時」に、「自分で決める」という項目に対して、「とてもあてはまる」と回答したのは、被保護世帯の中学生が三四・七％、一般世帯の中学生が五〇・二％と約一五ポイントの違いがあった（図4－5）。「家族の意見にしたがう」という項目については、大きな違いは見られなかった（図4－6）。「学校の先生の意見にしたがう」という項目については、「とてもあてはまる」と「まああてはまる」を合計すると、被保護世帯の中学生は五五・〇％、一般世帯の中学生は四六・一％と約九ポイントの違いがあった（図4－7）。被保護世帯の中学生は「勉強面での相談相手」（表4－5）と同様、

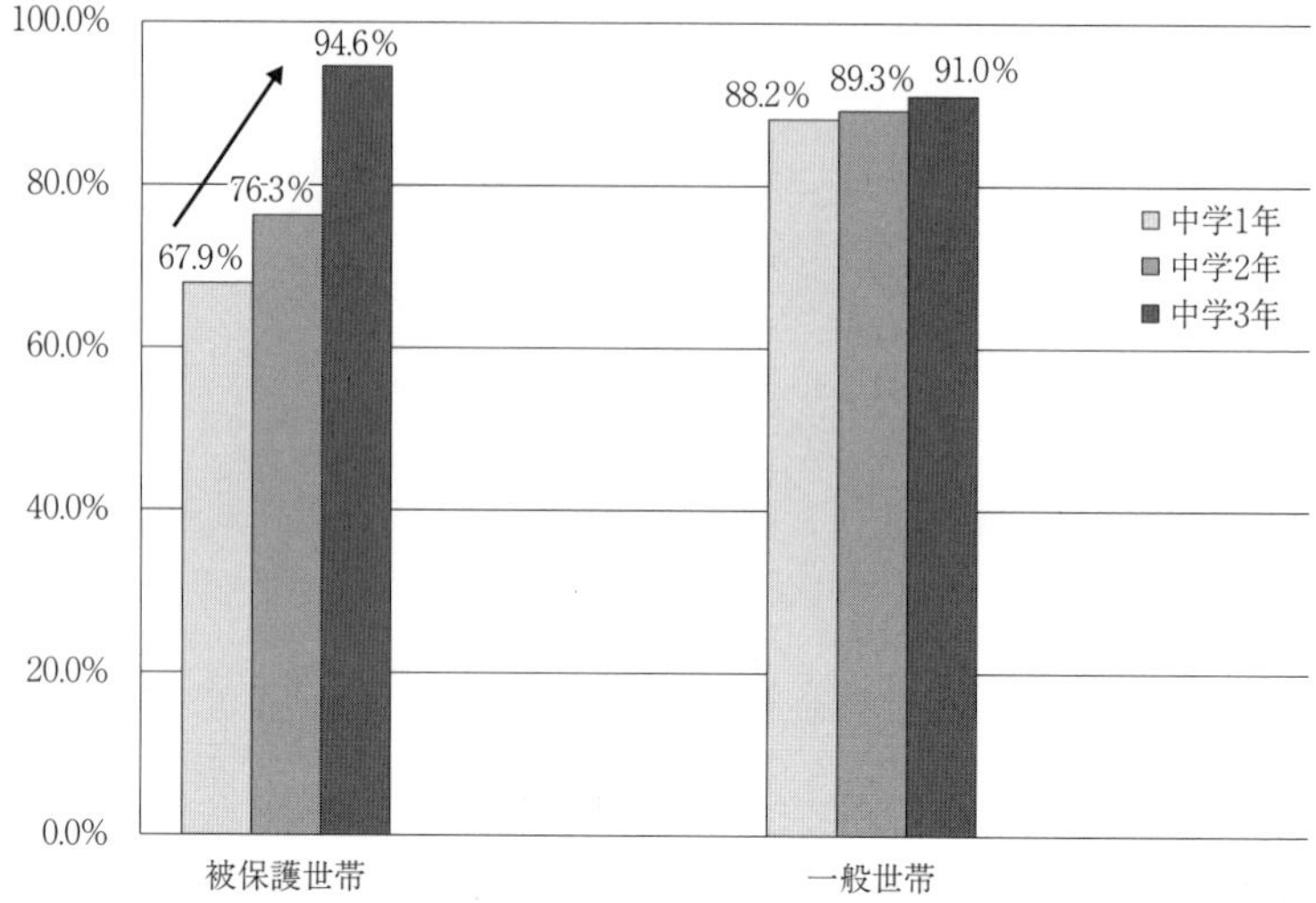

図4－4　高校に進学したいと思う（そう思う）

注）被保護世帯：p<.05

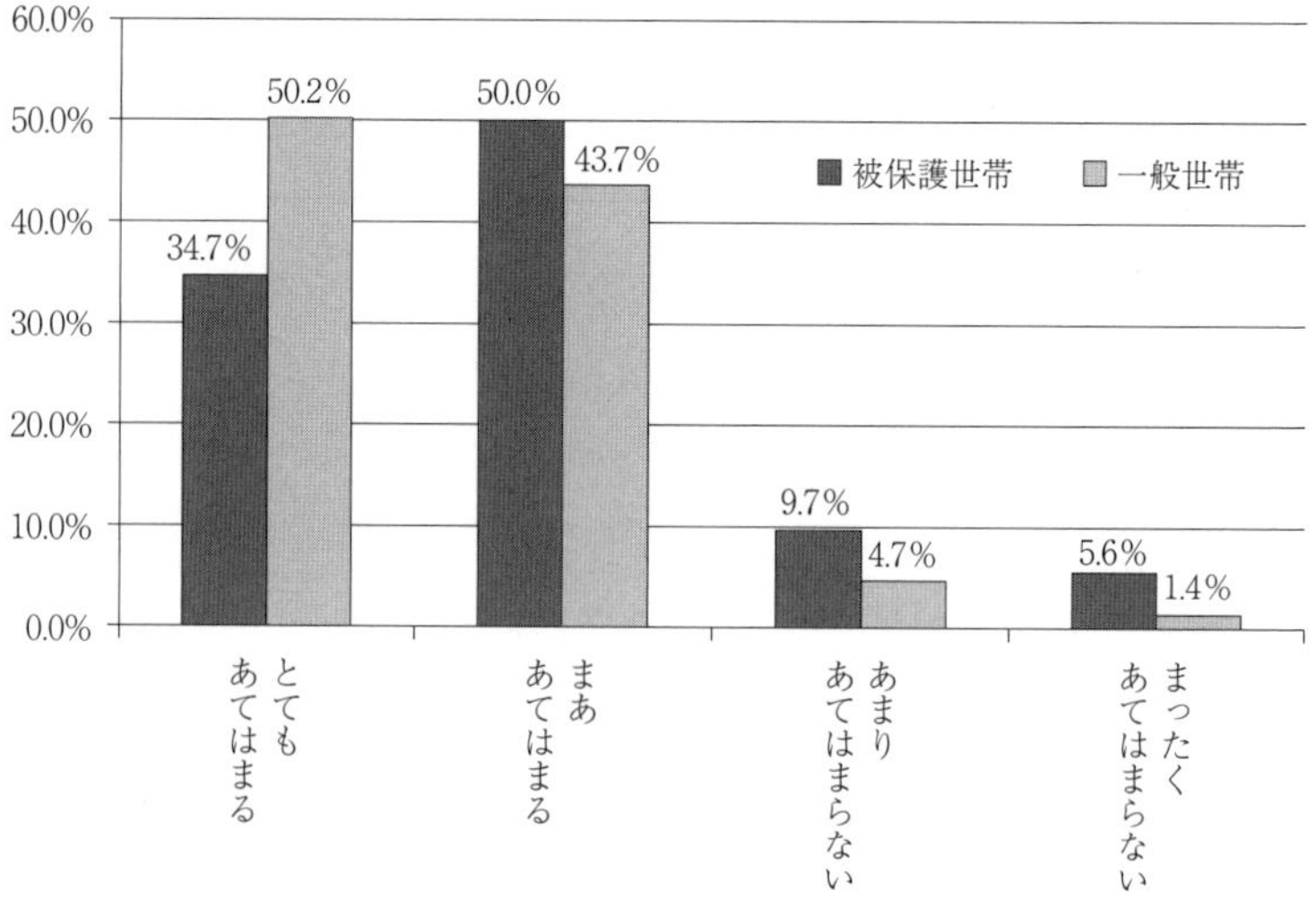

図4－5　中卒後の進路を決める時（自分で決める）

p<.000

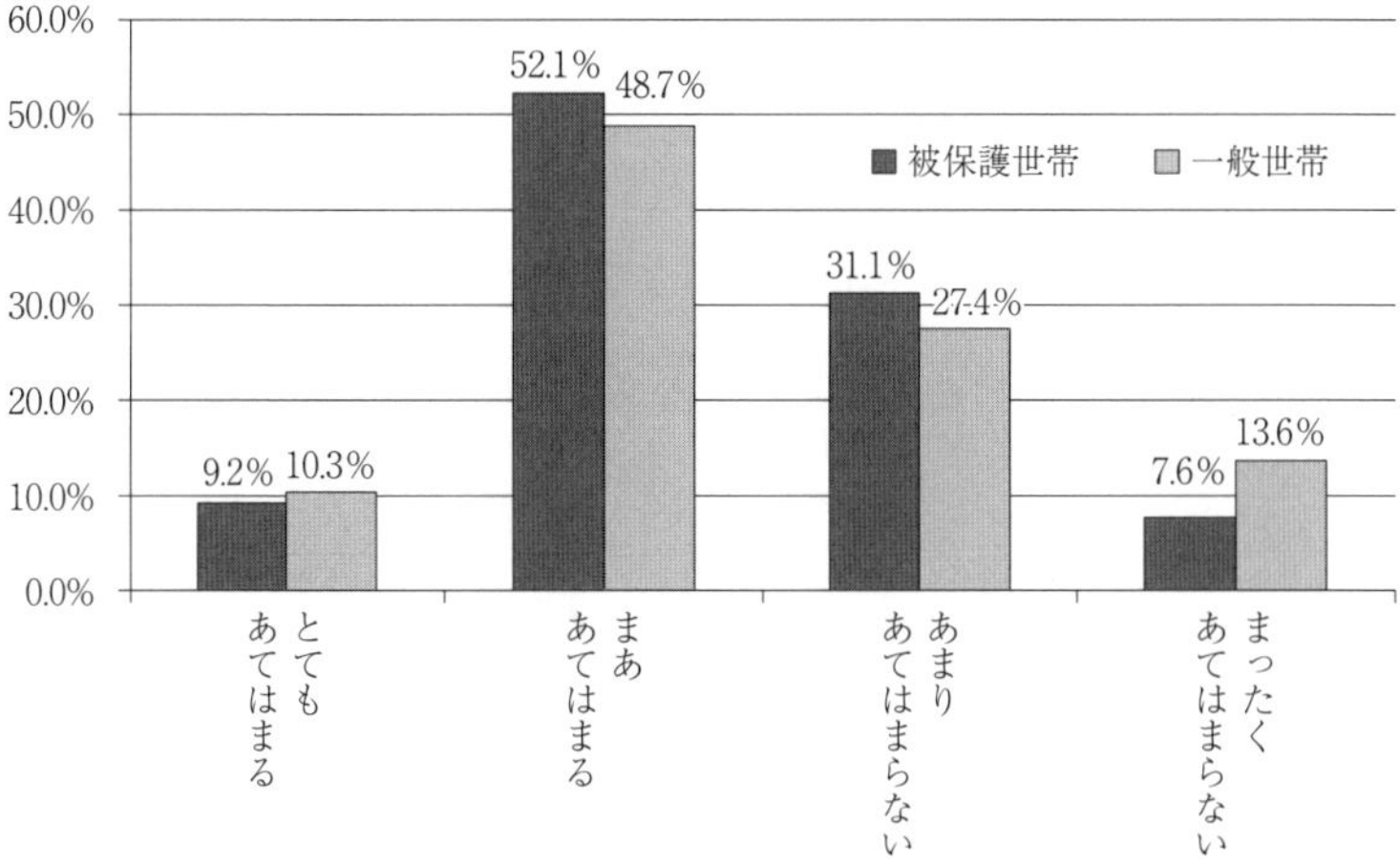

図4-6 中卒後の進路を決める時（家族の意見にしたがう）

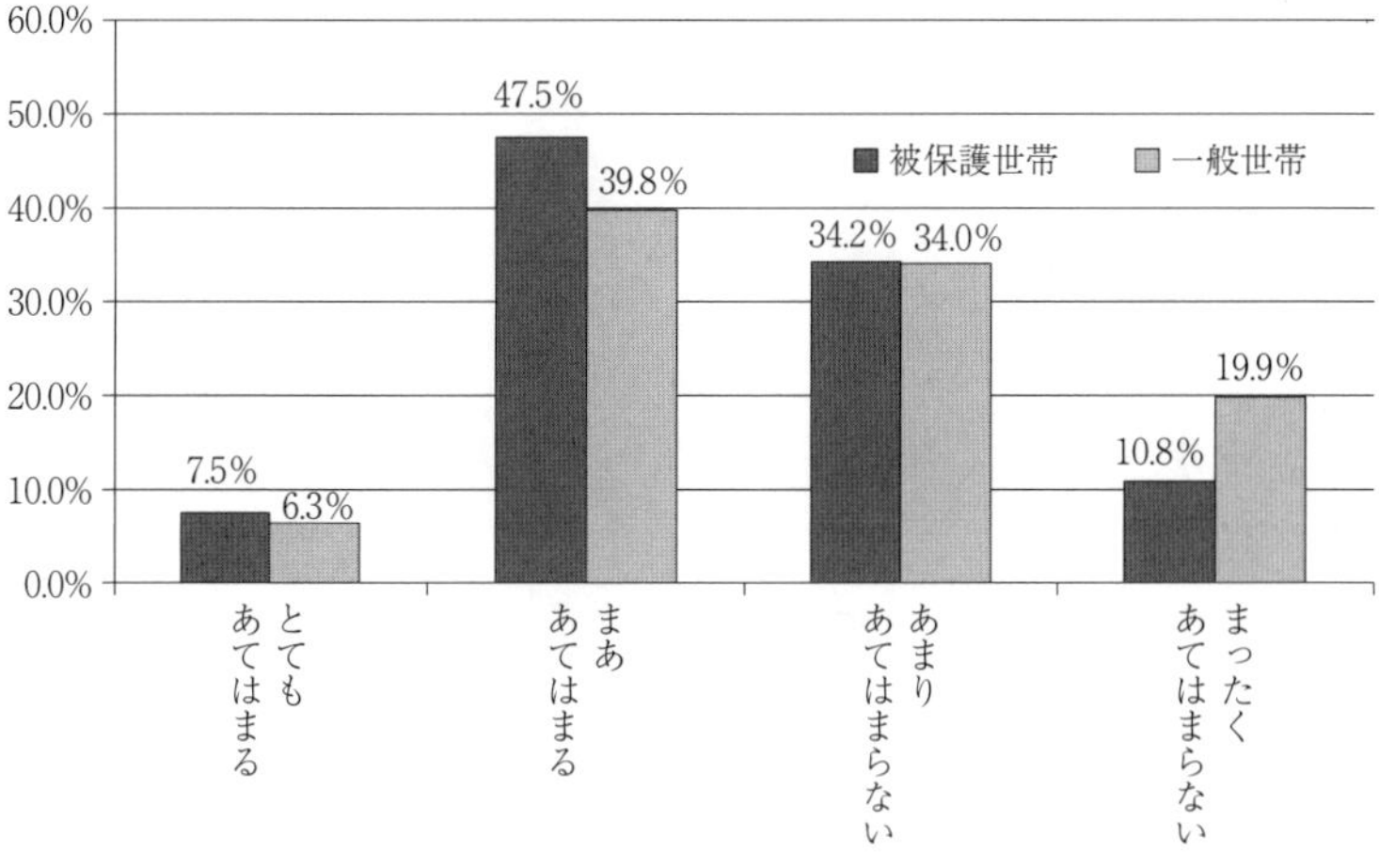

図4-7 中卒後の進路を決める時（学校の先生の意見にしたがう）

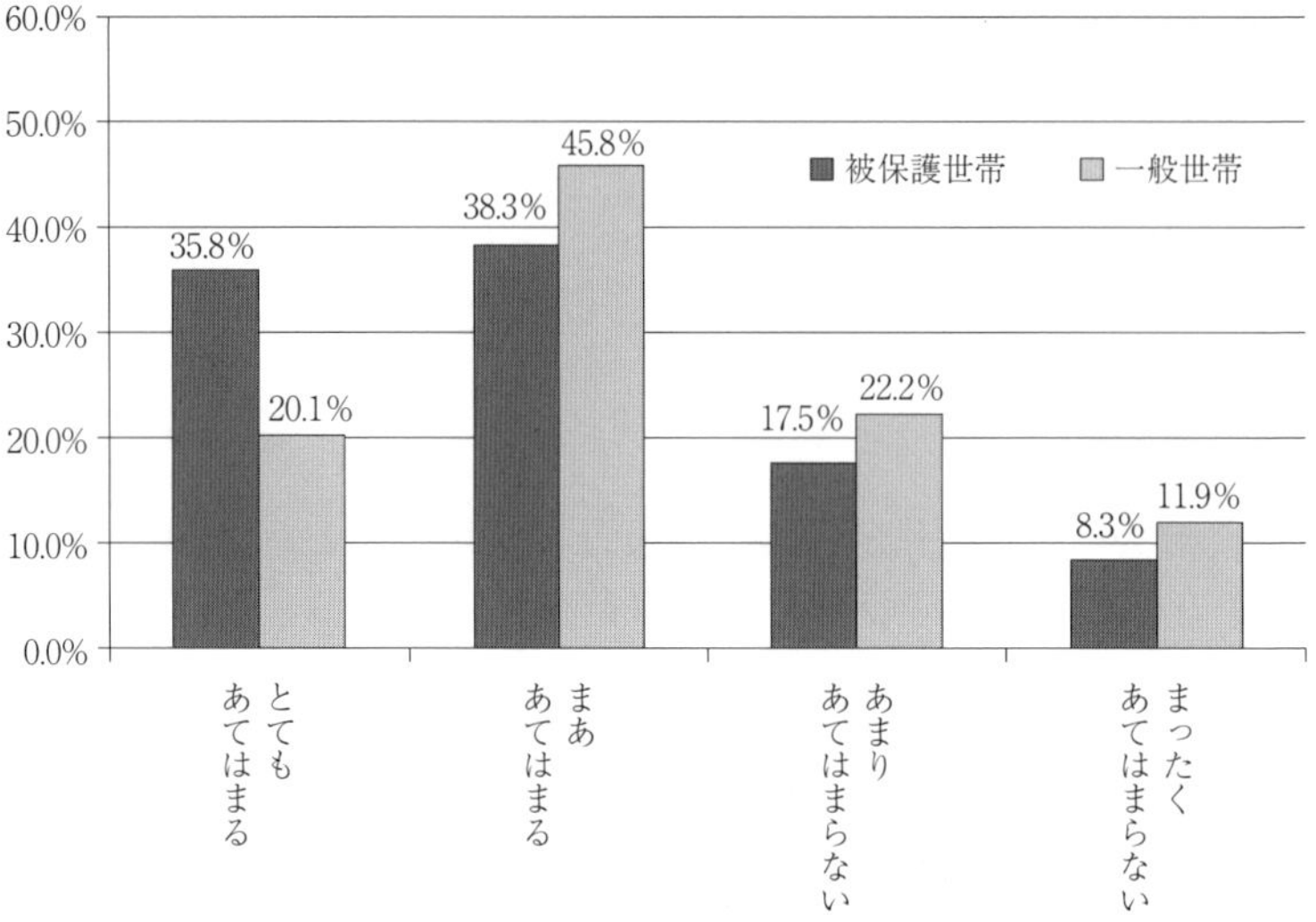

図４－８　中卒後の進路を決める時（家のお金のことを考えて決める）

p<.000

進路についても学校の先生を頼りにしていることがうかがえる。また「家のお金のことを考えて決める」という項目に対して、「とてもあてはまる」と回答したのは、被保護世帯の中学生が三五・八％、一般世帯の中学生が二〇・一％であり、被保護世帯の中学生の方が約一五ポイント高かった（図４－８）。ただし一般世帯においても、「まああてはまる」と回答した者が四五・八％に上り、中卒後の進路を考える上で、家庭の経済的状況は重要な要因のひとつと広く認識されていることが示唆される。

⑦将来の進路に関する希望

次に被保護世帯の中学生と一般世帯の中学生の「将来の進路希望」について検討する（図４－９）。被保護世帯の中学生は「高卒で働く」とした者の割合がもっとも高く三九・二％であった。それに対して、一般世帯の中学生で「高卒で働く」とした者の割合は一〇・一％であり、約三〇ポイントの違いが見られた。その分、一般世帯の中学生は「高卒後、大学・短大

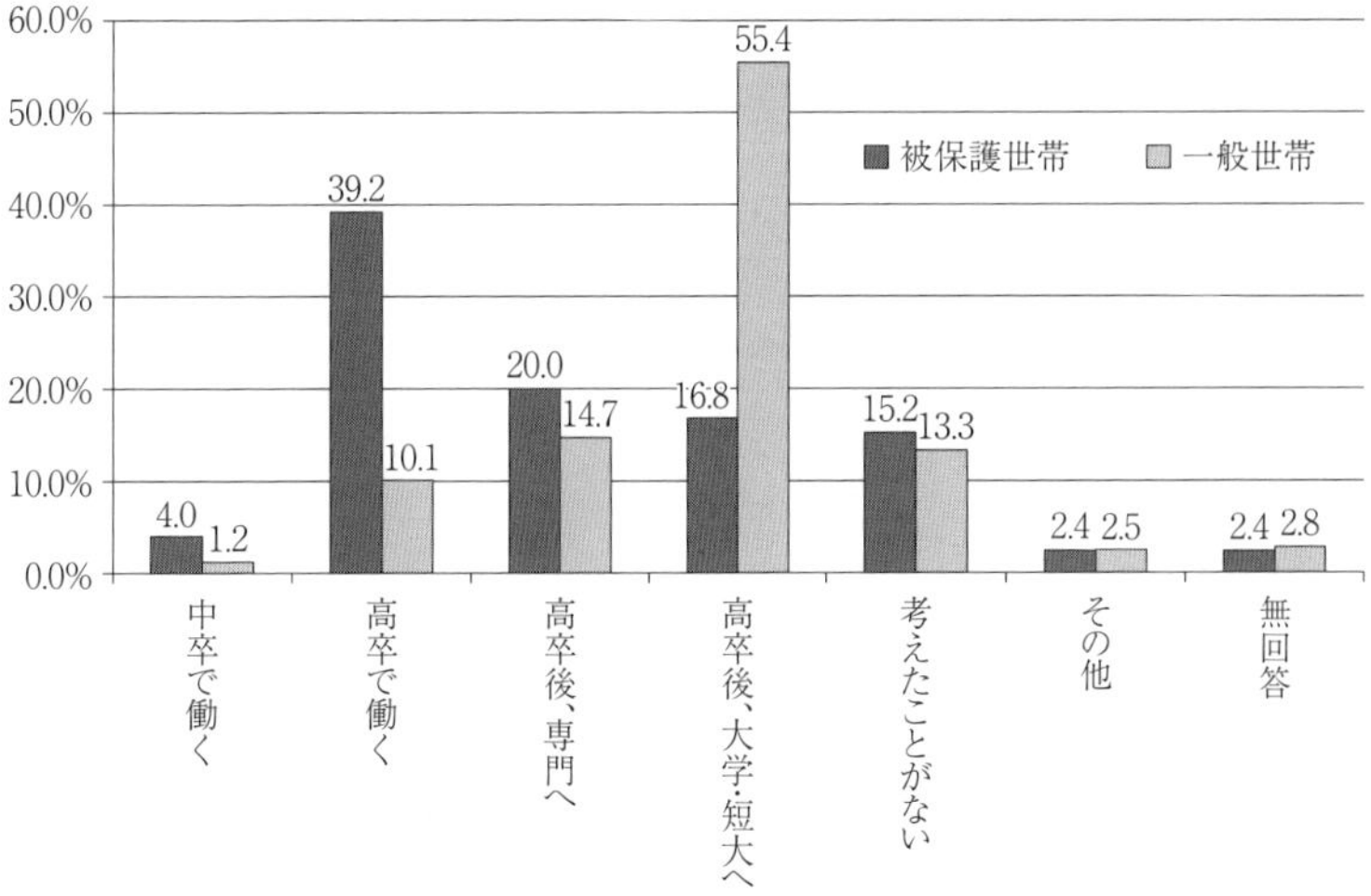

図4－9　将来の進路希望

p<.000

へ」を選んだ者が多く、五五・四%に上った。被保護世帯の中学生で大学や短大を希望している者は一六・八%にとどまり、「将来の進路希望」については、中学生の段階で両者に大きな差があることが分かる。被保護世帯の中学生は一般世帯の中学生と異なり、中学校時点で既に高卒で働くことを希望（もしくは想定）している者が多く、大学・短大への進学希望者は少ないのである。「高卒後、専門学校へ」と回答した者の割合について、被保護世帯の中学生は二〇・〇%であり、一般世帯の中学生は一四・七%であった。また「考えたことがない」「中卒で働く」と回答した者の割合については、いずれも被保護世帯の中学生の方が高かった。

⑧部活動への所属

学校生活の社会的・関係的側面として、部活動と友人関係についても尋ねた。日本の中学生にとって部活動は、学校生活の中で大きなウエイトを占めるものである。また部活動は生徒の社会関係資本ともなりうるものであり、その活動にどの程度、参加しているのかは確認しておく

表4－10　部活動への所属状況

	運動部	文化部	入部して退部	一度も入っていない	合計
被保護世帯	48.8%	21.1%	17.1%	13.0%	100.0% (N＝123)
一般世帯	60.4%	25.9%	7.7%	5.9%	100.0% (N＝2242)

p<.000

必要があるだろう。

一般世帯の中学生は、運動部に六〇・四％、文化部に二五・九％の割合で所属していたが、被保護世帯の中学生は運動部への所属が四八・八％、文化部が二一・一％といずれも一般世帯の中学生より低い割合であった（表4－10）。また被保護世帯の中学生は、「入部して退部」した者が一七・一％、「一度も入っていない」者が一三・〇％おり、この二つを足すと三〇・一％になる。一般世帯の中学生は、両者の合計が一三・六％であり、一六・五ポイントの差がみられる。こうした状況は、次で見る生徒の友人関係にも影響を及ぼしていると考えられる。

⑨友人関係

リッジは子どもへのインタビュー調査から「子どもたちが友人関係をきわめて重視しており、友人関係は、子どもたちにとって、いくつかの重要な社会的機能を果たしている」ことを明らかにしている（Ridge 訳書 2010）。日本において、子どもの貧困と友人関係を結びつけた調査はあまり見られないが、子どもがネットワークから社会的に排除されていく過程を考えれば、友人は重要な社会的・関係的側面と言える。

まず学校のクラスにおける友人の人数については、大きな違いは見られなかった（表4－11）。ただし、統計的に有意な結果ではないものの、被保護世帯の中学生はクラスの友人が「いない」と回答した者の割合が六・四％、「一〜三人」

表4－11　友人の人数（学校のクラス）

	いない	1～3人	4～9人	10人以上	合計
被保護世帯	6.4%	22.4%	23.2%	48.0%	100.0% （N＝125）
一般世帯	3.2%	17.9%	31.4%	47.5%	100.0% （N＝2255）

表4－12　友人の人数（学校のクラス以外）

	いない	1～3人	4～9人	10人以上	合計
被保護世帯	9.2%	12.5%	25.0%	53.3%	100.0% （N＝120）
一般世帯	3.1%	11.4%	21.0%	64.5%	100.0% （N＝2245）

p<.005

と回答した者の割合が二二・四%と少ない傾向が見られた。またクラス以外の友人については、被保護世帯の中学生は「いない」と回答した者が九・二%であり、一般世帯の中学生の三・一%より高い。また一般世帯の中学生の六四・五%は、クラス以外に「一〇人以上」友人がいると回答したが、被保護世帯の中学生は五三・三%にとどまった（表4－12）。クラスを超えた友人関係は、主に部活動を通して得られると考えられるため、この結果は、先に見た部活動への所属状況（表4－10）がおそらく関係していると推測できる。また塾や習い事も影響している可能性がある（表4－8）。

次に、「学校で友人と会うことは楽しい」という項目に対して、「そう思う」と回答したのは、被保護世帯の中学生の六五・六%、一般世帯の中学生の六九・一%であった（表4－13）。「どちらかといえばそう思わない」と「そう思わない」を合算すると、被保護世帯の中学生が一六・〇%、一般世帯の中学生が五・八%となり、被保護世帯の中学生の方

表4－13　学校で友人と会うことは楽しい

	そう思う	どちらかといえばそう思う	どちらかといえばそう思わない	そう思わない	合計
被保護世帯	65.6%	18.4%	8.8%	7.2%	100.0%（N＝125）
一般世帯	69.1%	25.1%	3.6%	2.2%	100.0%（N＝2263）

p<.000

が学校で友人と会うことに対して否定的な評価をしていることが分かる。部活動への所属状況や友人の人数といった、社会的・関係的側面においても、被保護世帯の中学生の特徴が浮き彫りとなった。

3・2 「家庭環境や個人的な生活ならびに家庭生活」

①きょうだいの有無と人数

被保護世帯の中学生と一般世帯の中学生にきょうだい数を尋ねたところ、被保護世帯の中学生の中で三人以上のきょうだいがいると回答した者の割合は二五・六％に上り、一般世帯の中学生の四・八％と大きな差をつけた（表4－14）。なお、被保護世帯の中学生におけるきょうだいの平均人数は一・七九人（標準偏差1.32）、一般世帯の中学生は一・一六人（標準偏差0.79）であった[5]。

②しずかに勉強できる部屋の有無

「自宅にはしずかに勉強できる部屋がありますか」という質問に対して、一般世帯の中学生の約八割は「ある」と回答したのに対して、被保護世帯の中学生は約五割にとどまった（表4－15）。被保護世帯の中学生は約半数が、自宅にしずかに勉強できる部屋を有していない。これは①でみたように、被保護世帯の中学生の方がきょうだいが多いことも関係していると考えられる。またこれは、割合は異なるものの、図4－2で見たように被保護世帯の中学生は「勉強する場所

表4－14　きょうだい数

	いない	1人	2人	3人	4人	5人	6人	合計
被保護世帯	12.8%	36.8%	24.8%	15.2%	7.2%	0.8%	2.4%	100.0% (N＝125)
一般世帯	16.5%	56.9%	21.8%	4.0%	0.6%	0.1%	0.1%	100.0% (N＝2279)

p<.000

表4－15　勉強できる部屋の有無

	部屋あり	部屋なし	無回答	合計
被保護世帯	51.2%	47.2%	1.6%	100.0% (N＝125)
一般世帯	79.9%	19.0%	1.2%	100.0% (N＝2279)

p<.000

がない」と回答した者の割合が高かったこととも符号する。

③家の手伝い・朝食の習慣

家の手伝いの頻度について、「よくしている」と回答したのは、被保護世帯の中学生が二八・〇%、一般世帯の中学生が二三・一%であった（表4－16）。ただし、「家の手伝い」には負担が軽いものから重いものまで含まれるため、手伝いの種類ごとに把握する必要がある。一四項目を列挙し、「あなたがしている家の手伝いは何ですか」と尋ねたところ、「買い物をする」「お米をとぐ」「お弁当を作る」「食器を洗う」「洗濯をする」「ゴミ捨てをする」「トイレ掃除をする」という七項目については、被保護世帯の中学生の方が高い数値であり、統計的に有意であった（図4－10）。

その一方で、「食事を作る」「洗濯物を干す」「部屋の掃除をする」「肩たたきをする」「お金の管理をする[6]」「弟妹の世話をする」という六項目には、特

表4－16　家での手伝いの頻度

	よく している	ときどき している	あまり していない	まったく していない	無回答	合計
被保護世帯	28.0%	40.8%	20.8%	10.4%	0.0%	100.0% (N＝125)
一般世帯	23.1%	48.8%	20.9%	6.5%	0.7%	100.0% (N＝2279)

p<.000

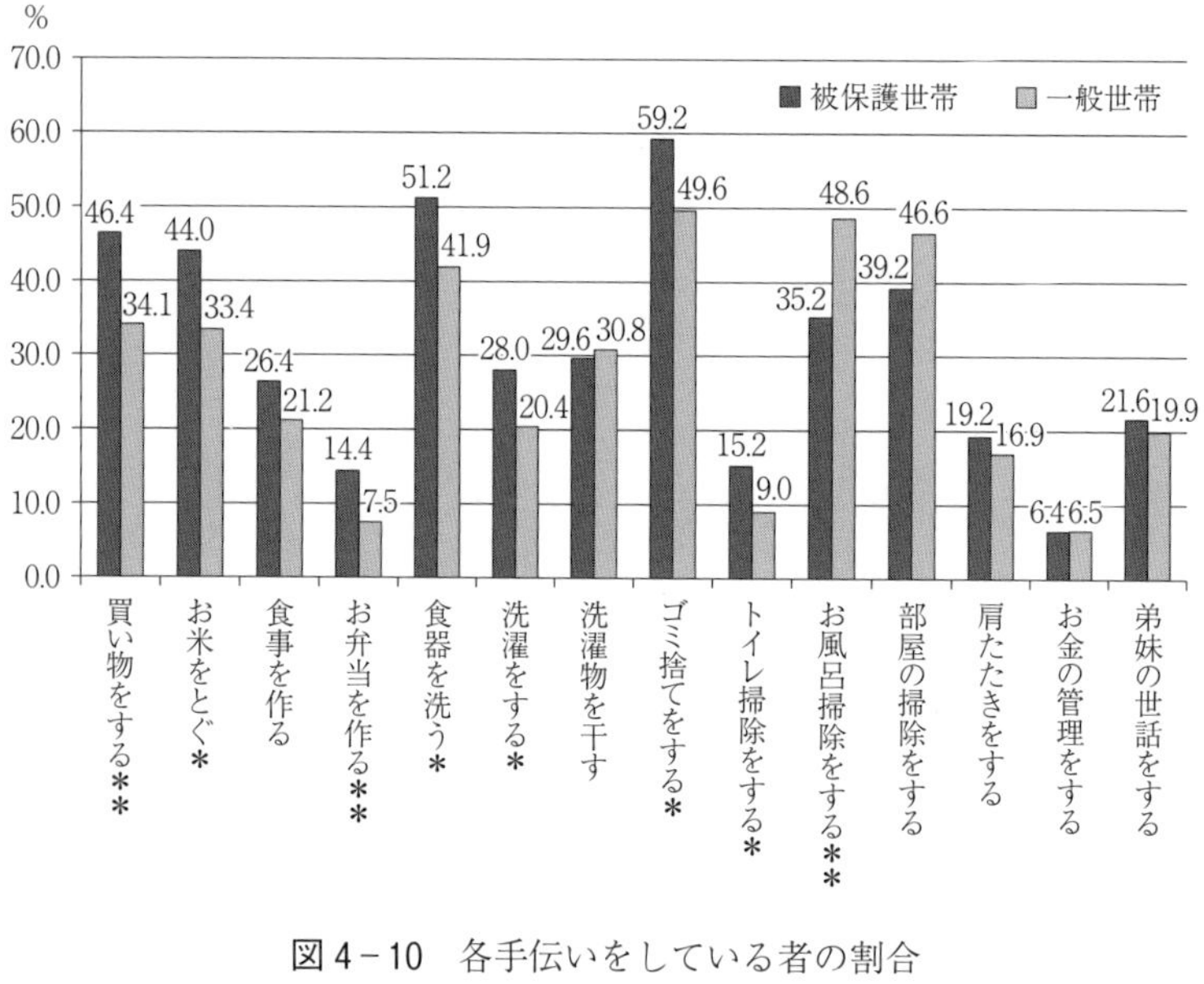

図4－10　各手伝いをしている者の割合

＊＊ p<.01　＊ p<.05

表4－17　朝食をとる習慣

	食べている	どちらかといえば食べている	あまり食べていない	まったく食べていない	無回答	合計
被保護世帯	60.0%	20.0%	11.2%	8.8%	0.0%	100.0% (N＝125)
一般世帯	82.3%	10.3%	4.9%	2.1%	0.4%	100.0% (N＝2279)

p<.000

に差が見られなかった。また「お風呂掃除をする」という一項目に限っては、一般世帯の中学生の方が統計的に有意に高い数値を示した。

また家庭生活の重要な一側面である食生活についても比較してみると、被保護世帯の中学生のうち、朝食を「食べている」と回答した者の割合は六〇・〇％、一般世帯の中学生は八二・七％と二〇ポイント以上の違いがあった（表4－17）。また被保護世帯の中学生は「あまり食べていない」「まったく食べていない」を合計すると二〇・〇％となる。被保護世帯の中学生と一般世帯の中学生は食生活の習慣にも違いがみられる。

④家族への凝集性

それでは、中学生らは家族に対してどのような思いをもっているのだろうか。「自分の一番大切なものは家族である」という項目について、四件法（あてはまる、どちらかといえばあてはまる、どちらかといえばあてはまらない、あてはまらない）で尋ねたところ、「あてはまる」と回答したのは、被保護世帯の中学生が五六・六％、一般世帯の中学生が三八・二％であり、約一八ポイントの差が見られた（表4－18）。ここから被保護世帯の中学生の方が、家族を優先的にとらえていることが読み取れる。また「家族は自分を頼りにしていると思う」という項目については、被保護世帯の中学生の二二・六％、一般世帯の中学生の一六・〇％が「あてはまる」と回答した（表4－19）。この項目の有意確率は〇・〇五四であり、

表4－18　一番大切なのは家族である

	あてはまる	それ以外	合計
被保護世帯	56.6%	43.4%	100.0%（N＝122）
一般世帯	38.2%	61.8%	100.0%（N＝2256）
合計	39.1%	60.9%	100.0%（N＝2378）

p<.000

表4－19　家族は自分を頼りにしていると思う

	あてはまる	それ以外	合計
被保護世帯	22.6%	77.4%	100.0%（N＝124）
一般世帯	16.0%	84.0%	100.0%（N＝2244）
合計	16.3%	83.7%	100.0%（N＝2368）

六・六ポイントの差にすぎないが、被保護世帯の中学生の方が一般世帯の中学生よりも、家族から頼りにされている認識があることが示唆される。

⑤自己肯定感

貧困世帯や社会階層が下位の子どもは自己肯定感が低いということが言われている（苅谷 2001）。ここでは被保護世帯の中学生と一般世帯の中学生を比較した際にも、そうした特徴が見られるのか検討したい。

自己肯定感に関する項目として、五つ尋ねた結果をまとめたのが、図4－11である。この項目も、四件法（あてはまる、どちらかといえばあてはまる、どちらかといえばあてはまらない、あてはまらない）を用いた。図4－11におけるそれぞれの数値は、「あてはまる」と回答した者の割合である。確かに、「自分の好きなことがやれている」

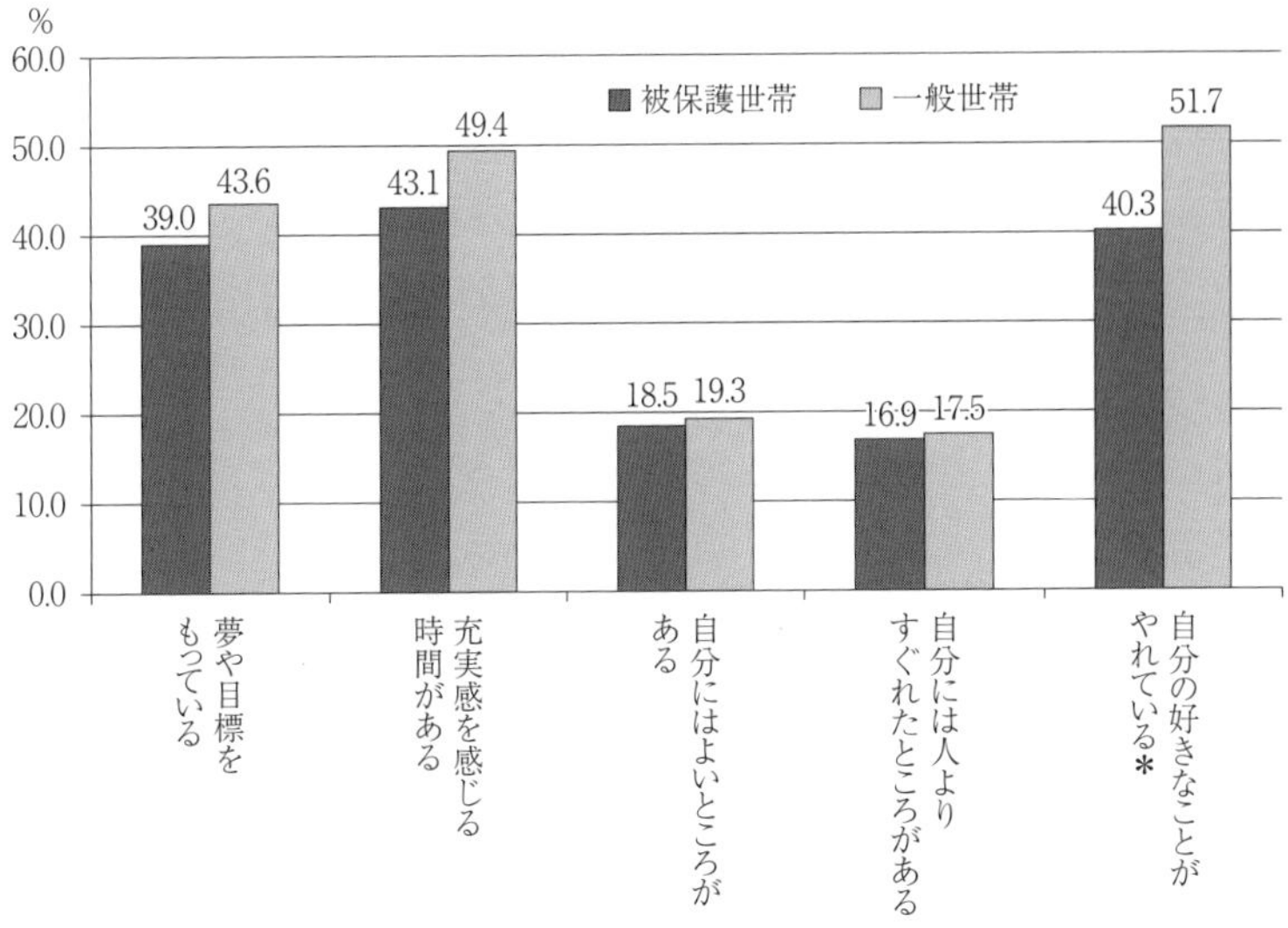

図４－11　自己肯定感に関する項目

p<.05

という項目については、被保護世帯の中学生の割合は四〇・七％にとどまるのに対して、一般世帯の中学生は五一・七％と過半数を超えた。しかしながら、そのほかの「将来の夢や目標をもっている」「充実感を感じる時間がある」「自分にはよいところがあると思う」「自分には人よりすぐれたところがある」という項目については、いずれも統計的に有意な差がみられなかった。自己肯定感に関する全ての項目において、一般世帯の中学生の方が被保護世帯の中学生よりも高い割合を示してはいるものの、わずかな差にすぎない項目もあり、この結果から被保護世帯の子どもの自己肯定感が低いとは言い難い。

３・３　「経済的・物質的側面」

①小遣い

子ども自身の経済状況については、小遣いが挙げられる。リッジは、子どもにとって小遣いは、「重要な問題」であり、「その用途や価値についての個々の考えや思いを持っている」と述べている（Ridge 訳

表 4－20　お小遣いについて

	決まった日にもらっている	必要なときにもらっている	もらっていない	無回答	合計
被保護世帯	36.0%	39.2%	16.0%	8.8%	100.0%（N＝125）
一般世帯	51.5%	24.7%	15.5%	8.2%	100.0%（N＝2279）
合計	50.7%	25.5%	15.6%	8.3%	100.0%（N＝2404）

p<.005

書 2010, p. 79）。子どもの小遣いについての研究は消費者教育の観点からなされたもの（奥村ほか 1989）や家庭の教育戦略という側面から分析されたもの（鶴薗ほか 2012）、あるいは親子関係に着目したもの（竹尾ほか 2009）などが挙げられる。ここでは、リッジにならい、小遣いのもらい方について検討を行う。

分析の結果、「決まった日にもらっている」と回答したのは、被保護世帯の中学生が三六・〇％であるのに対して、一般世帯の中学生は五一・五％であった（表4－20）。「必要なときにもらっている」のは、被保護世帯の中学生の方が三九・二％、一般世帯の中学生が二四・七％であった。「決まった日にもらっている」と回答した割合は一般世帯の中学生の方が高く、「必要なときにもらっている」と回答した割合は被保護世帯の中学生の方が高い。「もらっていない」と回答した者の割合は、ほぼ同じであった。

②持ち物の所持率と利用状況

子どもの物質的側面の中には、テレビやパソコン、携帯やスマートフォン、ゲームの所持ということも考えられる。その所持率と使用時間をそれぞれ見てみよう。

テレビについては、「もっていない」、「まったくしない（見ない）」と回

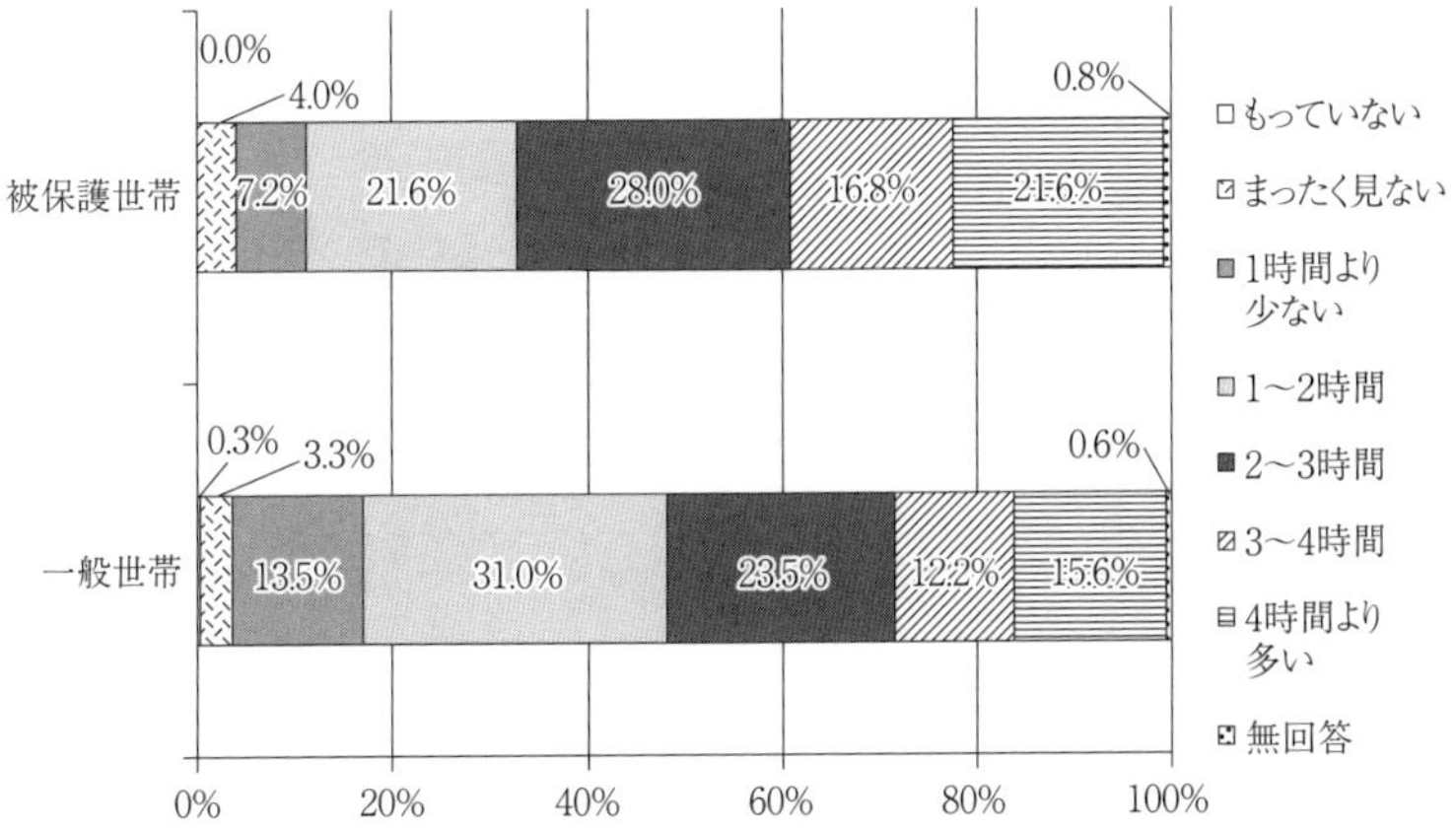

図４－12　テレビを見る時間

答した者は、被保護世帯も一般世帯もほとんど違いが見られなかった（図４－12）。しかし、被保護世帯の中学生においては、二時間以上視聴している者が六六・四％であるのに対して、一般世帯の中学生は五一・三％となっており、被保護世帯の中学生の方が長時間視聴している傾向が見られた。

パソコンでネットをする時間についてたずねたところ、被保護世帯の中学生は二一・六％の者が「もっていない」と回答した（図４－13）。一般世帯の中学生と比較すると、二〇ポイント以上の違いである。かりに「もっていない」者と「（ネットを）まったくしない」者を「パソコンは使っていない」者だとすると、被保護世帯の中学生は五三・六％、一般世帯の中学生は二七・九％が該当する。なお、平成二五年の青少年のインターネット利用環境実態調査によれば、「パソコンは使っていない」と回答した中学生の割合は一八・七％であった（内閣府 2014）。

携帯やスマートフォンは子どもの使用方法について賛否があり、家庭教育の中でもそのルールが検討されていることが多い。被保護世帯の中学生のうち「もっていない」者は八・〇％、一般世帯の中学生は一〇・〇％とほとんど変わりがなかった（図４－14）。また二時間以上使用している者の割合は、被保護世帯の中学生が

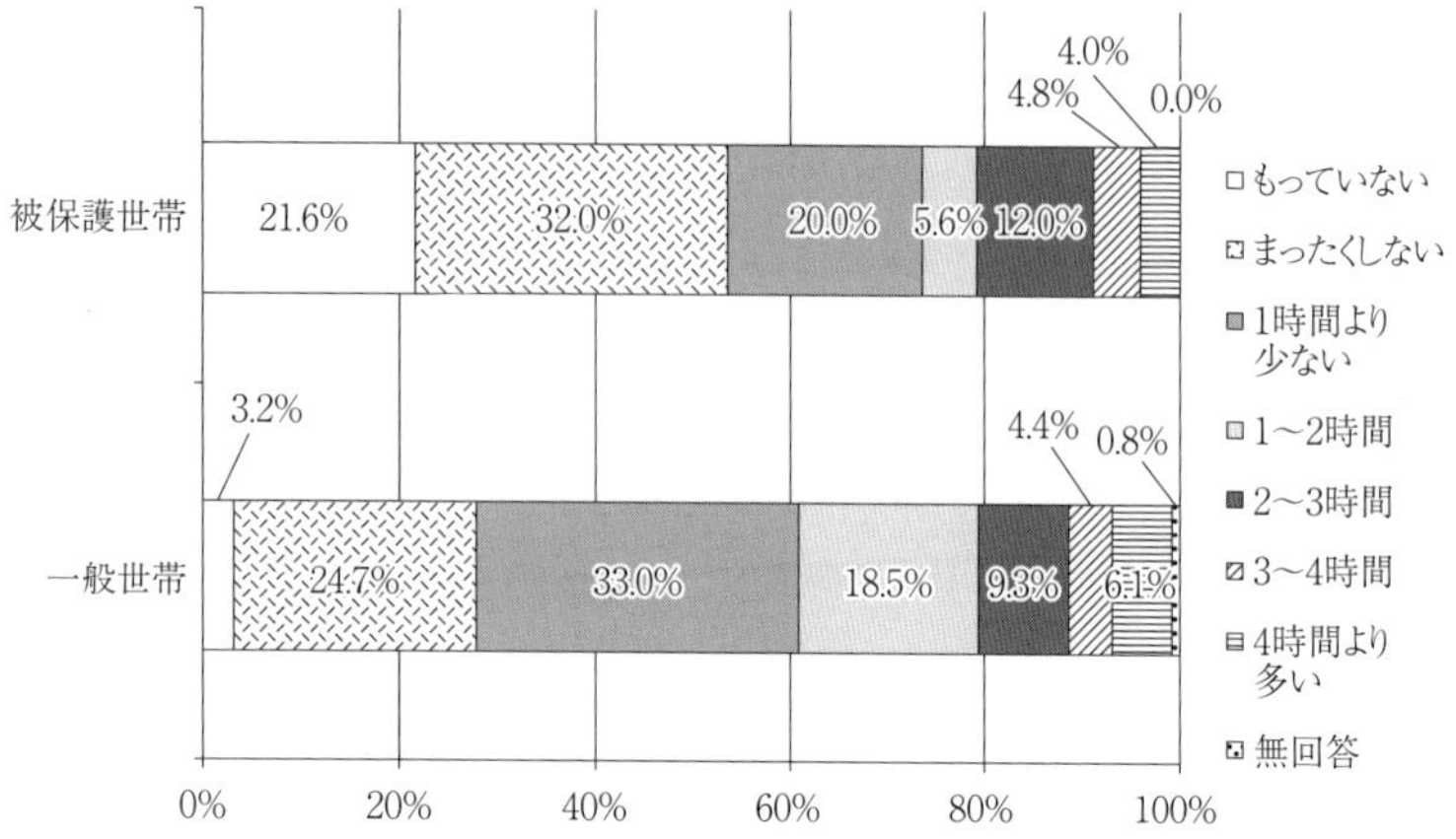

図 4 − 13　パソコンでネットをする時間

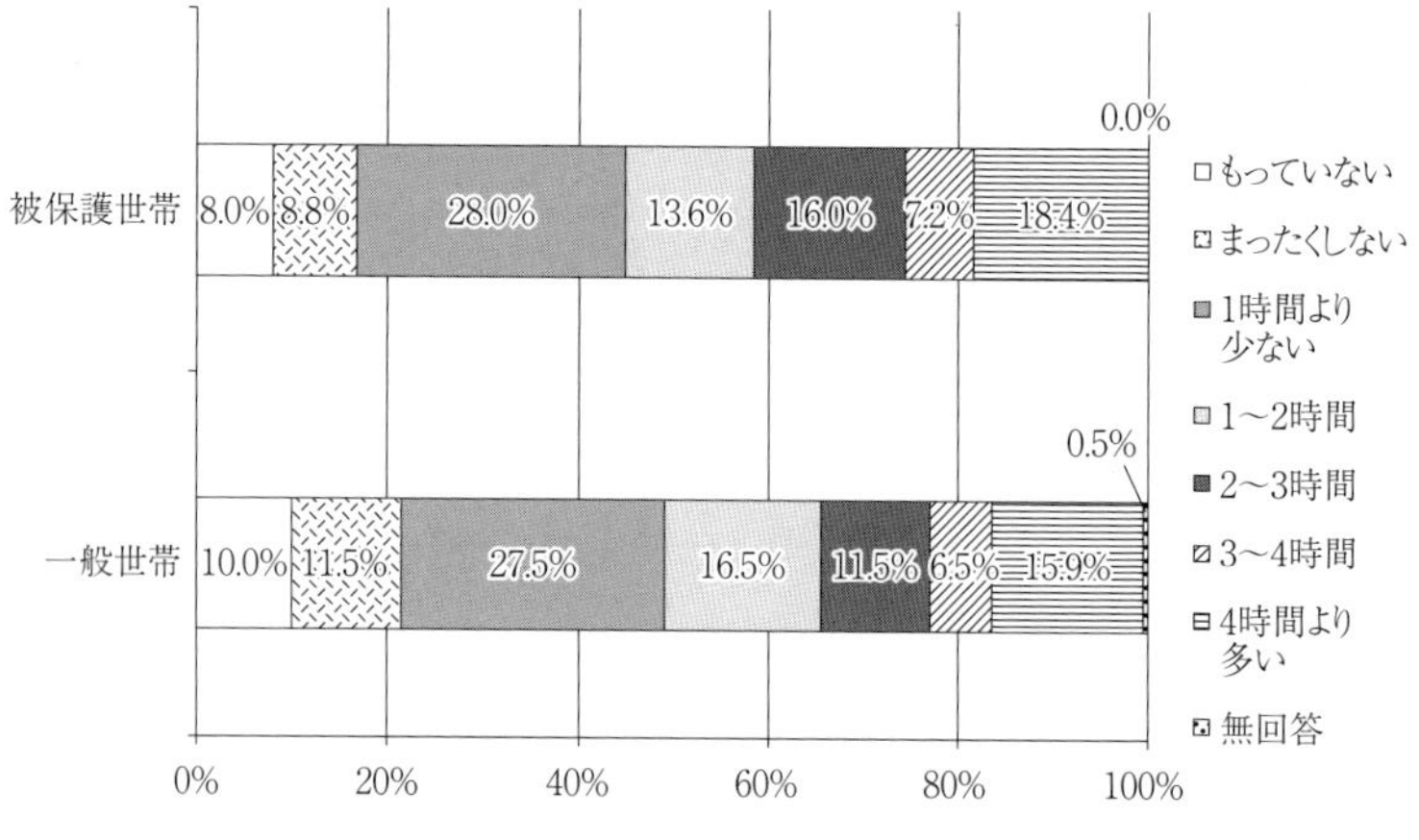

図 4 − 14　携帯やスマートフォンを使用する時間

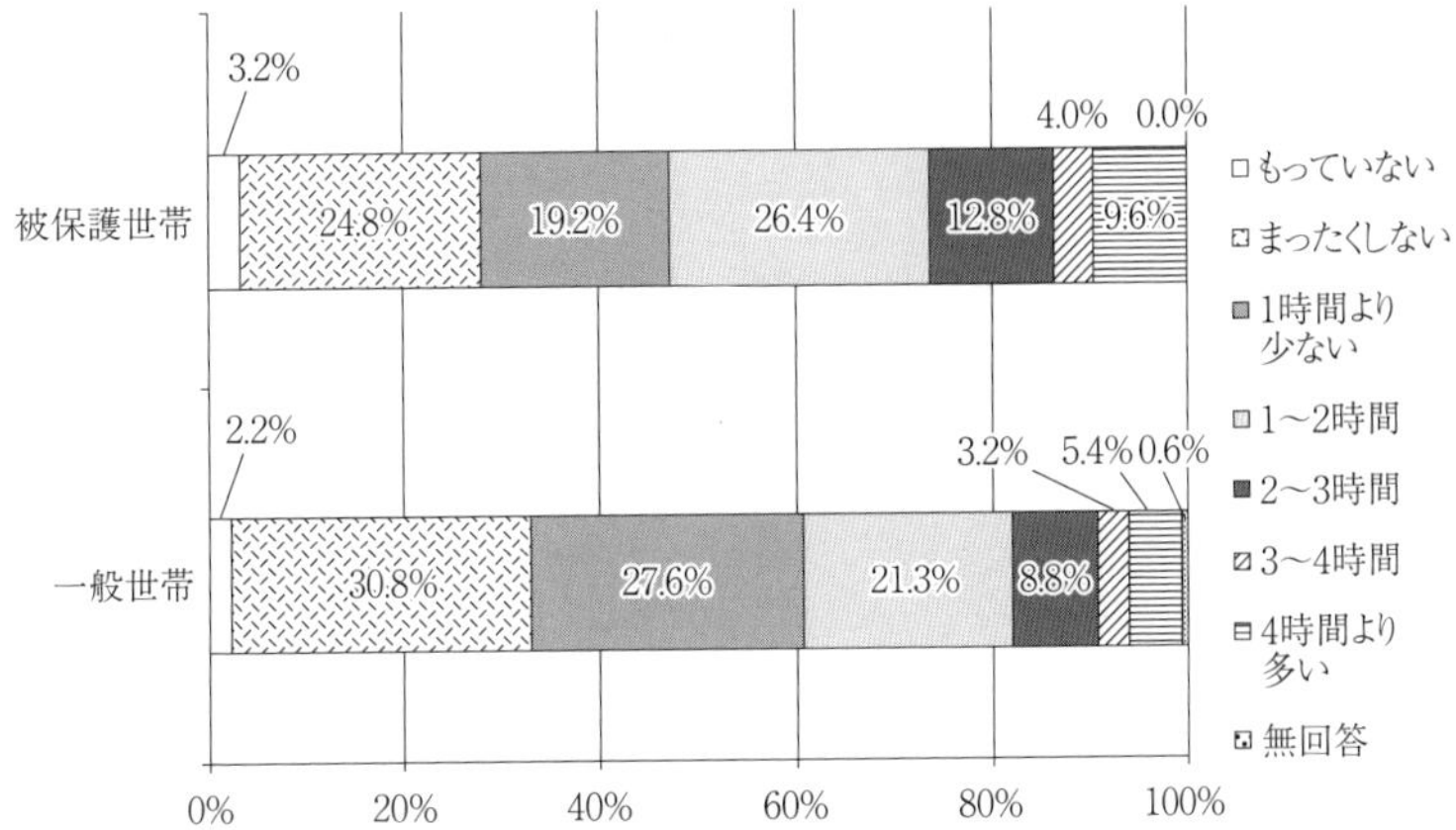

図4－15　ゲームをする時間

四一・六%、一般世帯の中学生が三三・九%であった。

ゲームについて、「もっていない」と回答した者の割合はほとんど同じであったが、二時間以上ゲームをしていると回答した者の割合は被保護世帯の中学生が二六・四%、一般世帯の中学生が一七・四%となった（図4－15）。

4　学校生活と家庭生活、ならびに自己肯定感について

ここで、それぞれの領域ごとの項目がどのように関連しているのかを探ってみたい。とくに、彼らの学校生活における成績や将来の進路と家庭生活、また自己肯定感には相関関係が見られるか検討しよう。

被保護世帯の中学生の結果（表4－21）を見ると、「家族への凝集性」は他の多くの項目と正の相関があったが、特に「家事得点」と相関が高かった（相関係数0.409）。ただし、「成績」と「希望教育年数」については相関関係が認められなかった。

一方、一般世帯の中学生の結果（表4－22）についても同様に、「家族への凝集性」はほとんど全ての項目と正の相関が見出された。被保護世帯の中学生とは異なり、「成績」とも弱い正の相関

表4－21　被保護世帯の中学生の相関係数

	家事得点	希望教育年数	家族への凝集性	成績	夢や目標	頼りにされている	よいところがある	充実感を感じる
家事得点		.069	.409**	.098	.405**	.226*	.166	.131
希望教育年数			.168	.312**	.255*	.202*	.295**	.110
家族への凝集性				-.041	.409**	.444**	.307**	.192*
成績					.037	.113	.107	.164
夢や目標						.265**	.309**	.371**
頼りにされている							.342**	.288**
よいところがある								.332**
充実感を感じる								

＊＊ p<.01　＊ P<.05

表4－22　一般世帯の中学生の相関係数

	家事得点	希望教育年数	家族への凝集性	成績	夢や目標	頼りにされている	よいところがある	充実感を感じる
家事得点		-.060**	.115**	-.003	.122**	.105**	.066**	.107**
希望教育年数			.005	.243**	-.026	.060**	.028	.038
家族への凝集性				-.089**	.219**	.442**	.245**	.217**
成績					.105**	.205**	.238**	.157**
夢や目標						.273**	.308**	.289**
頼りにされている							.473**	.313**
よいところがある								.379**
充実感を感じる								

＊＊ p<.01

があったが、「希望教育年数」については相関が見られなかった。

これらの結果をまとめると、被保護世帯の中学生は一般世帯の中学生よりも、「家事得点」と「家族への凝集性」の相関が高く、「家族への凝集性」が高い者ほど多くの家事を行っていると考えられる。また一般に、「家族への凝集性」は中学生に夢や目標、自己肯定感など多くの面でポジティブな影響を及ぼしていることが分かった。しかし、被保護世帯の中学生においては、「家族への凝集性」と「成績」に相関がなく、むしろ負の方向に向いていること（-0.041）が示唆された。加えて、一般世帯の中学生は、家族に「たよりにされている」者ほど「成績」も高いが、被保護世帯の中学生にそうした相関は見られない。

なお、「家事得点」は、図4－10で挙げた一四の家事項目について、「あてはまる」と回答した数の合計点とした（最大14点）。「希望教育年数」は、図4－9で示した将来の進路希望を年数に変換し計算した。「成績」は、「下の方」を1、「上の方」を5として、得点化した（図4－1）。「家族への凝集性」「夢や目標をもっている」「（家族から）たよりにされている」「自分にはよいところがある」「充実感を感じる時間がある」については、それぞれ「あてはまる」を4点、「まあまあてはまる」を3点、「あまりあてはまらない」を2点、「あてはまらない」を1点として計算した。

また「成績」と自己肯定感に着目してみると、一般世帯の中学生は成績といずれの自己肯定感の項目（「夢や目標がある」「（家族に）たよりにされている」「自分にはよいところがある」「充実感を感じる時間がある」）にも正の相関があった。しかし、被保護世帯の中学生は、成績とどの自己肯定感の項目にも相関がないことが判明した。図4－11で確認したように、被保護世帯の中学生の自己肯定感は、一般世帯の中学生と比較してほとんど変わらない項目もあり、決して低いわけではない。苅谷（2001, p. 207）は高校生を対象とした質問紙調査の分析結果から、「比較的低い階層出身の日本の生徒たちは、学校での成功を否定し、将来よりも現在に向かうことで、自己の有用感を高め、自己を肯定する術を身につけている。低い階層の生徒たちは学校の業績主義的な価値から離脱することで、『自分自身にいい感じをもつ』ようになっている」と述べている。しかしそうであるならば、彼らの自己肯定感が一体何に由来しているのか、その源泉を詳細にたどることが必要であるように思われる。

5　まとめと考察

以上、本章では質問紙調査から被保護世帯の中学生の特徴を明らかにすることを意図し、分析を行った。分析の視点として採用した「学校生活の学業的・社会的・関係的側面」「家庭環境や個人的な生活ならびに家庭生活」「経済的・物質的側面」の三つの領域について相互に目を配りながら、本章で得られた知見をまとめる。

まず「学校生活の学業的・社会的・関係的側面」において、被保護世帯の中学生はいずれも不利な状況におかれていることが確かめられた。彼らの約四割は、自身の成績を「下の方」ともっとも下位に位置づけており、一般世帯の中学生と大きな差が開いていた。また被保護世帯の中学生は、通塾率も約三割にとどまっており、学校の勉強をリカバリーする機会も少ない。加えて、被保護世帯の中学生の約半数は、自宅にしずかに勉強できる部屋を有していない。こうした状況から、被保護世帯の中学生は学習に関して不利な条件が重なっていると考えられる。

また一般世帯の中学生は、三年間一貫して、約九割の者が高校進学を希望しているのに対して、被保護世帯の中学生は学年ごとに高校進学希望者の割合が増加し、三年生の段階ではじめて、一般世帯と同程度の割合へと到達する。おそらく一般世帯の中学生は、高校進学が所与のものであり一年生の頃から自然と想定されているのに対して、被保護世帯の中学生はその時期が迫るまで高校進学が意識されず、三年生になってはじめて高校進学がリアリティを持ち始めるのだと考えられる。こうした認識の遅れは、学習の遅れとあいまって、中卒後の進路先の選択に大きな影響を与えるだろう。さらに、将来の進路展望についても被保護世帯の中学生と一般世帯の中学生には、大きな違いが見られた。一般世帯の中学生は「大学・短大進学」希望者がもっとも多かったのに対して、被保護世帯の中学生は「高卒で働く」と回答した者が約四割を占めた。

また中学校生活の重要な側面である友人関係について、被保護世帯の中学生は概して友人が少ない傾向が読み取れた。とくに「クラス以外の友人」については、「いない」と回答した者が約一割いたが、それは部活動の加入状況とも関連していると考えられる。被保護世帯の中学生のうち、「入部して退部」「一度も入っていない」と回答した者は三割に上り、一般世帯の中学生と比較すると二倍以上の割合であった。

このように学習状況や友人関係、また部活動の加入状況を見る限り、被保護世帯の中学生は学校生活において、不利な状況、あるいは周辺的な位置におかれていることが予測される。

次に、「家庭環境や個人的な生活ならびに家庭生活」について検討する。被保護世帯の中学生は、家庭で手伝いをよくしており、特に買い物や食器洗い、ゴミ捨て等、日常生活に必要不可欠な役割を数多く担っていることが分かった。また「一番大切なのは家族である」という項目に対して「あてはまる」と回答した者の割合が、一般世帯の中学生より高く、「家庭への凝集性」が高いと考えられた。自己肯定感に関しては、ほとんどの項目において、両者に大きな差異は見られなかった。

「経済的・物質的側面」として、彼らの小遣いや電子機器の所持率から分析を行った。小遣いについては、一般世帯の中学生は決まっている日にもらっている者が多く、被保護世帯の中学生は必要なときにもらっている者が多かった。もらっていない者の割合には大きな違いが見られなかった。テレビを見る時間は、被保護世帯の中学生の方が長い傾向があり、また携帯やスマートフォンの使用時間についても同様に被保護世帯の中学生の方がやや長いと読み取れた。その一方で、パソコンについては、被保護世帯の中学生はもっていないとする者が二割を超え、一般世帯との違いが明確であった。

最後に、「成績」と自己肯定感の相関関係に着目してみると、一般世帯の中学生はそこに正の相関が認められたが、被保護世帯の中学生についてはそうした関係が見られなかった。彼らの自己肯定感が何に由来しているのか、そのことがらについては次章以降の検討課題としたい。

以上より、本章では被保護世帯の中学生の特徴を浮かび上がらせると同時に、質問紙調査では十分に明らかにならない点も見定めることができた。これらの知見をもとに次章以降のライフストーリーを読み解いていくことにする。

注

（1）小西（2004）は、北海道民生委員児童委員連盟が調査主体となり実施された「子どもの生活状況に関するアンケート調査」を社会階層の視点から再分析した。小学二年生、五年生、中学二年生のいずれかの子どもをもつ親（保護者）と、小学五年生、中学二年生を対象とした調査のうち、親（保護者）を対象とした調査の再分析を行った。そこでは、世帯収入や親の職業、家族構成と、子どもの家庭生活や学校生活との関連が示されている。

（2）基本的には、質問紙は被保護世帯の中学生全員に配布することとしたが、世帯や個人の状況を考慮し、誰に配布するかについては、福祉事務所に判断してもらった。

（3）この調査は二〇〇九年一〇月下旬から二〇一〇年一月下旬に、神奈川県の公立中学校（二三校）の中学二年生二八七四名とその保護者二四一一名を対象として実施された。生徒を対象とした調査の方法は、学校を通した自記式調査法である（ベネッセ教育総合研究所 2009）。

（4）以下の図表では、カイ二乗検定の結果、有意差が出たときのみ、その有意確率について記載する。

（5）阿部（2009）は、国民生活基礎調査から、世帯における子どもの人数と子どもの貧困率について検討している。

子どもの人数が三人までの場合、子どもの貧困率にほとんど違いは見られないが、四人になるとその率は高くなる。そして五人以上になると、子どもの貧困率は五〇％に達するという。

（6）「お金の管理をする」という項目については、「家計の管理」という意味あいではなく、「お小遣いの管理」としてとらえられた可能性がある。

第五章　生活保護世帯の子どもの中卒時における進路選択
――ライフストーリーに着目して

1　はじめに

本章の目的は、被保護世帯の子どものライフストーリーから、彼らの日常生活そのもの、および中卒後のそれぞれの進路へと至るプロセスを明らかにし、なぜ彼らが相対的に低位の進路にたどり着くのかに迫ることである。彼らの私的領域である家庭生活と公的領域の学校生活に目を配り、そのプロセスを描き出す。

第三章で分析したケースファイル調査において、被保護世帯の子どもたちは、中卒後、すでに進路分化が始まっていることを確認した。とくに全日制高校への進学率はきわめて低く、また高校非進学者や高校中退者は全体の一七・一％存在することが分かった。彼らにとって、中卒時の「進路選択」は大きな岐路であることを踏まえ、まず本章ではこの時期に焦点をあて分析を行う。また彼らが自身の経験をどのように語るのかについても注目したい。

なお、本書では被保護世帯の子どもたちの中卒後の所属や地位、状況の変化を移行の経験として捉えている。

本章で用いる「進路選択」とは、こうした移行の経験の中で、彼らが中学三年時の三学期に、ある進路先を具体的に選択する場面を指している。つまり、彼らがどのような経験を経て、いかなる状況下で次の進路先を「選択」したのかというプロセスの一場面のことである。

前章で行った質問紙調査の分析では、被保護世帯の中学生と一般世帯の中学生の比較から、いくつかの特徴が浮かび上がった。たとえば、被保護世帯の中学生の方が、成績の自己評価が低く、部活動に所属している割合も低かった。塾や習い事に通っている者も少なく、友人関係に関しても消極的である傾向がうかがえた。一方、家庭生活においては、被保護世帯の中学生の方が一般世帯の中学生よりも家事を行っており、また家族を大事に思うとした者が多かった。質問紙調査で明らかにされたこれらの知見を本章の分析においても適宜参照しながら、考察を進める。

2　調査対象

インタビュー調査は、首都圏近郊のA市X地区とY地区の被保護世帯に育つ高校生二〇名（男子七名、女子一三名）を対象にして行い、彼らのライフストーリーをもとに分析を行なった。筆者は、X地区とY地区で実施されている学習支援事業に、学生アシスタント及びコーディネーターとしてかかわっており、ある学習支援教室で彼らと知り合った。彼らが中学校を卒業したあとも近況報告のために集まる機会が定期的に設けられており、そこで個人的にインタビューの依頼を行なった。

インタビューは、二〇一〇年五月から二〇一五年一月現在まで、ファーストフード店やファミリーレストランで行った。回数は一人平均二回、各々約一時間半であった。インタビューを始める際に、負担となる事柄は話さなくてよいこと、インタビュー後に確認と訂正の機会を設け、プライバシーには十分に配慮することなどを説明した。また、ＩＣレコーダーで録音すること、データを用いて学術的な場で口頭発表や論文執筆することについても許可を得た。また学習支援事業にかかわっている地方行政機関および各関係者にも、インタビューの実施およびその公表の仕方について了承を得た。

3　分析方法

具体的な分析方法は、「軽度」肢体障害者における障害の意味を「通時的変化」と「現状」という時間枠から分析した田垣（2002）に依拠する。彼はやまだ（1995）を引用しながら、「特定の発達的ゴールを想定しないこと、ある現象に対する意味づけや価値評価の時間的あるいは社会空間的変化プロセスを重視」すると述べ、対象者が「様々な文脈や関係性を生きている」ことをふまえて、障害に対する「多義的な意味づけ」を時系列に沿って追った。本章においては、この研究を分析の観点として採用する。

また本章においても前章を引き継ぎ、リッジ（Ridge 訳書 2010）が示した「子どもたちの生活において重要な三つの領域」を参考にする。リッジは、「子どもたち自身の主観的な説明をとおして、子ども期の貧困と社会的排除についての子ども中心的な理解を深めること」を試みた際に、「子どもたちの生活において重要な三つの領域」として「経済的・物質的側面」、「学校生活の社会的・関係的側面」、「家庭環境や個人的な生活ならびに家族生活」を挙げた（同書、p. 77）。本章ではこの区分に基づき、「経済的・物質的側面」や「家庭環境や個人的な生活ならびに家族生活」が「学校生活の社会的・関係的側面」とどのように関係しているのかを分析の視点に採用する。これにより、「様々な文脈や関係性」を有する生活が整理され、経済的な側面や家庭環境という背景要因のなかで、彼らが学校生活や進路をどのように関係づけて語るのかが明確になる。なお前章と同様、「学校生活の社会的・関係的側面」は「学校生活の学業的・社会的・関係的側面」と補充を行なった。

具体的な分析手法は、以下の通りである。

① 録音した逐語録をエピソードに区分する。
② エピソードを、「幼少期」「小学校」「中学校」「高校入試時期」と時系列に沿って再構成する。
③ 再構成したエピソードを「経済的・物質的側面」、「学校生活の学業的・社会的・関係的側面」、「家庭環境や個人的な生活ならびに家族生活」というリッジの分類を参考にし、ライフストーリーを作成する。
④ なぜどのようにして低位の進路へと至ったのか、彼らのライフストーリーに着目し、家庭生活と学校生活に目を配りながら分析を行う。

また先行研究では、子どもの家庭生活やそこで期待されている役割に注目した研究は少ない。家族社会学の中でも、夫婦の役割関係に比重がおかれ、子どもは単に養育の対象としてしか想定されてこなかった。しかし、高校卒業後一年目の聴き取り調査を行った木戸口（2006）は、フリーターを選択した事例の中で、母子家庭で小さい頃から家事のお手伝いをしていた者が高校入学後、家の事情でアルバイトをしているうちに欠席が重なり、一度退学したことを紹介している。また青木（2003b）は、家族の健康や教育、家族形成過程における不利の「移転」をたどり、ある部分の家族は「『不利が不利を呼ぶ過程』の上に現在の生活」が営まれていることを指摘した。これらを踏まえれば、被保護世帯が被る困難や不利を背景として、家族に生じるさまざまな出来事が家庭生活を変容させ、それが家庭での子どもの役割に変化を及ぼしていることが予想される。そして、こうした子どもたちの家庭生活のあり様が、学校生活において彼らの周辺化を引き起こす誘因になると考えられる。

そこで本章では、この周辺化の程度を図るために、他の生徒との比較の中でその特徴が際立つと考えられる学校でのいじめと不登校の経験に着目する。家族の経済状態と子どもの欠席に関連があることは既に指摘されている（保坂 2000, 2009、池谷 2009 など）。本章では、家庭生活と学校生活の両面に目を配りながら、彼らが相対的に低位の進路へとたどり着くプロセスを解明する。

最後に、「語り手と聞き手は、一方的な関係ではなく、対話的関係であり、共に物語生成にかかわる」（やまだ 2000）ということについて述べる。前節で述べたように、対象者と筆者が出会ったのは学習支援教室であり、インタビューは彼らが中学校を卒業した後に行なった。知り合ってから約一年もしくは二年が経過した頃である。インタビューがどのように進められたのかを提示するため、会話のデータを一部引用した。また、インタビュー後、筆者のお礼のメールに対して「話を聞いてくれてありがとうございました」「心が軽くなりました」と返信をする者もおり、「自己の経験を組織し、ライフストーリーとして物語ることは、エンパワーメントされたり、カタルシスが表出されたり、語り手自身になんらかの変化がもたらされて、そして、ある種、現在の自己の肯定作用がある」（小林 2005）ということが今回の調査においても示唆された。

4　ライフストーリーの分析結果――中学校卒業時まで

分析の結果、彼らはいくつかの特徴的な過程を経て、相対的に低位の進路にたどり着くことが明らかとなった。二〇名のうち、ひとり親世帯の者は一八名にのぼり、一〇名が親の離婚を明確に語った。また引越しは二〇名すべての者が経験している。家庭での役割については、掃除や洗濯のみならず、弟妹の面倒をみている者もおり、複数の作業が自分の日常的な役割として語られた。家事を「ほとんどやる」「大体やる」と語った者もおり、彼らは一般世帯の小中学生より過重な家事を担っていると考えられた。彼らは養育の対象というよりはむしろ家庭生活において重要な役割を担う一員として存在している。

学校生活においては、いじめや不登校に言及した者が一二名であった。また学校の授業が「面倒だった」「分からなかった」と語る者が大多数であること、部活動を退部した経験を語った者が七名いることから、彼らは学校で周辺的な位置におかれがちであったと考えられる。

彼らのライフストーリーから、家庭での出来事と学校での周辺化が密接に関連しており、家庭生活の変容が彼らの家庭での役割を規定し、そのことがさらなる学校生活上の不利に結びつくことが読み取れた。またそれだけでなく、学校生活の周辺化により、家庭での役割がいっそう促されるという家庭生活と学校生活が相互に関連するプロセスが見出された。こうしたプロセスを経て、彼らは中学校三年時の「進路選択」を経験していた。

以下では、彼らの家庭生活と学校生活の絡み合いを具体的に示すために、これらの特徴が比較的よくあらわれている五名（マイ、ユリ、カナ、雄貴、康平）のライフストーリーの要旨を紹介し、インタビュー部分を含めた考察を行う。「　」の中は、基本的にインタビュー中の発話をそのまま抜き出したものであるが、文意が損なわれない範囲で、読みやすくなるようわずかに修正を行っている。（　）の中は、筆者の補捉である。また他の者のライフストーリーについても適宜参照し、考察に含めることとする。

なお、プライバシー保護のため、分析に支障のない部分は、曖昧な表現をしたり若干の修正を加えたりするなどの工夫を施した。また名前はいずれも仮名である。

4・1　マイのライフストーリー

(1) 幼少期

保育園に通っていた頃、父親の借金やマイの喘息の治療費、妹の障害などが家庭の課題としてあった。両親は救急車やパトカーを呼ぶほどの大喧嘩をすることがあった。父親の借金問題のため、最終的に両親は離婚をする。

(2) 小学校

父親から身を隠すため、また近所づきあいの困難のため、引越しを三回経験した。マイは、小四のときから定期的に児童相談所に行くようになる。この頃から、授業中であっても絵が描きたくなったり、しゃべりたくなったりした。「勉強に関心がなく」、「(授業中に) 当てられて答えられなかったらちょっと恥ずかしいなってぐらいしか思ってなかった」。家庭で母親はマイに対して、勉強を促すことはあまりなかった。母親は働いていたが、生活は大変であったため、お小遣いはもらっていなかった。学校の成績は、「○の方が多くて、△がちょっとある。でも◎もちょっとあるみたいな、本当に普通の成績」であった。この頃からアニメに興味をもつようになる。

(3) 中学校

母親が病気で「動けないし頭痛い」という状態になり、また「うちら (マイと妹) が結構ストレスかけちゃった」ため、母親は「ほとんど家事ができなくなった」という。そのため、衣類が干せず、匂っていた。五月より、クラスの中でいじめにあい、一人になることも「しょっちゅう」であった。いじめは「菌扱いが一番ひどかった」が、自分の服が匂うため、「(自分も) 悪かった」と思っている。割り算が分からないままで、正負の数の計算についても理解することができなかった。中一、中二の頃、携帯やゲームにはまり、一日中やることもあった。

中二の時点で、授業内容は「もう分かんない分かんない」という状態であった。成績は五段階の中で、「2と3のオンパレードみたいな感じで、悪すぎでもないんだけど、悪くないとも言えないし、良すぎというわけでもないっていう、いたって普通のとこだった」。学校で必要なものは、母親の収入が入ったときに買ってもらっていた。中二、中三の頃からマイが家事全般をやるようになった。友達は家事をしていないため、マイは家事をすることに「優越感」をもつ。しかし、「中二の終わりくらいから、中三までは受験もあるし家事もしなきゃいけないしっていう苛立ちをだんだん感じるようになった」。友達に塾に誘われたが、母親に「すぐやめるからダメ、あとお金ないから（ダメと）も言われ」、マイ自身も「勉強に対して意欲はなかった」ため、通うことはなかった。

（4）高校入試時期

中三では勉強は「ほんと分かんない」状態になり、「勉強自体がめんどくさかった」ため、絵を描いたり小説を描いたりするようになった。携帯のオンラインゲームで知り合った人と実際に会う約束をしたことを母親に「バレて怒られた」。高校のことを具体的に学級担任（以下、担任）と話し始めたのは中三の一二月に行われた三者面談のときであり、そのとき「高校はどこにしますか？」と聞かれた。L商業高校（公立全日制）を希望していることを伝えると、担任はマイの成績だと危ないが、「まぁ頑張ってみなさい」と言った。このことをマイは、自分たちの意見が尊重されたと思っている。また、家では自分が勉強をしようとしたときに、「（家事を）やって」と母親に言われると、「逆に勉強よりも家事の方がやる気出ちゃって、そっち集中しちゃう」という状態であった。経済的な理由から私立の併願はせず、L商業高校のみを受験した。しかし、不合格となり、最終的に、マイは公立夜間定時制高校（普通科）へ進学することとなった。

4・2　ユリのライフストーリー

(1)　幼少期

幼稚園に通っていた当時、祖父母、両親、子ども（ユリ、長兄、次兄）の三世代で暮らしていた。幼稚園に入る前、両親の別れ話を耳にしたことをユリは覚えている。その頃、母親は朝の九時から夜までファーストフードで働き、家計を支えていた。

(2)　小学校

小三、小四のときに、父親の借金が発覚し、自宅を売却した。この頃から、母親と長兄がよく喧嘩をするようになった。ユリは家庭の状況について、「なんかバラバラになって」いたという。小三から学校の授業では、教師が説明しているときも、問題を解かせているときも落書きをしていた。小三からゲームをやるようになり、学校から帰ってきてからずっとやっていた。小四からは「オタクライフ」が始まった。一時期、塾に通っていたが、月謝が払えなくなったため、退塾することになった。お小遣いはもらっておらず、洋服は兄や親戚からのおさがりを着ることが多かった。小六から中一までは両親の喧嘩も頻発しており、時折、祖父と母親も言い合いをしていた。当時は「喧嘩三昧」の日々であった。

(3)　中学校

夜中に夫婦喧嘩が始まり、父親が母親に対して「お前出てけ」と言い捨てた場面にユリは遭遇し、ショックを受ける。その後、母親は家を出ていく。ユリは、母親がいなくなって寂しく感じ、いらいらしていたため、「現実逃避のためにパソコン」を一日中するようになった。食事は、パンやインスタント食品を食べていた。自らを、

「ニコ厨兼・モバ厨兼・アニオタ」[1]と呼ぶ。母親は一度帰ってきたが、再び出て行き、ユリは母親が一緒に暮らす男性（のちの継父、以下継父）のところに身を寄せるようになる。しかし、次第に、ユリと継父は喧嘩をするようになった。中二からお小遣いをもらうようになったが、欲しい物があっても、親に「お金貸して」と頼まれるときのために何も買わないようにしていた。部活動については、中一のときは運動部に入っていたが退部し、途中から文化部に入った。しかしながらその文化部も退部し、その後また別の文化部に入部した。なお、両親の離婚が成立した後、ユリは母親の名字となった。

（4）高校入試時期

中三の夏前に行なわれた三者面談時には、まだ受験先が決まっておらず、担任には「まぁゆっくり考えてけよ」と言われるにとどまった。秋頃の面談で、志望校を「L商業、M工業（ともに公立全日制高校）」と書いた。面談後、ユリは母親に「早く決めなよ」「行ける高校あんの？」「とりあえず成績上げるように努力すれば」等、言われた。それと同時に、母親はユリに対して高校に行きたくないなら行かなくてもいいという姿勢でもあった。この時期でも、家庭内では喧嘩が頻発しており、ユリにとっては「（入試より）そっちの方がむしろ重要」であったという。この状態に「いらいら」していたため、勉強に集中することができず、この時期においても絵を描くことが多かった。家事についても、いつもと変わらずお弁当を作るなどは自分でしていた。最後の面談で、担任からL商業は五分五分であり、M工業のn科ならいけることが伝えられた。ユリはL商業を希望したが、母親に「無理だって言っても受けるんだから、自分で（受験料を）払いなよ」と言われた。そのため、ユリは自分で受験料を支払い、L商業を受験した。L商業にこだわった理由は、「最終的に意地だった気がする」。自分で受験料を支払ったことに対して、「結構むかついてた」というが、ユリは母親に対して何も言わないため、この件で喧嘩になることはなかった。経済的な理由から、親はもとから私立の併願を考えていなかった。└商業に合格することは叶わず、最終的に、彼女は公立夜間定時制高校（普通科）へ進学することになった。

4・3　カナのライフストーリー

(1) 幼少期

両親は結婚をしていないため、現在まで父親が「家にたまに泊まりにくる」状態である。カナの家はきょうだいが多いため、「小さいときから、誰が誰の面倒見る」というきょうだい間の「ペア」があった。カナは姉（ハルナ）に面倒を見てもらっていた。

(2) 小学校

両親は共に足や腰などが悪く、働くことができない。学校では小三の頃、いじめられるようになった。「学校行ったときに、うわー来たみたいなことを言われたり、誰かが触ってきて、それでおにごっこが始まったり」した。勉強については「まぁ普通に、まぁまぁできた」が、いじめがあったため、「たまに授業抜け出しちゃったり」していた。「割り算とか出てきた」ため、算数が小三の頃から嫌いだったという。「もうめんどくさくて、もうよく分かんないってなって、放りだしてた」。

(3) 中学校

家に父親が来ると、母親と「喧嘩ばっか」する状態であった。またハルナと父親も折り合いが悪く、喧嘩を止めてもらうために警察を呼んだこともある。カナは、自分の家庭を、「そこらへんの一般家庭と微妙に違う」と感じていた。

定時制高校に通っているハルナについては、家族の中で「好き勝手しすぎてるっていうイメージ」があるため、家族全員があまり良く思ってない。カナは、ハルナと「セットだった」ため、性格や好みが「軽く似ている」ことを自覚しているが、「ちょっと悪いことすると、ハルナの真似して」と家族に言われるため「いらってする」。

中学校の勉強は、「最初からもうよく分かんなかった」。このことに対して両親は、「勉強ができなくても常識があれば大丈夫っていう人たちだから、別に学力は求めてない」という。また中一の頃はいじめがあったため、「保健室で遊んでた」。また運動部に入部したが、「人間関係がやっぱりできなかった」ため、行かなくなり、退部した。友達付き合いについては、「仲悪かったわけじゃないけど、なんか一人だけ違う」と感じていた。人間関係がうまくいかなかった理由として、カナは「お金がなかった」ことと「(周りの人たちの)キャピキャピした感じが好きじゃなかった」こと挙げ、「決して全部がお金のせいじゃない」という。またカナは「中学校ってお金ないと地味な方に入るじゃん」と語った。「一緒に遊びに行こうとかなったときに、お金ないから行けないとか言うことで行けなかった」。家庭では、ずっと欲しかった携帯を「ねだってねだって中三で買ってもらった」。携帯は「常時持って」おり、ネットを通じて知り合った人と「趣味が合えば友達になる」。カナは自らを「携帯依存症」という。

(4) 高校入試時期

母親に定時制高校に行きたいと伝えると、「ハルナみたいになっちゃうからダメ」と言われた。父親も同じく「そういう考え」であった。また、「(高校)行ったたって続かないならやめなさい」と言われた。また兄に関しても、「(定時制高校に)行って変になられたら困るからだめって。[中略]結局そういうふう」だったという。「最初はそういうの言われていらいらしていた」が、「なんかそれで（定時制高校への進学を）諦めた」。しかし、このときカナは、家族は自分のことを「ちゃんと考えてくれている面」もあると感じていた。

担任からは、「（定時制高校か通信制高校か就職か）決めるのはお前。お前が高校行く気あるなら、いけそうな学校を紹介する」という話をされた。カナは公立通信制高校に見学に行ったものの、「自分に合わないかな」と思った。そしてまた、きょうだいはそれぞれの学費など「借りたお金」の返済があるため、十分なお金を家に入れることは難しいこと、またきょうだいが多いため「その分お金がかかる」ことを考え、「なら、自分が働いて（お金を家に）入れた方がいいかなみたいな考えも軽く出てきたから、（中学校卒業後は）バイトしようかなっていうふうになった」という。最終的にカナはどこの高校にも出願をせず、アルバイトを探すことにした。

4・4　雄貴のライフストーリー

(1)　小学校

小学校の時は「クラスで言うとリーダー的」な存在であった。成績は「中間くらい」で「悪くはなかった」という。授業中は、「隣の人と遊んだりしゃべってたり、とりあえず勉強には無関心」であった。小四、小五の頃は塾に通っていたが、友達と「サボり始め」たため、「お金を出しても無駄だから」という理由で「辞めさせられた」。父親の実家に「みんなで旅行したっていう思い出が、一番印象強くある」。「遊んで遊んで遊んで遊んで、勉強だめで遊んでみたいな」生活をしていた。母親は雄貴が洗い物などをすると褒めてくれた。

(2)　中学校

中一の前半から、両親は経済的理由で夜中に喧嘩をするようになった。その様子をうかがいながら、雄貴は弟たちと「下手したら離婚するかもしれない」という話をしていた。中一の四、五月に「同級生からの暴力」を受けた。先生に相談したところ、「無理して来なくてもいいよ」と言われたため、学校には行かなくなった。その時は「地獄から救われた的な（気持ち）」だった。中一の九月に両親は離婚し、「一切旅行にどこも行かなくなった」。母親は仕事を始め、朝早く出て「一日帰ってこないとき」もあり、そのときは雄貴が料理や片付け、洗い物などをした。「お母さんがいない時は、俺がお母さん役をして」、きょうだいに指示を出していたという。雄貴は、母親に対して不満や反抗心はなく、「むしろ離婚とかで大変だから、弟たちの面倒はできるだけ俺がみなきゃな」という「本能が強かった」という。それは両親の離婚時に、父親から言われた「お前は長男なんだから一家の大黒柱として家族を守ってあげなきゃいけないよ」という言葉が「頭に残っていたから」である。

中一、中二の学校に行かない期間は、「ゲームやら寝てたりやら、テレビ見てたりやら、本当に暇人の生活」をしていた。彼は昼夜逆転の生活をしており、夜にラジオをよく聞いていたという。ラジオ番組にメールを送り、「（そのメールを）読まれることがすっごく嬉しく」、「認められたってみたいな感がマックスで」あった。

中二から週に二〜三回、保健室登校をするようになる。勉強については全く気にしておらず、「特に支障はなかった」。保健室では他の不登校の五名の生徒と仲良くなった。中二の前半に、「お母さんの恋人（のちの継父）が居候してきた」。「弟たちが（母親の恋人を）嫌がってることに対して、（母親は）嫌がって」いた。雄貴は、母親が「『いいかげんにしなさい！』って言った時の声を聞いた瞬間になんか逆らっちゃやばい」と思った。母親の恋人に対して、雄貴は中三の頃から「認め始めた」。「最初はかなり抵抗があった」が、次第に「どうでもよくなって」いった。中三になると、クラスに行くようになったが、授業中は「難しすぎてずっと寝ていた」。

（3）高校入試時期

三者面談では担任に「成績でいけるとこあんまりないっすよみたいなこと」を言われたため、「調理師学校で探してみます」と答えた。「友達に料理を作ってあげたりして、おいしいとか言ってくれた」ことと、「家でもお母さんの手伝い」をしていたことから、「（将来は）調理師にしよう」と思ったのだという。雄貴は、中学校卒業後、友達から紹介された私立高等専修学校（通信制高校と連携）に進学した。またその入学金や授業料などの学費は母親の恋人が支払ったという。

4・5　康平のライフストーリー

（1）小学校

小一、小二までは授業内容が分かっていたが、小三から「追いつけてない」状態となった。授業中に寝ることはなかったが、「全部、頭の中に入ってない」という。また「もともと体が弱い」ため、学校を欠席することがあった。「一時間ぐらい眠るともうすっかり治っちゃったり」していたが、行くのが面倒になり、週に一～三日は欠席していた。

小二の時に引越しをした。小二まで武道を習っていたが、「家の手伝い」があり、「時間が合わなくてやめた」。この頃から、皿洗いを始めたが、その後だんだんと家事の種類が増え始め、「今はほとんど」をやるようになった。また母親は「体中ちょっと悪い」という状態が続いており、母親のマッサージを毎日一～三時間ほど行う。「暇があれば、なんかマッサージしてみたいな、そんな感じ」だという。家事は「慣れちゃって自然のこと」であり、「動けるのが自分しかいないし、で自分が動かなくなったら何も解決しなくて、もっとひどくなる」と思っている。

母親は、「勉強しててもいいし、しなくてもいい。その代わり、しないんだったら、成績が良くなくても文句は言うなっていう、そういうタイプ」だという。

（2）中学校

中学校入学後、運動部に入部したが、ユニフォーム代と怪我のため、中一の冬に退部した。「たった三年間で（ユニフォーム代）二万も出すかってなって、いや、いいや」と思ったという。また退部理由としては、「たとえユニフォームを買っても足があれ（怪我）で出られない」ことと「自分よりも上手い選手がメインで動いている感じだった」ことも挙げた。

勉強は「もう全部だめ」だった。小学校から引き続き、中学校でも週一回程度は欠席しており、「ずっと寝ていたり、先輩と遊んでたり」した。中二のときに、家族と塾に通うことを話したが、「近くに塾とかない」ため、「その話はなくなった」。また自分でも「金もかかるし、中学から行くのもな」と思っていた。中二の頃から「早く就職したい」と思っていた。

（3）高校入試時期

高校については、中三の夏休みが終わった頃から意識し始めた。三者面談では担任に「成績がもう微妙で、このままじゃ、あまりなんか自分の行きたいところに行けませんよ」と言われたが、「特に何も感じていなかった」。そもそも「勉強自体が嫌いだった」ため、「高校にすら行きたくなかった」。

しかし、「就職のためだけに学校に行く」ことにし、先輩に勧められた公立夜間定時制高校（専門学科）を志望した。それに対して、担任は「大丈夫だと思うけど、特に印象に残ることは言ってない」という。

母親に対しては、「先に自分で考えて、結論出して、それは相談するっていう感じ」である。高校入試に際しても、最初に自分から「ここに行きたいんだけど」と言うと、母親は「ああじゃあ行ってみな」と返したという。またその時、「一応定時制でも金はかかるんで、行ったんなら、やめるな」と言われた。康平は合格し、志望通りその公立夜間定時制高校（専門学科）に進学した。

5　中卒後の進路が決まるまでの日常生活

以上のライフストーリーから、彼らの「経済的・物質的側面」や「家庭環境や個人的な生活ならびに家族生活」が「学校生活の学業的・社会的・関係的側面」とどのように関係しているのかに着目し、彼らが相対的に低位な進路にたどり着くまでのプロセスを明らかにする。

5・1　家庭生活の変容

彼らの多くは幼少期から高校入試時期までのいずれかの時点で、家庭生活の中で何らかの変容を経験していた。それは親の借金や両親の離婚、祖父母等を含む家族の構成員の増減、家族の精神的あるいは身体的な障害、介護など多岐にわたり、これらによって彼らの家庭生活は変容を迫られたのである。こうした家庭生活の変容を彼らはどのように経験しているのか。ここではその一例として両親の離婚を取り上げる。

たとえば雄貴は、就寝中に両親の喧嘩を耳にしており、弟たちとそのことについて話し合っていた。夜眠れないことや離婚の可能性を感じていることは、子どもにとって多大な心理的ストレスになると考えられる。

また両親の離婚後は、家庭内の子どもの役割にも変化が生じる。平成二三年度全国母子世帯等調査によれば、不就業だった母親の六九・一％が母子世帯になった後に就業している。(2) こうした母親の就業により、家庭生活内では各自の役割が変更されるものと考えられる。雄貴も両親の離婚後、母親が働き始めたため、母親がいない時は「お母さん役」をしていたと語っている。家庭生活の変容は、子どもたちへ心理的な影響をもたらすだけでなく、生活の営み全体にかかわる。(3)

なお、康平は母子世帯であるが、インタビューの中で、両親の離婚については語らなかった。そのため、離婚や別居をしているのか、もしくは未婚であるのか判断がつかない。しかし、小二の時に引越しをしていること、ほとんど同じ時期に家の手伝いを始めていること、習い事をやめていること、また小三から授業に「追いつけていない」と語っていることから、小学校低学年時、家庭生活に何らかの変容があったものと考えられる。

5・2　家での役割と自己肯定感の獲得

それでは、家庭生活の変容による、子どもの役割について詳しく見てみよう。たとえば凌太やエミは、家事だけでなく幼い弟妹の面倒をみており、ナオはそれらに加えて祖母の介護をしていた時期もあったという。彼らは、自分のそうした役割についてどのように語るのだろうか。

「体中ちょっと悪い」母親をもつ康平は、小二から次第に手伝いの種類が増え、今では「洗濯機回しながら皿洗いして、皿洗い終わったら風呂掃除して、終わったら洗濯物を干す」など一連の家事を日常的に行っている。こうした家事をやることについて康平は、「もうなんか動けるの自分しかいないし、自分が動かなかったら何も解決しなくて、もっとひどくなるから」と語る。康平は、家庭内に「動けるのが自分しかいない」と思い、その役割を果たしているのである。雄貴も母親が不在の時には、家事や「お母さん役」を担っており、彼らは必要に迫られるかたちで、家事を自分の役割として受け止め、遂行していることが分かる。

このことを前項「5・1　家庭生活の変容」と併せて考えてみたい。離婚が子どもにどのような影響を及ぼすのかについてまとめた本田ら（2011）は、「親と生活をともにできなくなることは、子どもにとっては愛着対象の喪失という体験になる」という（同書、p. 270）。つまり、家庭生活の変容の一つである両親の離婚により、子どもたちは愛着対象の喪失と家庭生活における役割の受け入れをほぼ同時期に経験しているといえる。もちろん子どもの年齢や手伝いの内容にもよるが、彼らの家庭での役割は家庭生活を献身的に支えるという側面が強く、家族に必要とされることによってその役割は維持される。

森岡・望月（1987）によれば、役割とは「地位に結びついた、期待される行動様式」である（同書、p. 90）。そして役割遂行に対して家族から評定を受け、役割認知に照らして自らの役割遂行を反省することによって、遂行のレベルが維持または修正され、行動様式が結晶していく。これを彼らは「役割の結晶化」と呼んでいる（同書、p. 94）。康平は家庭での役割を「慣れちゃって自然のこと」と語ったが、これはまさに役割が結晶化されたのだと考えられる。

また彼らは小学生の頃から家庭のなかで手伝いをしているのだが、中学生になると、より主体的に家事全般をやり始める。マイは朝起きると、「学校の準備して、お弁当とごはん」を作り、「食器洗いして部屋の片づけ」をしてから登校していたという。そして帰宅すると、「たまった食器洗って、洗濯物洗って干して取り込んでたたみ」、「お風呂洗いとトイレ掃除」をするのだと語った。中三のとき、彼女は家事をすることについて、「受験もあるし家事もしなきゃいけないしっていう苛立ちをだんだん感じるようになった」と否定的に語る一方、次のように肯定的にも捉えていた。

筆者：周りの友達でさ、そうやっていっぱいマイちゃんみたいに家事やってる子とか（いた）？

マイ：いなかった。みんなもう勉強熱心で、だから、マイ家事なんてしてるよすごいねみたいな感じで言われてた。逆にそこらへんは優越感というかなんというか、そういうのがあったんですけど、勉強ができなかったから逆に不満があったんですよ。

筆者：（勉強を）もっとやりたかったってこと？

マイ：なんていうんだろう。そういう意欲もすごいあるってわけじゃなくて、でも家事で忙しすぎて家で（勉強が）できないのはあれだったし、で家事も大変だから、家事はやりたくないなって思っても（家事を）やってるときは楽しいんですよ。

つまり、家事は負担でありながらも、周りの友達はやっていないことを自分はやっていると感じられるため、自己肯定感を獲得できる作業でもあったのである。ユリにいたっては、親から家計管理の一部を任されていた。ユリは「（親が）頼りにしているらしくて」というように、このことをポジティブな意味でとらえていた。家事も家計管理も家庭生活において欠かすことのできない重要な役割である。このように、家庭の中では彼らにそれぞれ特定の役割が与えられ、それによって彼らはある種の絶対的な居場所が確保されたと考えられる。

インタビューの場で、彼らは家庭のみに矛先を向けた語りをしなかった。筆者の問いに対して、彼らは家庭での役割についていくらかの自負を語り、家族に貢献をしようという意思を示すのである。

家庭内で子どもに特定の役割があることは、しつけの一部でもあり、推奨されるべき場面もあろう。また本人が肯定的に捉えていれば、問題はないかのようにも思われる。しかし、彼らは家庭生活の変容を機に、そうした役割を担うようになっており、それは家庭生活の維持という意味合いが強い。またこのことが及ぼす学校生活への影響に目をやれば、彼らの役割をしつけの範疇として捉えることは難しい。次節以降ではこのことを考えてみたい。

5・3　不安定な出席と周辺的な学校生活

彼らは、これまで見てきたように家庭生活のなかでさまざまな出来事を経験しながら、同時に学校生活を送る。彼らの中には、学校生活を順当に送っている者ももちろん存在する。しかし、大半の者からは、いじめや不登校の経験、学習の遅れや部活動の退部、人間関係の困難など学校生活に不利と考えられることがらが頻繁に語られた。保坂（2000）は、不登校の中にも社会経済的要因による脱落型不登校があることを明らかにしたが、本章の対象者にも少なからずこうした傾向がみられた。こうした視点をふまえて、ここでは家庭生活との連動性の中で、彼らの学校生活の経験をとらえたい。

マイは児童相談所に通うようになった小四から、授業中であっても絵が描きたくなったりしゃべりたくなったりしたという。そして母親が「ほとんど家事ができなくなった」ために、衣類が干せず、服が匂っていたことで、クラスでいじめにあっていた。ユリも家庭で借金問題や家庭不和が表面化した時期と同じ小三から、授業中に落書きをするようになっていた。どの教科でも落書きをするようになり、教師が机間巡視をするときには、「隠してやってるふり、やって悩んでるふり」をしていたという。「（教師に）落書きしないようにねって言われたことはある」というものの、「落書きの楽しさを知ってしまったからそれで止めるわけはない」と語り、教師の統制力が効くことはなかった。このように、家庭での出来事と学校生活での彼らの変化には時期的な重なりがみられたのである。

また雄貴は、両親が離婚へと至る時期（中一の前半～九月）と不登校になり始めた時期（中一の六月）が重なっていた。雄貴自身は、「不登校は個人的な問題で、離婚は親的な問題」だといい、「つながりは全くない」という。

確かに不登校の要因や関連の有無は分からないものの、彼らのライフストーリーを読み解くと、家庭生活で何らかの出来事が起きた時期と学校生活で変化が生じた時期は重なることが多かった。彼らは授業に集中しなくなったり（できなくなったり）、不登校になったり、あるいは部活動をやめたりしており、小中学校で周辺的かつ不利な役回りを引き受けざるを得なくなっていた。

しかし、インタビューの場で彼らが家庭生活と学校生活とを結びつけて語ることは少なかった。たとえば、マイは児童相談所に通うようになった時期と授業に集中しなくなった時期が重なっているが、このことは断片的に語られた。同じく、ユリも家庭の状況が「バラバラになって」いたという時期と、授業中に落書きをするようになった時期は同時期であったが、彼女がこれらを関連させて語ることはなかった。

そしてまた客観的には、彼らに不利なことがらの原因が家庭の経済状況と考えられる場合にも、彼らは家庭のみに責任を帰することはなかった。マイは母親に塾に通うことを許可されなかったが、そのときの理由について経済的事情だけでなく、自分の意欲のなさにも言及している。康平は塾に通わなかった理由を、経済的事情のほか、家の近所に塾がなかったからと説明した。カナについても、人間関係がうまくいかなかった理由について、経済的事情を挙げながらも、周囲の雰囲気が好きではなかったからと述べている。

一方、保護者は、彼らに学習や進路に重点を置かなくてもよいというメッセージを伝えており、部活動も重視していない。第四章でも確認したとおり、被保護世帯の中学生は部活動に加入していない者が多かったが、たとえばリカは部活動の退部理由として家事を挙げ、康平やナオは退部理由の一つとして金銭面を挙げている。こうして学校での居場所がひとつ減り、放課後、家庭での彼らの役割がいっそう促進される状況になると考えられる。彼らの生活空間は学校と家庭の二つと限られたものであるなかで、保護者の学習や進路、部活動を含めた学校生活への考え方を彼らは受け止め、家庭生活の維持に邁進することになる。

5・4　ネット・携帯の使い方

インタビューでは、ネットや携帯を頻繁に利用していることも多く語られた。たとえばユリは、小三からゲーム、小四から「オタクライフ」が始まったと語った。そして、母親が家を出た中一のときからネットに没頭するようになったという。

ユリ：（お母さんは）お父さんのせいで出てったんだって、ちょっと恨みましたよ、お父さん（のことを）。ある意味この頃すごいイライラしてましたよ。で現実逃避のためにパソコンです。
筆者：そのとき逃避してる感覚はあるの？
ユリ：結構。
筆者：じゃなんかそのときに動画見てても、なんていうかそういうこと（母親が出て行ったこと）は考えてるの？
ユリ：ときどき思い出して考えますけど、考えるのやめます。考えるのやめて没頭します。パソコンに。

彼女自身、パソコンを使用することを「現実逃避」ととらえており、これは小三のときの行動を連想させる。つまり、家庭生活の安定が損なわれた時期に、落書きをするようになったことである。家庭で何らかの出来事があると、そこから自己の安定を保つために他に集中できることに没頭するのだと考えられる。今回、彼女は母親のいない孤独感や不安感を一旦保留にするために、ネット動画やゲームに没入するようになった。

マイは、いじめによりクラスの中で一人になることも「しょっちゅう」であった中一の頃から携帯やゲームにはまるようになった。そして、それは高校入試時期においても変わらず、アニメの画像をダウンロードすることやゲームを通じて人と知り合うことに楽しみを見出していた。同様に、カナも携帯を通じて新たな友達を得ていた。

著者：（携帯で）すぐ友達見つかるの？　友達になるの？
カナ：趣味が合えば友達になる。あのね、最初検索するじゃん。自分の好きなやつとか。検索して、見つけるじゃん。で、自己紹介とか見て、その検索したキーワード以外にも気が合うところがいっぱいあったら、なんかちょっと絡みませんかみたいな感じで言ったりして、返事が来たら、ちょっとトークして、仲良くなったら友達になるって感じ。

カナは学校で「人間関係ができない」と語ったが、ネットでは趣味を通じて個々のやりとりから友達をつくることができていた。携帯は「常時持ってる」といい、常に手元にある状態であるという。ネットや携帯は自宅において比較的低予算で時間を問わずに遊べ、友達と継続的に交流をもてることが彼らにとっては重要な魅力のひとつであると考えられる。

6　彼らはどのように高校入試時期を経験するのか

中三になると、学校では夏から入試直前期にかけて複数回の個別面談や三者面談が行なわれ、高校入試のための準備が始まる。彼らはこの高校入試時期をどのように過ごしているのか。
マイは高校入試時期においても、母親に家事を頼まれると、「逆に勉強よりも家事の方がやる気出ちゃって、そっち集中しちゃう」という状態であった。ユリについても、父親との喧嘩が頻発していたため、「そっちの方がむしろ重要だった」と語られた。これらのことから、彼ら（の家庭で）は、高校入試に比重のおかれない生活がそのまま継続しているということが伺える。では高校入試時期、彼らはどのようにして中卒後の進路先を具体的に「選択」したのだろうか。自分で受験料を工面したユリは以下のような過程を経て志望校を決定した。(4)

筆者：お母さん、勉強に関しては厳しくないの？
ユリ：うん。高校に行きたくないなら行かなくてもいいってな感じだった。〔中略〕親ともね、今考えると話さなかった気がするあんま。（合格は）無理だとは言われた気がするけど、それぐらいしか。もし受けるなら自分で（受験料を）払いなってこと言われたぐらい。無理だって言っても受けるんだから、自分で払いなよみたいな。

そのような中でユリは、内申点から言えば挑戦校にあたるL商業を受験した。その理由については「ここまで言われたらやらなきゃ気がすまないみたいな、変な意地だった気がする」と語った。

カナは内申点から全日制高校を受験する選択肢がない状況であり、経済的事情から私立高校は選択肢になかった。定時制高校は、姉のハルナが通っていたことにより、「ハルナみたいになっちゃうからダメ」と家族に言われたこと、続かないなら無理して行く必要はないと言われたことから諦めたという。そして最終的に、他のきょうだいが家に入れる金額では十分でないことから「自分が働いて（お金を家に）入れた方がいいかなみたいな考えも軽く出てきたから、じゃバイトしようかなっていう風になった」という。以下ではカナがそのときの様子を語る部分である。

著者：じゃ自分がちょっと働いて、おうちにお金も入れられるし、納得した感じなの？
カナ：まあ一応。高校行くだけが全てじゃないと思うんだよね。だって高校卒業しちゃえばみんな働くじゃん。ちょっと早めに自分が働くだけであって。まぁたまに友達がさ、高校の話してると、ああ高校行きたいなとか思っちゃうけど、でも家のこととかいろいろ考えるとやっぱ行かなくてもいいかなって思った。

筆者の「納得した感じなの？」という問いかけに対して、カナは「一応」とこたえ、「行かなくてもいいかなって思った」理由を家庭に引き付けた形で披露している。高校に行きたいという気持ちがありつつも、「家のこと」を考え、家庭生活が成り立つよう自分の進路を決定した、と語るのである。

二年間の不登校・保健室登校を経験した雄貴は、中三になって教室に入り、高校進学を考え始めたが、授業が分からず「寝始めた」という。三者面談では、担任に「成績でいけるところがあまりない」ということを伝えられた。そして彼は友達に紹介された、成績が問われない高等専修学校の進学を希望する。彼は高等専修学校に進学していなければ、中卒後に就労していた可能性を語った。

彼らは家庭生活との連動の中で学校生活の優先順位が相対的に低められているため、学習が遅れるだけでなく、高校入試を意識することも遅くなる傾向にあると考えられる。第四章の質問紙調査において、一般世帯の中学生の約九割が一貫して高校進学を希望していたのに対して、被保護世帯の中学生は学年ごとにその割合が増加し中三になってはじめて九割に達していた。そうした知見と、本章のライフストーリーで明らかになった過程は、符号していると見なせる。また次の康平は中二の頃から就職を希望しており、高校進学はそもそもしたくなかったと語った。

著者：面談とかあったのかな。
康平：ありましたね。あって、成績がもう微妙で、「このままじゃ、あまりなんか自分の行きたいところに行けませんよ」みたいになった。で、「はあ、そうですか」みたいな。特に何も感じてなかったんです。
著者：行きたいところがあったの？
康平：いや、特に。もうなんか、正直言うと、高校にすら行きたくなかったんですよ。もう勉強自体が嫌いだったんで、正直行きたくなかったんですけど、あとあと聞いたら、なんか卒業、高校卒業後の就職に、行ってないよりかは、まだましっていうところになったんで、そのためだけに学校に行くみたいな。

彼は「勉強自体が嫌」なため、「早く楽になりたい」と思っていたという。しかし、「楽になると学歴がつかないから仕事がない」ことを知り、「仕事選べない」方が「苦労する」と思い高校進学を希望するようになった。康平は先輩の紹介によって、公立夜間定時制高校に受験することを決めた。また母親には「努力しなくていいから、（高校生活を）楽しみなさい」「自分の好きなようにしなさい。その代わり、やめるなよ」と言われていた。

このように、彼らは家庭生活と学校生活でともに、学習を促される機会が乏しい状態のまま、高校入試時期を迎え、残された選択肢の中から進路先を「選択」するよう迫られる。このことは第三章で確認したように、彼らの保護者の学歴が低いこととともおそらく無関係ではないだろう。また彼らの内申点は高校入試に対して十分でなく、家族のサポートは脆弱というよりは、そもそも高校入試に向かっていないという状態である。また担任は本人の意思の尊重に終始することが多く、受験先を選択することや理想と現実を埋める作業は本人任せとされる。[(5)]大澤（2008a）は、高卒後の進路選択において、「困難層」の多くの子どもは、「所属集団以外に準拠する集団をもたず、他者との相対化された視点が無」いこと、および「所属集団に準拠枠を持つことで、選択の自由と幅が極めて限られた進路選択が行なわれていた」ことを述べている。本章では、家庭生活が変容したことにより、子どもたちが家事役割を担うようになる一方で、学校では周辺的な位置におかれがちであること、それにより家庭が彼らのよりどころとなり、結果的に、家庭に準拠した「進路選択」を行なう過程を描き出したといえる。さらに言えば、彼らは「家族への貢献」を意識して「進路選択」を行なっていた。このことを「家庭への準拠」とここでは名づけたい。

7　まとめと考察

本章では、被保護世帯の子どもの幼少期から高校入試時期までのライフストーリーについて、彼らの家庭生活と学校生活に目を配り、彼らの生活と高校入試の経験のされ方を連続的に分析してきた。その結果、彼らの多くは、高校入試時期までのいずれかの時点で家庭生活の変容を経験しており、それによって彼らの家庭での役割にも変化が生じたことが明らかとなった。さらにその役割は家族に必要とされることで、「結晶化」（森岡・望月 1987, p. 94）していくものと考えられた。また家庭生活の変容と同じ時期に、学校生活でも変化があり、それは授業中の落書きや、いじめ、不登校、部活動の退部など学校生活での周辺化をいっそう促しかねないものであった。彼らのライフストーリーからは、家庭での役割の変化と学校での周辺化により、「家庭への準拠」を強めるという相互に連動した螺旋的展開がみられ、その結果として相対的に低位の進路にたどり着いていたことが浮き彫りとなった。以下、この過程を詳しくみていこう。

まず彼らは、幼少期から中学校時代にかけて経済的困窮を起因のひとつとして家庭内不和や離婚、引越しを経験しており、家庭生活が不安定なものとなっていた。彼らは母子世帯であることが多く、彼らの母親は仕事で忙しかったり、病気を患っていたりしていた。こうした状況に対応して、彼らは家事を担ったり、あるいは母親のケアを行なうようになる。つまり、家庭の外に彼らを支えるサポート体制がほとんどないために、家庭生活の変容は養育機能の低下に直結しており、子どもたちはその中で家庭生活の維持に努めるようになるのである。養育環境が整わないことから、彼らは家庭生活の中で養育の対象として存在するのではなく、家庭生活を維持する担い手として存在するようになる。

また、このような家庭生活の変容と同時期に学校生活で彼らは授業中に落書きをするようになったり、不登校になったりしていた。この時期的な重なりを彼らが語ることはほとんどなかったが、この時期に学習の遅れがいっそう加速したことは明らかである。高坂（2008）は、中学生は知的能力が重要領域であり、学業成績が悪いことにより劣等感を強く抱く傾向があることを明らかにしている。すなわち彼らが相対的に低位の学業達成にとどまることは、自己肯定感や自己効力感を低めたと考えられる。

だからこそ、家事は自己肯定感の獲得という意味が付加されて行なわれる。彼らは家庭の中で必要不可欠な役割を果たすことで、不足しがちなそれを補うことができるのである。家庭以外の場所で自己肯定感や自己効力感を獲得することなく、家庭でのみそれを獲得していくうちに、彼らはますます家庭にひきつけられる。不安定である一方で、家庭がよりどころとなるという状態が続くことによって、家庭の重要性も高まり続ける。そのため、たとえ自らの不利益になることがあっても、彼らはその矛先を家庭のみに向けることはなく、家族に貢献しようとし続ける。肯定的な面を保ちながら、彼らが家庭生活の維持に努めている以上、その舞台である家庭を批判的に捉えることは難しい。したがって、家庭の経済的困難や家族の事情によって、部活動の継続や友人との関係に困難が生じたとしても、その責任や不満を家庭のみに帰することはない。こうして一般に学業や部活動、友人関係に重点がおかれた学校において、よりどころが形成されていない彼らは、学校生活の流れに影響を受けにくくなるものと考えられる。

では、ここまでの知見を、冒頭で述べたように後期近代の現代的諸特徴と関連付けて考察したい。成熟社会における個人の不安を後期近代という時代特性から読み解こうとした権（2007）によれば、「個人化」が進む後期近代においては、「集団的アイデンティティにもとづく存在論的安心の基盤」が失われるために、その結果生じる存在論的不安への対処は、自己アイデンティティの獲得によってなされるという。ここでいう自己アイデンティティとは、「生活史という観点から自分自身によって再帰的に理解された自己」であり、「行為主体によって再帰的に解釈される継続性」を前提としている（Giddens 訳書 2005）。おそらく彼らは、家庭生活における役割を認識し、それを日々遂行することによって自己肯定感や自己効力感のみならず、自己アイデンティティの獲得も行なっていたと考えられる。また彼らがネットや携帯に時間を費やしていたことをこうした時代状況に照らして考察してみると、彼らは、さらに安定した継続性を保てるネットや携帯によっても自己アイデンティティを獲得していると考えられる。ネットや携帯を利用することによって、自分の好きなものを繰り返し確認することができ、友達と相互に承認が得られるためである。こうした不断の努力によって、家事やネット・携帯は彼らのライフスタイルに深くかかわることになる。

このような生活の延長線上に高校入試時期は訪れる。彼らは、家庭生活の変容から養育機能が低下した環境におり、その状況に対応するべく自らが家庭生活における役割をさまざまな形で担っている。学校生活では周辺的な位置にあり、内申点も不十分である一方、彼らは「家庭への準拠」をますます強めていくのである。こうしたライフスタイルが維持され、彼らはそのまま低位の進路へとたどり着く。青木（2003b）は、貧困の世代的再生産の背景には、「『家族依存』を中心とした社会保障システム・教育システムの枠組みを特徴とする社会システムが存在」していることを論じた。本章では、被保護世帯の子どもたちのライフストーリーを読み解くことで、そうした社会システムの中にある彼らが家庭生活の変容を経験し、養育機能が低下した環境の中で、家庭生活の維持に邁進するあり様を描き出したと言える。

現在の日本では、学校生活で子ども自身に変化や困難が生じたとしても、保護者に精神的余裕や物理的余裕がない場合、子どもは心理的なケアも社会的なサポートも十分に受けられないままとなる可能性が高い。また家庭生活での出来事は各家庭の問題とされ、さらにプライバシーの問題とも重なるため、他者は介入しづらく、まして や子どもたちを直接ケア、サポートすることは難しい。そうした状況下であるために、家庭の養育機能が低下したとき、子どもたちは単なる養育対象として存在することはできなくなり、家庭生活の主要な担い手と変貌を遂げる。彼らが家庭生活の中でそうした役割を担うようになるのは、個々の家庭の状況に適応しているというだけではなく、社会全体のシステムに対応した結果なのである。

従来の、「家庭背景と子どもの教育達成」に関する研究は、家庭の文化資本や経済資本の多寡を主な問題としていたために、被保護世帯など貧困世帯の家庭生活の内実にまで踏み込んでいなかった。そのため、本章で明らかにしてきた低位の進路へたどりつく複雑なプロセスを解明しきれていなかった。子どもたちが家庭生活において重要な役割の担い手であるがゆえに、結果的に学校生活で周辺的な位置におかれ低位の進路へと至るというプロセスは、これまでの「家庭背景と子どもの教育達成」に関する研究や「子どもの貧困」研究に新たな視点をもたらすだろう。またこうしたプロセスが明らかになったことにより、彼らに対する社会的な支援策も再考することができる。

注

（1）「ニコ厨兼、モバ厨兼、アニオタ」は、「ニコニコ動画中毒、モバゲー中毒、アニメオタク」の略。ニコニコ動画とは、無料の動画配信サイト。モバゲーとは、主に携帯電話用のサイトで、無料でゲームや日記、小説などが楽しめる。

（2）母子世帯の母親で不就業の者は、その八八・七％が「就職したい」と回答している。また不就業中で就職希望の母親が就職していない（できない）理由は、「求職中」が三八・二％、次いで「病気（病弱）で働けない」が二六・八％、「子どもの世話をしてくれる人がいない」が一〇・〇％であった（平成二三年度全国母子世帯等調査）。

（3）親の離婚と子どもについては棚瀬（2007）に詳しい。確かに離婚は子どもに影響を与えるが、ほとんど影響を与えないケースや離婚が虐待を受けていた子どもにとって救済となったケースも事例として示されている。

（4）文部科学省の「新・高等学校等就学支援金制度に関する調査」（2014）によれば、公立高校（全日制、定時制）の検定料について、三七県は被災者や生活保護世帯等への減免制度があるものの、埼玉、千葉、福井、山梨、愛知、滋賀、島根、広島、徳島、沖縄の一〇県はそうした制度がない。公立高校（通信制）の検定料は、三二県は〇円であり、一五県は五〇～二二〇〇円の検定料を徴収するが、一五県中一一県は被災者や生活保護世帯等への減免制度がある。減免制度がないのは、千葉、福井、島根、広島の四県である。なお、検定料の減免制度があったとしても、たとえば神奈川県では、志願先の高校へ事前に相談し、願書提出時までに個人的に申請する必要がある。

（5）大澤はMerton（1969）に依拠し、準拠集団について「個人がそれと関連づけることによって態度形成と自己評価を行なう集団のことであるが、これは集団のみならず『準拠的個人』を含む概念である」と整理している。

第六章　生活保護世帯の子どもの中卒後の生活とその後の進路

――ライフストーリーに着目して

1　はじめに

前章では、被保護世帯の子どもたちが中卒後、それぞれの進路へと至るまでのプロセスを明らかにし、なぜ彼らが低位の進路にたどり着きがちであるのかについて考察した。まず、彼らの家庭生活の変容は養育機能の低下を意味しており、それに対応するかたちで、子どもたちは家庭生活の維持のためにさまざまな役割を担うようになることが明らかとなった。その一方で、学校生活で彼らは周辺的な位置におり、彼らの自己肯定感や自己アイデンティティは家庭生活で培われるものとなっていた。そうした生活を送るために、結果的に、高校入試の準備が後回しとなり、相対的に低位の進路にたどり着くというプロセスが浮かび上がってきた。貧困世帯の子どもの学習や進路を考える際には、家庭生活の内実に目を向けながら、学校生活との連動性に注目する必要があったのである。

本章では、そうした被保護世帯の子ども中卒後の生活と進路について検討する。中学校を卒業し、高卒後の進路（予定を含む）が語られた者を対象に、彼らがどのような家庭生活と学校生活を送り、高校を卒業して次の進路へいかに移行していくのかを描き出す。そしてまた、高卒後に大学進学しなかった者（進路未定者や就職者）と大学進学した者を対照的にとらえながら、彼らにそれぞれどのような状況や要因の違いがあったのかを見出したい。

中卒後から進路分化を始める彼らは、それぞれの進路先で、さらに多様な生活を送ることになる。全日制高校の場合には、中学校時代と生活スタイルが大きく変わることはないが、定時制高校の場合には夕方から授業が始まり、夜に下校するようになるため、大きく生活スタイルが変わる。また専門学科の高校や高等専修学校においては、その専門に比重が置かれたカリキュラムを三年間学ぶことになる。高校生活の中でアルバイトを経験する者も増え、それにより一日の時間配分や金銭の収支にも影響が及ぶ。このように、被保護世帯の子どもは、中卒後に経験のバリエーションがさらに広がるのである。

高校段階における進路に関する研究には、カリキュラムや高校改革など学校側から分析を行ったもの（望月 2008、荒川 2009 など）や高校生自身の主観に基づいて彼らの進路選択過程を検討したもの（酒井編 2007）、あるいは学科、性別、成績、出身階層と進路希望の関連を継時的に分析したもの（藤原 2010）などがある。これらの研究は、彼らの家庭生活の内実を詳しく分析してはこなかったが、本章では、前章の知見をふまえ、彼らの家庭生活と学校生活の連動性を把握しながら分析を行う。なぜどのようにして彼らは、進路未決定者となったのか。あるいは就職へと進んだのか。また大学進学へと至ったのか。本章では、彼らのライフストーリーから中卒後の生活を描き出し、次の進路へと至るプロセスを明らかにする。

第三章では被保護世帯の一六歳から二二歳を対象としたケースファイル調査の分析を行い、進路分化の割合について検討した。その結果、高卒後、大学や短大に進学した者は一六・七％であることが判明した。これは全国の大学・短大進学率と比較すれば約四〇ポイントもの差がある。本章では、このように被保護世帯の子どもの大学・短大進学率がきわめて低い中で、大学進学を果たした者がどのようなプロセスを経てそれを可能にしたのか、時系列に沿って分析する。その中で、大学進学をしなかった者とどのような違いが浮かび上がるのか、彼らの家庭生活や学校生活を読み解くことで明らかにしたい。また大学進学に至った者が、どのような状況や条件を有していたのかを明らかにすることで、大学進学に必要とされる要因を新たに探索することができるだろう。さらにこうした多様な移行のタイプを幅広く取り上げることにより、貧困世帯の子どもに対する固定的な理解を防ぐことも期待される。

被保護世帯など貧困世帯の子どもに関する研究については、社会的な要請も受けながら、とくに二〇〇〇年代後半以降、活性化している。そうした中では、どうしても生活の困難さや学力・学歴の低さに焦点があてられることが多い。子どもの貧困は社会全体の問題であり、そうした観点が重要であることは言うまでもない。しかし同時に、彼らを十把一絡げに捉えることは慎む必要がある。それは貧困世帯の子どもは低学力・低学歴である、といったステレオタイプを回避することにもつながるだろう。

2　調査対象と分析方法

本章の分析対象者は、前章と同様、首都圏近郊のA市X地区とY地区の被保護世帯に育った若者である。中卒後も継続的なインタビューを実施し、前章で示した調査対象者二〇名のうち、高卒後の進路（予定）が語られた者一一名について、各自のライフストーリーを作成した。

本章では、前章の知見をふまえ、彼らが準拠している家庭生活やそこで交わされる親子のやりとりを重視し、分析を行う。前章において、被保護世帯の子どもたちは、養育の対象としてではなく、むしろ家庭生活を維持させる重要な役割の担い手として存在することを述べた。中学生の段階ですでに、彼らは家族に一方的に依存している存在ではなかったのである。したがって、中学校を卒業した彼らが家庭でどのような位置にあり、どのような役割を担い、親子関係がどのようであるのかという視点は、中卒後の彼らのライフストーリーを分析する上でも重要である。またジョーンズとウォーレスは、青年期のプロセスに関する研究について、「教育や労働市場のようなフォーマル構造を通過する道筋に焦点が当てられる傾向にあり、家族生活というインフォーマル構造の中で発生する若者の移行についてはは相対的に軽視されてきた」と指摘している（Jones and Wallace 訳書 1996）。彼女たちによれば、「若者の生活の家族・家庭コンテクストを調べること」が重要であり、親子の勢力関係や経済関係の変化を含めて注視する必要があるという。被保護世帯の高校生には、アルバイトをする者も多いため、こうした観点は欠かすことができない。

したがって、本章では、第四章と第五章を引き継ぎ、リッジが示した「子どもたちの生活において重要な三つの領域」を参考にしながら、家庭生活とそこでの親子のやりとりに焦点をあて、分析を行う。具体的な分析方法は前章を踏襲し、以下の作業を行なった。

①　録音した逐語録をエピソードに区分する。

②　エピソードを中学校卒業後から学年を追って再構成する。

③　再構成したエピソードを「経済的・物質的側面」、「学校生活の学業的・社会的・関係的側面」、「家庭環境や個人的な生活ならびに家族生活」というリッジの分類を参考にし、ライフストーリーを作成する（Ridge 訳書 2010）。

④　どのようにして次の進路先へと至ったのか、高校生活だけでなく家庭生活の内実に着目し、親子関係やそこでのやり取りに焦点をあて、分析を行う。

3　ライフストーリーの分析結果——中学校卒業後から

高卒後の進路（予定）について語った者一一名の内訳は、アルバイトをしている者が二名、就職した者が一名、就職後退職した者が二名、就職予定の者が一名、大学進学した者が三名、専門学校に進学した者が二名である。彼らの多くは、中卒後においても、家庭生活の変容を経験していたり、家庭生活で重要な役割を担ったりしていた。また将来の進路の如何が、家庭のさまざまな状況や親の意向によって定められていく傾向が読み取れた。しかしながら、親子関係やそこで交わされるやり取り、高校生活の送り方については違いも認められ、そのことが各自の進路決定に大きな影響を及ぼしていると考えられた。とくに大学に進学した者については、その他の進路に進んだ者と比べると、その違いが明確であった。

以下では、進路先の種別ごとにその特徴が端的に現れている五名（ユリ、雄貴、慎司、アイ、リカ）のライフストーリーの要旨を提示し、考察を行う。彼らのライフストーリーを提示することは、対象者の年齢や調査継続の事情、また進路先の種別、家庭生活と学校生活の両面における情報量を勘案した上で適切と考えられた。

なお、前章で高校入試時期までのライフストーリーを提示した者（ユリ、雄貴）については、高校入学後のライフストーリーから示す。慎司とアイ、リカについては、「幼少期から高校入学まで」のライフストーリーを簡潔に提示した後、高校入学後のライフストーリーを学年ごとに示す。また前章と同様、プライバシー保護のため、分析に支障のない部分については、曖昧な表現をしたり若干の修正を加えたりしている。彼らの名前は仮名であり、現在の年齢や学年などは明かさない。

3・1　ユリのライフストーリー（公立夜間定時制普通科高校を卒業後、アルバイト）

（1）高校一年生

ユリは中卒後、公立夜間定時制高校（普通科）に進学した。高校入学後も母親と継父、次兄と暮らしていた。当時の彼女の生活は以下のようなものである。「朝五時半に起き、六時に家を出て、バスに乗り、七時から」ファーストフード店のアルバイトを行う（週に三、四回）。お昼にアルバイトが終わり、その後は帰宅し、家で「絵を書いたりパソコンをやったり本を読んだり」して過ごす。眠い時には少し寝て、夕方から高校へ向かう。授業が終わり、自宅に着くのは夜一〇時頃である。部活動は文化部に入部したが、その活動がまったくなかったため、帰宅部となった。高一のときは、授業を一度も休まなかった。そのため担任にも、「（成績で）2がないから就職にも役立つよ」と言われたという。この当時ユリは、高卒後は就職し、一人暮らしをしたいと考えていた。

（2）高校二年生

高一の終わりにアルバイトをやめており、高二ではアルバイトはしていない。高二においても、彼女は単位を落とすことはなかった。高二の一二月に、次兄が地方都市へ行き、しばらく音信不通の期間があった。そのため、「結構お母さん（は）、落ち込む」状態であった。また継父も健康状態が思わしくなく、機嫌の悪いことが多かった。そのため、ユリとの関係も良好ではなかったという。

（3）高校三年生

高三になるとユリは再びアルバイトをはじめ、コンビニで朝からお昼まで働くようになった。アルバイトが終わった後、高校へ行くまでの過ごし方は高一の頃と変わらない。

ある日、ユリは高校からの帰宅が遅くなる連絡を家に入れることを忘れ、継父と「本気の喧嘩」になった。そして、「（継父とユリの）間に挟まれてたお母さんがついに切れて、（家を）出てけ」と荷物をまとめるバッグをユリに渡した。ユリは幼い頃の記念品なども持たされたため、「そこまでするのかと思って、本当に出て行こうと思った」という。

ユリは祖父母（実父の親）の家に一度向かい、それから実父と長兄が暮らしている家で一緒に住むことになった。このときユリは、公的な手続きを行い、母方の名字から父方の名字へと再び変わる。部屋数の都合上、ユリに一人部屋は与えられなかった。家事はユリと実父が行い、長兄は何もしない。しばらくして、ユリは母親とも和解し、「（実父の家と母親・継父の家を）行ったり来たりし」、「（母親・継父の家に）泊まりに行ったり」するようになる。しかし、ユリと次兄が家から出た後、母親は継父と喧嘩することが多くなる。「お母さんが危険」な状態となり、しばらくして母親はシェルターに入った。

高三の夏に、地方都市へ行っていた次兄が戻ってきたが、ユリと同様、実父の元で一緒に暮らすことになった。当時、家庭生活において、ユリは実父にアルバイト代から生活費として二万円ほど渡していたが、それはパチンコ代や飲み代に使われていた。二人の兄は「結構怒ると怖いため、お父さんもそれなりに距離をおいちゃってる」ことから、「一番言いやすいこっち（ユリ）に（生活費の要請が）来る」のだという。ユリは父親と言い合いになっても、それ以上の「反抗はしない」。

ユリは高三からだんだんと遅刻や欠席が増えていった。その理由は、友人関係の困難のためであるという。

「授業中はだいたい寝て」おり、後半は「ほんとにだるい」と思っていた。保健室にも時々行っていたが、「基本的に学校行かない」ことが続いていた。

家族には学校へ行っていないことを気づかれないよう、「時間になったらそこらへんで時間（を）つぶして」いた。担任が連絡するのはユリ自身の携帯であり、学校から家族に直接連絡がくることはない。しかしそもそも、担任からユリに「かかってくることも滅多にない」という。

科目によっては、「授業も全く出てないし、出ても寝てるし落書きしてるし」という状態であったが、補習に出席したことにより、四年生への進級が可能となった。ただし三年の選択授業において単位を落とし、ここで一科目が未履修となった。高卒後の進路先については、「どうしようかな」と考えていた。

（4）高校四年生

母親はシェルターを出て一人暮らしを始めた。ユリは母親のもとで再び暮らしたいと思っていたが、そのことを実父や兄たちに言い出すことができないでいた。実父には「（実父の家に）来たんだから、もう覚悟決めてあっち行ったりこっち行ったりするなよみたいなこと」を言われており、長兄は家を出た母親を恨んでいるため、ユリが母親の元へ行けば「相当怒る」と予想できたからである。「長兄とは絶対に絶縁状態になるな」と思い、このことも言い出すのをためらう理由のひとつであった。とくに長兄とは「やっと仲良くなった」という経緯があるため、ユリは母親との同居に踏み切れなかった。

ユリは母親が一人暮らしを始めたとき、会うたびに、「（一、二万円を生活費として）渡していた」。当時、母親は仕事をしていなかったため、「（生活費を渡すことは）今は仕方ないな」と思っていたという。このように、ユリは実父と母親にそれぞれお金を渡していたため、高校生の間は、「（お金が）貯められなかった」。

学校生活では、高四の途中からそれまであまり話していなかったクラスメイトと、「いろいろ話せるようになった」こともあり、学校は楽しいと感じるようになった。しかしながら、ユリは中学生の頃から「一人が好き」であり、友人とは「深くは関わらない」という。また彼女は朝食をとらず、昼食はアルバイト先のコンビニの「廃棄（の弁当やパンなど）」を食べていた。夕食は近所のコンビニで購入し、済ませていた。

高卒後の進路先については、専門学校への進学を考えたが、「今年行ったとしてもお金ない」し、「（親が）出してくれるわけもない」ため、自分で一年間お金を貯めようと考えた。また兄たちには「お前の人生なんだからお前が決めれば」と言われ、母親には「（専門学校には）自分で行くならいいんじゃないの」と言われた。ユリは「お母さんは一人でやってくだけで精一杯」と思っており、進学に関してても経済的負担はしてもらえないと分かっていた。またユリは、就職してお金を貯めて一人暮らしをしたいと思っていたが、「でも今の状況でお母さん一人（でやっていくの）はなあって思ってきて、まあ、あと一人暮らしかあ」と思い、一人暮らしの希望については消極的になった。ユリは母親に「できればずっと一緒にいたい」と言われるようになった。

高校の進路面談では、「一年間バイトでお金ためて専門いきます、自分でやります」と担任に伝えた。担任には、「よくいる例でそのままバイト続行の人がいるから気を付けてねとは言われた」が、「そんぐらい」だったという。就職も考えたが、「何より、っていうか一番大きいのが、単位足りなかった」ことであり、「就活しても、もし卒業できなかったら大変」と思ったという。「そういうあれ（理由）で就活（は）できなかった」。担任にも「就活より単位」と言われており、「とくにガイダンス室来てとかも何も言われなかったんで、（就活をしなくて）いいやと思って」いた。

さらに、ユリは「もしかしたらやりたいことが変わるかもしれない」という予測をしており、就活をしなかった理由の一つとして「とくにやりたいこともないのに今決めても絶対続かないなって思った」ことも挙げた。そのため担任にも「焦らず決めていきます」と伝えたのだという。

ユリは補習を受け、それが全て終わった二月に高校を卒業できることが決まった。卒業した四月以降は「とりあえずバイトを続けて、お金を貯めて」、「来年はやりたいことをやろう」と思っている。

3・2　雄貴のライフストーリー（私立高等専修学校（通信制高校と連携）を卒業後、就職し退職）

（1）高等専修学校一年生

雄貴は中卒後、高等専修学校へ進学した。その高等専修学校は、技能連携制度により通信制高校と連携しており、三年間で高卒資格も取得することができる。

学校生活は当初、「すっごく不安」だったが、「だんだんクラスに慣れてくうちに、自分なりの居場所を見つけた」。そのため、中学校よりはとても楽しかったという。はじめは「まだ慣れてない感」があったが、「高一の後半から仲良くなった」。「一応、グループをまとめて」おり、クラス内にはいじめもなかった。その学校は「不登校（経験者）とか多い」ため、先生や友人に、雄貴も不登校経験の話をしており、「逆にオープン」になった。また彼は、「学校説明会の役員」にも選ばれた。

高等専修学校に入学し、勉強をするようになったわけではなく、授業中は「普通に寝てたり携帯いじって」たりしていたが、「テストの前に教科書をぱーって見て、その棒引いてあるとこをぱーって見て覚えて」、試験に臨むようになった。学校の成績は、「高校に入ってからすっごく良くなった」という。部活動には入っておらず、放課後は「寝てるか、ゲームやってるか、テレビ見てるか」という生活を送っていた。あるいは、「友達と遊んで二一時か二二時に帰って、パソコンちょちょいとやって一二時過ぎに寝る」ことも多かった。「高校に入ってからバイトしなさい」と母親に言われていたが、アルバイトはどこにも受からなかった。母親は雄貴に携帯代をってていた。

「自分で払いなさい」と伝えていたが、「高一は遊び、遊んで遊んで遊んで」いた。また家では、食事をたまに作っていた。

(2) 高等専修学校二年生

雄貴の学校では二年時と三年次に校外実習（インターンシップ）が行われる。雄貴は二年次の実習先の飲食店で、実習後も引き続きアルバイトをすることになった。当初は週五でシフトに入っていたが、「学校が大変だから」という理由により途中で週三に変更した。このアルバイトは、二年生の終わり頃から三年生の秋まで続けた。家庭生活はこの時期、比較的安定しており、母親と継父の喧嘩も「そんなに激しくはならなくなった」。学校を休むことはなかったが、授業によっては友達と「だるいから午後から行こう」と二、三回ほど、わざと遅刻したことがあった。

(3) 高等専修学校三年生

三年生になると、雄貴は「将来のこと考えなきゃいけない」と思うようになった。それは学校の先生が「結構うるさい先生」であり、社会のルールや会社での人事について教えてくれたからだという。学校全体として、「校外実習で就職は決める感じ」であるため、「校外実習いくところで就職できればいいと思ってた」。そのため、校外実習前に二年生で始めたアルバイトをやめたという経緯もあった。最初は、校外実習で病院に行きたいと思っていたが、思うようなところがなく、担任から「ちょっといい話あるんだけど」と勧められた個人経営の飲食店に行くことになった。

進路について、家庭では「お前のやりたいことやれ」と言われていたという。雄貴は、「弟が大学行きたい」

と話していたことを「小耳に挟んだ」こともあり、「(自分は)働こうかな」と思った。また母親も「おじさん(継父のこと)」も「料理が好き」であるため、雄貴の高等専修学校進学やその後の就職に対しては一貫して好意的であった。

結局、雄貴は、三年次の校外実習先の飲食店に引き続きアルバイトとして残り、そこに就職することになった。しかし、このとき既に彼は、就職しても「多分一年くらいでやめちゃうんじゃない」と思っていた。それは料理より「接客からやりたい」と感じていたからである。また高三の終わりに、部屋の手狭さから、継父の発案により雄貴の家族は引越しをすることになった。

(4) 高等専修学校卒業後

高等専修学校を卒業してすぐ四月に彼は飲食店に就職したが、その約三ヵ月後に退職した。退職理由はお店が忙しかったからだという。その後、派遣社員の応募をしたが、「年が若すぎる」との理由で採用はされず、「ぐだぐだして」いた。母親に「何もしてないんだったら(車の)免許ぐらい取ったら」と言われ、雄貴も「免許取ったら何かしら変わるだろう」と思い、合宿免許に向かった。一〇月頃に無事に免許を取り終え実家に帰ってきたが、求職活動をしてもアルバイトに採用されることはなかった。

年が明けた頃、「たまりにたまったものが」あり、「家庭でいろいろあった」。長期にわたって継父と弟との喧嘩が絶えず、ついに大喧嘩になったのだという。ずっと雄貴と母親は喧嘩に加わらずに見ていたが、このとき雄貴は「いい加減にしろよ!」と「爆発した」。彼は「気づいたら、外にいた」と語り、「何を言ったか覚えていない」ほど混乱していたという。彼は「すごいこと言っちゃった」ため、「家には帰れない」と思い、twitter で知り合った人の家(一軒目)に泊まるようになる。

母親には「戻ってきたきゃ戻っていいよ」と言われていたが、「家にいても何も進歩しない」し、「実家っていう中で暮らしていたらずっと甘えちゃうだろうな」と思っていたため、「いい機会だなと思って、そこは振り切って」家には帰らないことにした。

雄貴は、しばらくして twitter で知り合った人（Tさん）の家（二軒目）に同居するようになり、「食事、洗濯、掃除、買い物は全部」しながらアルバイトをしている。Tさんは雄貴と同じ年齢の専門学校生であり、母子世帯で育ったが、高二の時に母親が他界していた。そのことを聞いた時、「あっこれ俺が絶対守んないとだめだって一番はじめに思った」という。雄貴は「(自分が）母子家庭で長男なんで、一番お母さんのこと見て」きているため、「母性本能が強い」という。つまり、「お母さん像みたいなのが自分のなかででき上がってて、こうしていかないとこの子（Tさん）はだめだなって自分で考えて（家事役割を）やっちゃってる」と語った。当面はこのままTさんの家に同居しながらアルバイトを続ける予定である。

3・3　慎司のライフストーリー（公立全日制普通科を卒業後、就職予定）

(1) 幼少期から高校入学まで

慎司には小二まで父親がいたが、その後いなくなり、「母子家庭になった」。離婚の原因は、借金と父親の女性関係だという。小三の頃は学校で、「親父が出て行った反動で、めっちゃ荒っぽく」なっていた。「喧嘩に明け暮れて」おり、「やんちゃ」だった。父親が喧嘩に強かったため、「俺もあのお父さんみたいに強くなる」と思い、「ヤンキーになっちゃった」という。家庭では、同じく小三の頃から家のお手伝いを「ちょっとずつ覚えて」いった。

中学校では運動部に入っていたが、「部活が好きすぎて、部活しかやんなくて、でまあ部活三昧で勉強がおろそかになったのもそうだし、いろいろ事件を起こしてやめた」。慎司は、「外ではもうばりばりのヤンキーで、家では母ちゃんだけには普通にして」おり、「二つの顔をもってた」という。家庭では、妹も小さかったため、慎司が家事を行っていた。家事について、彼は母親に「皿洗うのうまい」と言われ、「はまっただけ」だと語った。

慎司は、「（小学校から）中三の最初まで一回も勉強したことなかった」。しかし、中三になり、「お前これだとどこにも行けねーぞ」と担任に言われ、勉強するようになった。担任の担当科目が数学だったため、数学だけでもやろうと思い、勉強して試験を受けると、いつもより五〇点以上高い点数が取れ、七六点を取ることができた。そこで「俺やればできるんじゃゃん」と感じ、「高校行けるのも夢じゃねえ」と思い、夏休みから必死に勉強をするようになった。志望校も考えながら、勉強を続けているとどんどん成績は上がっていった。しかし、経済的事情から母親に「公立落ちたら私立は行けないよ」と言われたことにより、志望校を変更した。彼は、最終的に公立全日制高校（普通科）に合格した。「あの先生に数学教えてもらったからやっと高校行けた」と担任には感謝をしている。

（2）高校一年生

高校では中学校時代とは異なる運動部に入部し、顧問の先生にもその能力を見込まれたが、活動日が週五日と多いため、「親の助けとかできない」ことを危惧し、行かなくなった。母親の体調が悪いため、家事は慎司が「ほぼ全部」行っている。また母親の体調のため、電車での移動にもついていくことから、友達とはあまり遊べないという。しかし、入学当初に先輩に絡まれている同級生を助けたことなどから、高校では周囲に慕われるようになり、一目置かれた存在となる。高一の頃は大学や専門学校進学を希望していたため、「人並み程度に勉強して」いた。

（3）高校二年生

母親に「行きたい大学がある」と伝えると最初は「頑張んなとか言ってくれてた」が、「大学に向けてみんなが動き出すくらいのとき」に再度言うと、「うちお金ないから無理だから」と言われた。慎司は「その言い方ないだろ」と思い、母親とは喧嘩になった。そこから彼は、「あんまり真面目に勉強してもしょうがないや」と思い、勉強をしなくなった。そして大学進学については、「断念し」、「就職しかないな」と思うようになった。小さい頃から、慎司は「（母）親の言うこと聞かないと殺されると思って」おり、母親に逆らうことはあまりない。「親にあんまり（不満等を）向けられない」ことから、高校で「売られた喧嘩を買うだけ」だという。しかし喧嘩は多いが、「警察沙汰になることは一回もやってない」。また新たにギターという趣味に出会い、父親の強さ（喧嘩の強さ）に「憧れるのはやめた」という。慎司はもらい物のギターを調節したり直したりして、練習している。

（4）高校三年生

高三のときに彼は担任から勧められ、生徒会長になった。「ヤンキーしか学校にいない」ことから、「それならお前がやってくれた方がいいから、お前やってくれないか」と言われたのだという。このように慎司は担任との関係も良好で信頼を得ていたが、学校経由の就職は考えていなかったため、勉強に力を入れることはなかった。廊下に貼ってある学校経由の求人を見たところ、「給料もあんまり良くない」と思い、自分のコネやネットワークで就職しようと考えたのである。たとえば彼はたまたま入った飲食店などで積極的に声をかけ、社会人と知り合い、コネをつくるのだという。

彼が就職に際して考える点は、第一に、「お金が稼げて自分が安定していけるところ」である。また第二には、母親の体調を考え、「とりあえず（実家の）近くに住みたい」という。将来的には、母親の再婚についても賛成し、後押ししたいと語る。

3・4　アイのライフストーリー（公立全日制専門学科を卒業後、四年制大学進学）

（1）幼少期から高校入学まで

アイの母親は東南アジア出身であり、父親は日本人である。アイが誕生して父親は行方が分からなくなったため、これまでアイは父親に会ったことがない。アイは東南アジアで祖母らに育てられたが、一〇歳の時に日本で生計を立てていた母親に呼ばれ、来日した。それ以降、母親と兄と暮らしていたが、兄が途中から家を出たため、母親と二人で暮らすようになる。来日して半年すると、日本語で話される内容は分かるにもかかわらず、「言いたくても日本語で言えなかったから辛い」という状態であった。中学校のときには、日本語で会話ができるようになっており、意思の疎通は「普通にオッケーだった」という。家庭では、「日本語と東南アジア語が混ざってる」。

アイは母親（の言うこと）に忠実であり、母親の言うとおり、中学校時代には家事をやるために部活動を退部した。中三から、福祉行政の学習教室と民間の学習塾に週に一回ずつ通い始めた。

受験校については、担任が入試制度やアイの成績を踏まえ、「こっちにしなみたいな感じで」勧めてくれた高校があり、最終的に「はいそこにしますみたいな感じで選んだ」という。時期は、「ほんとにぎりぎりな感じで（中三の）一月ぐらい」であった。

アイは、担任が勧めた公立全日制高校（専門学科）を、学力試験を必要としない試験（内申点と面接）で受験し合格した。

（2）高校一年生

中学校のときは、勉強に対して関心が全くなかったが、高校入試の「最後の最後」には関心が向くようになり、高校に入ってもその関心は継続していた。そして「自分でも気持ち悪いぐらい」に、「勉強に恐怖感持った」という。それは「もう高一から、もう将来について焦り始めた」ことが関係しているという。アイは「高校卒業したら、もう社会人かな」と思っており、「今いっぱい覚えないと絶対いい仕事ない」など、「いろいろ考えていた」。

高一の最初のテストでは「あんまり勉強しなかった」ため、「普通」であったが、再び学習教室に参加しながら次の試験へ向けて「ちゃんと勉強し」、「ががーんと成績が上がった」。

アイは、次第に高卒後すぐに「就職したとしても給料が少ない」ということも考えるようになり、大学進学を目指すようになった。また「学校が大好き」であるため、「学生でいたかった」という。

高一のときは、授業が終わるとすぐに帰宅していたが、高校生活の中で「放課後、友達と話すのがすごい楽しい」と感じるようになり、高校で長い時間を過ごすようになる。

アイは、学校での昼食のため、お弁当を自分でつくり持っていく。休みの日には、「朝起きたら普通に食べて。普通にもう皿洗って、そのあと普通にリビングが汚かったら、普通に掃除機かける」という。「またお母さん、ストレスになっちゃう」ため、アイは「とにかく、お母さんのいないときに、帰ってくるときに、きれいだなって思われるようなことをする」。夕食については、「『これ今日作ってくれ』みたいな感じ」で母親に言われたものをつくる。母親はあまり漢字が読めないため、アイがレシピを見てつくるのだという。

（3）高校二年生

高二の後半は、「一番勉強を頑張って」おり、今までで「一番高い成績」をもらった。アイは「（指定校）推薦をねらって」いるため、勉強を頑張っていたのである。また高二の三月頃、進路についての授業があり、入学金や授業料は大学入学前に納める必要があることを知った。そしてアイは担任に、「成績は問題ないから、やっぱお金だね」と言われていた。

（4）高校三年生

高三になると、学校は「本格的に就職・進学がメイン」となった。その頃、家庭では、アイは母親との関係が「難しい」と感じていた。一〇歳まで一緒に暮らしていなかったことから、母親との間に「何か分からないけど、すごい太くてでっかい壁がある」と思っていた。喧嘩をすることも多く、「何週間も口をきかない」状態になることもあった。高三の夏休み手前に母親と大喧嘩をして、彼女はそこで初めて「叫んで自分の気持ちを出した」。このときアイは、「早く就職して自立したいなっていう思いがすごい強かった」ため、喧嘩した次の日、学校に行き、担任に大学進学希望を就職に変えたいと伝えた。しかし、担任に「本当にそれでいいの？」と確認されると、アイは「こんなんで（大学進学希望を）投げ出すのもよくないし、後悔もしたくない」と思うようになった。

母親と喧嘩をすると「会話したくない」ため、ほかに「行く場所がないから学校行っていた」が、そこには、「これ以上喧嘩したくない」という「避けの意味」もあった。高三の秋頃は、「家に帰りたくない」時期が続き、一九時半頃まで学校に残っていた。授業がない日であっても、「とくに理由もなく、学校に行って」いた。アイは学校が「より大好きになって」いたため、ずっと友達や教師らと話していた。教師とも「仲いい」関係であり、「結構、人生相談も乗ってもらった」という。

当初、高卒後の進路について、母親は「東南アジア（母国）の大学に行ってほしい」と思っていたが、アイ自身は、「せっかく日本で慣れたし、日本にも結構友達もいるし、日本でもバイトできる」ため、日本の大学に行きたいと考えていた。結局、母親が「あなたのやりたいことはいいよ」とアイに伝え、アイは日本で大学に進学することになった。

アイは指定校推薦の枠がある大学に絞り、自宅から比較的近い私立大学を志望した。指定校推薦では、面接のみが課されていたため、「ぎりぎりまで練習して、夜もちろん残って、土曜日も学校行って」、教師に面接練習をしてもらったという。アイは無事にその私立大学に指定校推薦で合格した。

手続き時の入学金等は、母親の知人に借りた。また不足していた分は、アイが担任に相談し、福祉行政経由で社会福祉協議会の貸付を利用することになった。今後の授業料等はアイの奨学金から支払う予定である。

3・5　リカのライフストーリー（公立全日制総合学科を卒業後、四年制大学進学）

（1）幼少期から高校入学まで

リカは、幼少期に両親の離婚を経験した。その後、母親と弟と三人で暮らす時期もあったが、母親の恋人が同居をし、四人となる時期もあった。リカは、両親の離婚後も現在まで実父や父方の祖父母との交流を保っている。定期的に「父親のうちに泊まりにいって（母親のことを）愚痴ったりとかもして」きた。父方の祖父母は他県で暮らしているが、夏休みなどには遊びに行く。

小学校から中学校三年生まで一貫して成績は平均以上を維持していたため、「勉強に関してそんな問題が出たことがなかった」。福祉行政の学習教室以外に学習塾には通っていなかったが、英会話教室には通っていた。中三のときに一時、不登校傾向があったが、保健室登校を経て、クラスに戻るようになった。高校入試に際しては、成績や校風を考えて「ほとんど自分で」志望校を決め、学力試験を必要としない試験（内申点と面接）で公立全日制高校（総合学科）に合格した。彼女もまた私立の併願は一切しなかった。

（2）高校一年生

リカは、高校に入学してからも「体調がたぶんまだ全然万全じゃなく」、高校に行けない時期があった。「学校に行きたくない」と母親に伝えると、母親は「ブチ切れて」、「すごい喧嘩だった」という。

不登校の間、彼女は、母親や弟が帰宅するまで家で一人で過ごすことが「すごい辛い」と感じており、日中は近隣に住む母方の祖母のもとへ出かけていた。また高校には週に一度、スクールカウンセラーの先生が来るため、その先生に会うため、週に一度高校へ行っていた。

高校に行けない期間が続いていたことから、リカは一年次に履修する単位を落とす可能性があることを担任から伝えられたが、単位制の高校であるため、卒業を一年遅らせ四年目に履修することができると説明を受けた。またこのとき担任が、高卒認定試験のことを口にしていたことをリカは後日思い出し、ネットで調べた。高卒認定試験は四割以上の点数が取れれば合格できることを知り、「受けとこうかな」と思った。リカは、もともと「勉強したい」という思いから大学進学を考えており、「それ（高卒認定）だけ持ってれば、残りの二年間自分で勉強して、大学行けるかな」と考えていた。またリカは高校に行けない間、通信制高校に転入したいと思っていたが、母親はそれに対して「取り合わない」様子であった。

母親は、リカの高卒認定試験の受験について「好きにしてくれ」という態度であり、リカは「受験料とかはママ出さないから自分で出して」と言われた。母親と「だいぶ喧嘩をした」後、受験料は母方の祖母が「出してくれた」。リカは学習教室も利用しながら高卒認定試験の準備を独学で行い、ほとんどすべての教科に合格した。

「（リカの）調子が悪くなってきた時期ぐらいから」、母親には新たな恋人（のちの継父）ができ、自宅を留守にするようになる。リカは、それまで「結構親になんでも相談して」おり、「変な時に八つ当たりされる」ことがあっても、「それでもやっぱり親だから」、「仲良かった」という。そのため、母親が自宅にいないと「寂しい」と感じていた。

その後、「ある日ふと保健室登校でもいいから、学校へ行こう」と思い、週五日保健室に登校するようになる（ただしリカの高校では、保健室登校をすることにより、各教科の単位を修得することはできない）。またリカは高一のときに落とした科目は全て高卒認定試験で合格していたため、それらを単位として読みかえることができた。

高一の終わり頃から Twitter をするようになり、趣味（アニメ等）のコミュニティから「友達もたくさん」できた。高二の夏には「すごい仲いい人とたくさん（Skype で）しゃべるように」なった。ここでできた友達とは、「結構付き合いも長いし、結構仲いい」。

（3）高校二年生

高二以降は、学校に休まず通うようになり、修学旅行などの行事にも参加した。しかし、その行事を終えたころから、「遅刻したり、ちょっと休んだりとかが多くなってきた」。高二の後半頃、学校外に彼氏ができ、頻繁に連絡を取り合うようになった。リカは、この頃から自立するようになったと語り、その理由として、「その人と付き合ったから自立できたっていうよりは、なんか、そういうふうにいったん母親から離れたっていうのが、気持ちが。それが大きかったのかな」と感じている。

（4）高校三年生

高三になると、「無理しないで、あ、駄目だと思ったら、一日休んだりとか、早退したりとか、保健室で休んだりとかもしてた」ため、「結構いい感じのペース」が保てたという。「（高校の）友達とすごい仲良かった」こともあり、高校は卒業まで通い続けることができた。

高卒後の進路について、リカは「何度も何度も最初から大学に行くこと」とリカに返し、「全然話がかみ合わない」状態であった。「そもそもあなたがなんで大学に行きたいのか分かんない」とリカに返し、「全然話がかみ合わない」状態であった。それまでは「母親が理不尽に切れても、何も言わないで黙って通していた」が、リカは「勉強したい気持ちが大きかったからどうしても（大学に）行きたい」と思っており、「さすがに譲れないから（自分の希望を）言ってた」という。その結果、「大喧嘩みたいな感じになった」ため、リカは一度家を出て、しばらく近隣の祖母（母方）の家に住むことにした。

しかし、祖母の家にいても大学進学に必要な「奨学金の話は解決しない」こともあり、「折り合いがついて（自宅に）戻った」。奨学金については、リカが全て説明書を読み、母親には、「これとこれとこれだけやってくれみたいな感じで」伝えた。母親が役所からもらってきた資料をリカが全て計算したり書いたりして書類を整えたという。

高三の夏に、継父もともに暮らすことになり、母親とリカ、弟は引越しをした。これにより、リカの世帯は生活保護を廃止することとなった。しかし、継父がリカの塾や大学進学の費用を支払うことはなかったため、リカ自身の経済的事情は変わらなかった。また継父には前妻との子どもがいるため、その子どももたまに泊まりに来る生活となった。

家庭内でこうした変化はあったものの、「受験の時期になってきたら、あんまり家にいなくて済む」ため、リカの学習意欲が削がれることはなかった。ちょうどこの頃、彼女は国立大学を目指しており、高校の補習や塾の夏期講習に参加していた。この費用はリカの祖母（母方）が負担した。また父親や父方の祖父母も「ほんとにお金が困っていたら言ってねみたいなこと」を言ってくれていたという。

リカが大学進学に対する意欲を保てた理由は、「自分のペースが分かってきた」ことと「母親から精神的に自立できた」ことだという。また「勉強したい」という気持ちが大きかった。

リカは最終的に奨学金制度が豊富な私立大学に志願変更し、一般入試で合格した。手続き時に支払う入学金や授業料等は祖母（母方）が用立て、以後の授業料はリカが奨学金で支払うという。

4　高校入学後の日常生活

ここまで五名の高校ならびに高等専修学校入学後のライフストーリーを紹介してきた。次に、彼らの「経済的・物質的側面」や「家庭環境や個人的な生活ならびに家族生活」が「学校生活の学業的・社会的・関係的側面」とどのように関連しているのかに注目しながら、彼らのライフストーリーを読み解き、高校入学後から高卒後の進路へと至るプロセスについて明らかにする。ユリはなぜどのようにして進路未決定者となったのか。雄貴はどのような生活を送り、就職へと至ったのか。そしてなぜわずかな期間で退職し家を出たのか。慎司はどのようにして大学進学から就職へと進路希望を変更したのか。またリカとアイは、いかにして大学進学を果たしたのか。本章では、これらのことを検討する。

本章においても、前章の知見をふまえて、家庭生活と学校生活の連動性に目を配る。また家族間のやりとりにも注目する。さらに、高卒後、大学進学をしなかった（できなかった）者と大学進学に至った者とを対照的に捉えることにより、その特徴を浮かび上がらせる。とくに大学進学者については、どのようなプロセスを経てその進路に至ったのかを描き出すことで、大学進学に必要とされた要因が明らかとなるだろう。

4・1　家庭生活における養育機能の低下と子どもの役割

ライフストーリーをみていくと、高校に入学したからといって、決して彼らの家庭生活が安定したとは言えないことが分かる。

中卒後においても、一般に家庭生活の多くの面で子どもたちは養育の対象と捉えられるが、本章の分析対象者はいずれも養育機能が低下した状況にあり、自らが家庭生活の維持に努めていた。もちろん家庭生活は学校生活とは別に、各々の家族の構成員によって営まれているものであり、彼らの高校入学によって家庭生活の課題が解決することはない。また高校生活の中で、家族の構成員に変動があったり、引越しをしたりする者も存在する。ライフストーリーを振り返りながら、まずはこのことを確認しよう。

ユリは高校生活のなかで、継父との関係が上手くいかない日々が続いていた。また母親も次兄が家を出たことから落ち込み、家族の調整役でいることに限界が訪れた。そしてユリは、継父との「本気の喧嘩」をきっかけに、実父のもとへと住居を移し、名字も再び変更することとなった。彼女は母親とはその後和解し、「(実父の家と母親の家を) 行ったり来たり」の生活を送るが、次第に母親と継父の関係が悪化し、母親は自宅を出てシェルターに入ることになった。ユリはその間、母親と連絡を取ることができなかったが、母親が一人暮らしを開始した後、連絡が取れるようになった。これらのことから、ユリは高校入学後においてもきわめて不安定な家庭生活を送っており、母親に関しても生活が激変し波乱に満ちていることが読み取れる。ユリは実父と母親の家を行ったり来たりしながら、双方に経済的援助をしており、実父の家では家事をも担っている。ユリは養育されているというよりは、むしろ家庭生活を成り立たせるための役割を担っている。

雄貴の家族が引越しをしたのは高三の終わりであるため、高校生活に直接その影響があったわけではない。しかし、高校生活を通して、彼は継父と弟たちとの諍いを頻繁に目にしていた。雄貴は、高等専修学校を無事に卒業し調理師免許を取得した後、校外実習先であった飲食店に就職したが、約三ヵ月で退職した。またその後は、継父と弟たちの喧嘩に「爆発」し、家を出ることとなった。

慎司は、両親の離婚後、小三から家の手伝いを少しずつ始め、中学校になるとほとんどの家事を行うようになっていた。彼は、学校では「ヤンキー」としてふるまっており、喧嘩もしていたが、「家では母ちゃんだけには普通にして」おり、「二つの顔」をもっていたと語った。日常的に家事役割を担い、母親の手助けをすることは高校入学後も変わらず、それが部活動よりも優先されることは彼にとって当然であった。

アイは高校入学後も引き続き、家での家事をよく担っていたが、高三になると母親との喧嘩が増え、家に帰りたくないという状況が続いていた。彼女は、リカのように祖母や父親の家などがなく、学校に居場所を求めた。

リカについては、高校入学後も「体調が万全ではない」ことから高校に行けない時期があった。通信制高校への転入を希望したが、母親には取り合ってもらえず、また高卒認定試験についても認めてもらえなかった。最終的に、母方の祖母が受験料を出してくれたことから受験が可能となり、合格した。しかし彼女は、高校三年間を通して大学進学について母親と意見が合うことはなかった。大学受験について「話が全然かみ合わない」という状況からとうとう「大喧嘩」となり、しばらくリカは母方の祖母の家に住むことになった。その後、母親と継父はともに暮らすため、引越しをして、そこにリカも住むようになる。リカが継父と話すことはほとんどなく、また新しい家には継父の子どもがたまに泊まりに来ていた。

こうした彼らのライフストーリーの多くに共通しているのは、程度の差こそあれ家庭生活が不安定であることと、それぞれが各自の家庭において必要不可欠な役割を担っていたことである。多少の諍いや経済的困難は他の多くの家庭においても見られることかもしれないが、彼らは長期的に不安定な家庭生活を送っている。それは離婚や再婚にともなう家庭の構成員の増減や、家族同士の喧嘩、母親の常態的な体調不良（身体的か精神的かは問わない）、経済的困窮などに起因し、それぞれの因果関係は複雑である。そうした重層的な課題が起きることで彼らの家庭生活は変容し、家庭の養育機能は低下する。そのため、彼らは自ら家庭生活で必要とされる重要な役割を継続的に担うようになる。養育機能が低下した分を自らが補うべく、子どもたちがさまざまな役割を引き受けるようになるのである。そしてその役割は結晶化し（森岡・望月 1987, p. 94）、さらに年を追うごとに過重になる。またそうした役割は、家事役割だけでなく、金銭的負担や家族の精神的なケアにまで及んでいる。

高校生活の中で、ユリは家事だけでなく、家族に金銭的援助もするようになった。彼女は実父にアルバイト代から二万円程度を毎月渡していたが、母親にも会うたびに生活費として、一、二万円渡していた。また彼女は、家族関係が複雑な中、自らのふるまいを見定めながら、母親の精神的な支えにもなっていると考えられた。ユリは実父と兄二人と暮らしているものの、母親と暮らす方が「気が楽」と考え、また傷ついた母親のことも心配に思っているため、母親と暮らすことを望んでいる。母親も「できればずっと一緒にいたい」とユリとの同居を希望している。しかしながら、ユリはまだ実父と兄にこのことを伝えることができていない。それは実父が「あっち行ったりこっち行ったりするな」とユリに伝えたことや、兄との絶縁を恐れてのことである。実父には、母親と実父の家を往復することを快く思われていないため、ユリはつねに緊張関係の中にいる。

雄貴についても、「一家の大黒柱として家族を守ってあげなきゃいけないよ」という父親の言葉をずっと覚えており、母親の代わりとなるよう家事をやったり、母親の再婚相手に対して母親を守るような言動をしてきた。このように彼らは家庭生活の中で、一般の高校生年代の子どもに期待される家庭での役割を大きく逸脱するような役割を担っていた。

家庭生活でこうした過重な役割を担う中で、学校生活から足が遠のいたのはユリである。ユリは高一のとき、授業を一度も休んでおらず、成績がよかったことを喜んでいた。また高二でもそれを維持して、順調な学校生活を送っていた。しかしながら、高三の後半になると、ユリは学校を遅刻、欠席することが増えた。このことは友人関係の困難のためであると語られたが、当時、彼女は継父とぎくしゃくし、家を出て実父のもとへ住居を移すという波乱の時期でもあった。第五章の知見と同様に、家庭生活の変容と学校生活の変容は時期的な重なりがみられたのである。

彼女は、こうした時期であっても、アルバイトを休むことはなかった。家庭での役割を全うし、家族への経済的援助を行うことを優先していたのである。また「子ども」としての役割を逸脱していることから、「生徒」として存在する学校より、「働き手」として存在する職場（アルバイト先）の方が彼女の中でバランスが取れていたとも考えられる。

担任はユリと連絡を取っており、家族に直接連絡することはないため、ユリは家族に知られることなく遅刻や欠席を繰り返していた。また部活動にも参加しておらず、友達についても「深くは関わらない」という間柄であった。こうして学校生活での周辺化が進んだ彼女は家庭生活での役割を担い続け、またアルバイトに励むことで自己を保っていたとも考えられる。

慎司は高校に毎日通い、生徒会長を勧められるほど教師とも良好な関係を築いているが、学校生活より優先されるのはやはり家庭生活である。高一で入部した部活動には、母親の手助けができなくなることを理由に行かなくなった。体調がすぐれない母親を慮り、友達ともあまり遊べないと語るが、そうした状況を所与のものとして受け入れている。長期間にわたって彼は家庭生活の中で唯一無二の役割を担っており、そうした役割はすでに

「結晶化」（森岡・望月 1987, p. 94）しているのである。

このように被保護世帯の子どもたちは、それぞれ家庭生活の状況に対応しており、彼らは養育の対象として存在しているのではなく、家庭生活そのものの維持のために多くの役割を担っている。彼らにとって家庭は養育される場所なのではなく、自らが役割を担い、家族を心身ともに援助しながら成り立たせている場所なのである。このような家庭生活に準拠したライフスタイルは、彼らの次の進路にも影響を及ぼす。

4・2　高卒後の進路――進路未定者、就職者について

こうした中で彼らの高校ないし高等専修学校卒業後の進路は、どのようなプロセスを経て決定されるのだろうか。まず進路未決定のまま定時制高校を卒業したユリと、高等専修学校卒業後、就職し、その後退職した雄貴、大学進学から就職へと進路変更した慎司について検討する。

ユリは高校入学当初は、高校を卒業したら一人暮らしをしたいと思っており、就職を希望していたが、専門学校への関心もあった。高二、高三になってからは、専門学校進学に気持ちが傾いたが、高四になると、お金がないことから高卒後一年間はアルバイトでお金を貯めようと考えるようになった。また就活をしなかったことについては、単位が足りなかったことが、一番大きかったという。担任もユリには「就活より単位」と伝えており、個別の進路指導もなかったことからユリは「（就活をしなくて）いいや」と思っていたのである。加えて、ユリは「もしかしたらやりたいことが変わるかもしれない」ため、「（進路を今）決めても絶対続かないな」と思ったことを就活しなかった理由として挙げた。

このようにユリは単位不足から担任に就活を勧められることがなく、ユリ自身も就活に消極的であった。そして経済的困難から高卒後すぐに専門学校へ進学することは選択肢として断たれていた。

そうした状況の中、ユリは自身の「やりたいこと」にも価値をおいており、それを「焦らず決めていく」という姿勢でいた。彼女は、選択肢が少ない中でも、「やりたいこと」を見つけようとしていたのである。それは選択肢がなく、全ての可能性が横並びであるからこそ、であったかもしれない。いずれかが選択肢として現実的に浮上すれば、あるいはどの選択肢かを第三者が推していれば、第一候補として選択しやすくなるが、どれも突出した選択肢とはならないために、「やりたいこと」に至上価値がおかれたと考えられる。

また兄たちに進路のことを話した際には、「お前の人生なんだからお前が決めれば」と言われ、母親には「（専門学校に）自分で（お金を出して）行くならいいんじゃないの」と言われている。このことから、ユリは家族からも自身の選択を「尊重」され、その負担や責任も家族ではなくユリ個人が負うものとされている。

雄貴は、調理師の高等専修学校（通信制高校と連携）に進学したため、卒業後の進路の方向性が自然と定められていた。そして、その方向性に逆らわずに、彼が就職を選択したのは、学校の先生の働きかけと「校外実習」という就職に密接に関連したカリキュラム、また母親と継父の料理に対する好意的な態度であった。家族からは「お前のやりたいことやれ」ということを言われていたが、既定路線として調理師となることが想定されていた。彼は、「料理」も好きだけど「接客」も好きということを自覚していたが、弟が大学進学を希望していることを「小耳に挟み」、そのまま調理師としての就職に大きく傾いた。

このように進路未決定者となったユリと高卒後就職した雄貴に共通するのは、経済的な困難を自覚していたことと、家族からも主体性（「やりたいこと」）が望まれ、また本人も主体性に重きをおいていたことである。

ユリは単位不足から就活ができずに、担任からも就活に向けた働きかけを受けることがなかった。そのため、無事に単位を得て卒業が確定した後、一年間自分でお金をためて、専門学校へ行くこととなったが、その背景には家族の経済的援助がなく、「お前が決めれば」というユリの主体性を問う態度があった。

雄貴は高校の専門性をふまえて飲食店に就職したが、そこには家族の「やりたいことやれ」というメッセージのほかに、弟が大学進学を希望しているという事情があった。彼らは共通して主体性を問われているものの、ユリはそれに見合った支援を得る機会がなく、また雄貴にも就職以外の選択肢は実質なかったと考えられる。

一方、慎司は、高二の途中まで大学や専門学校への進学を希望しており、「人並み程度に勉強して」いた。しかし、高二の半ばに改めてその進学希望を母親に伝えたところ、「うちお金ないから無理だから」と返答された。そこで彼は不満をもち、いったんは母親と喧嘩をするものの、進路を就職に変更した。慎司の母親は、大学や専門学校への進学ができないこと、また就職してほしいことを明確に伝え、彼はその意向を受け入れたのである。そして、慎司は現在の家庭の経済状況を好転させることを考え、「お金が稼げて自分が安定していける（勤め続けられる）ところ」を就職の第一条件として挙げた。

彼がユリや雄貴と異なる点は、親や担任から主体性を問われておらず、とくに親から就職を強く期待されていた点である。また彼は家庭での役割を担いつつも、学校そのものから遠のくことはなかった。学校経由の就職は考えていないために、学校の成績は特段気にしておらず、勉強に力を入れることはなかったが、同級生や後輩から慕われ、生徒会長という要職も担っている。さらに彼は独自のコネやネットワークを自身で開拓しており、それによって就職先を得ようしていた。周囲の大人から認められ、請われることにより、徐々に就職への関心が高まったのだと考えられる。こうして進学希望だった彼は、高卒後の進路を就職へと変更した。

4・3　高卒後の進路——大学進学者について

それでは次に、大学進学者について検討する。アイとリカはどのようにして大学進学を果たしたのだろうか。彼女たちの高卒後の進路に対する家族の意向を確認すると、アイの母親は自身が大学を中退したことから、アイには大学に進んでもらいたいと希望していたが、それは日本の大学ではなく東南アジア（母国）の大学を念頭においたものであった。またリカの母親は、リカに「そもそもあなたがなんで大学に行きたいのか分かんない」と話しており、高卒後の大学進学は希望していなかった。彼女たちの世帯は経済的に困難な状況であり、また彼女たちの進学希望と家族の意向は完全には一致していない。こうした状況の中、彼女たちの大学進学を可能にした要因をライフストーリーに基づき、考察する。

アイは中学校時代、勉強に関心がなかったというが、高校入学後は将来への焦りから「勉強に恐怖心」をもち、勉強に励むようになったという。そのため、成績も上がっていった。そして、高卒後すぐに「就職したとしても、給料」が少ないという考えと、「学生でいたい」という気持ちから大学進学を目指すようになった。彼女は高二の頃から指定校推薦での大学進学を考えており、一時期は福祉行政の学習支援教室も利用しながら、勉強を「頑張って」きた。また、友達や先生と話すことが楽しく、登校義務がない日であっても高校に行き続けていた。母親と喧嘩した際にも、高校に行くことで母親との距離を確保していた。

リカは、「勉強に関してそんな問題が出たことがなかった」と話す通り、中学校時代から常に平均点以上を獲得していた。高一のときに学校に行けない時期が続いたものの、「勉強したい」という気持ちは変わらず大学進学を希望していた。そのため、高卒認定試験を受験し、大学受験に備えようと考えていた。結局、彼女は高一の後半から保健室に通い始め、教室に戻り、高校生活を継続することにしたが、高卒認定試験で合格した科目を必要単位に読み替えられたことで、留年することなく、三年で卒業することができた。高二以降は「友達とすごい仲良かった」と話しており、自分のペースで通えるようになったという。これらのことから、彼らは高校生活を学校中心に過ごしていたと言えるだろう。リカは高校に行かない期間があったが、それでも勉強中心に過ごしていた。

また彼女たちの高校入学以後のライフストーリーの中で、家族とのやりとりを見ていくと、彼女たちは家族との関係に困難や葛藤が生じたときに避難する居場所を家庭以外に有していたことが読み取れる。

アイは、母親と喧嘩したとき、「行く場所がなく」、母親と「これ以上喧嘩したくない」という思いから高校に行っていた。彼女は、高校で長時間過ごすようになり、そこで友達や先生と過ごすことに楽しさを見出すようになる。教師とも良好な関係が築けており、「人生相談も乗ってもらった」というように、アイは教師を慕っていたことが読み取れる。

またリカの家族とのやりとりを見ていくと、リカは母親との葛藤が生じたときに、離婚した実父のところへ泊まりに行ったり、あるいは母方の祖母のところで過ごしたりしていた。リカにもアイと同様、家庭以外の居場所があったと言える。

さらに高校生活の中で、リカは学内外で新たに友達や彼氏と出会った。このことはリカにひとつの心境の変化をもたらしている。リカは、それまで何か家庭内で問題があったとしても「やっぱり親だから」仲がよく、母親がいないと寂しいと感じていたが、友達や彼氏ができたことにより「母親から気持ちが離れ」、それが精神的な自立に際して「大きかったのかな」と感じているのである。これらのことから、彼らは、高校生活の中で家庭以外に居場所と心のよりどころを見つけたと考えられ、それは彼らに母親からの精神的な自立を促したと考えられる。

またこれまで、被保護世帯については、大学進学等のための貯蓄が認められておらず、入学前に納める入学金や授業料の負担が大きなネックとなっていた(1)。限られた生活費の中からそうした費用を捻出することは困難であり、また進学への準備として塾等の費用を出すことも難しい。その中で彼女たちはいかにして、その準備を行なったのか。

アイは指定校推薦で大学に進学することを決めていたが、手続き時の入学金や授業料等は母親の知人が都合してくれた。不足した分については、アイ自身が担任に相談し、福祉行政経由で社会福祉協議会による貸付を利用することになった。また同時に奨学金の手続きも進めた。

リカは高校に行けない時期があったことから、高校の推薦を受けるという選択肢がなく、一般受験をする必要があった。そのため、塾の夏期講習に通うことを求めたが、その費用を負担したのは彼女の祖母（母方）であった。また大学の入学金や授業料についても祖母（母方）が支払った。奨学金については、リカが自ら準備をして手続きを進めた。今後は、父方の祖父母からも経済的支援を受けられる可能性があるという。

このように、彼らには、まず同居している母親以外に、経済的支援をしてくれる他者の存在があった。リカの場合には、母方の祖父母だけでなく、実父やその祖父母など複数人から協力を得ることができていた。アイについても用立ててくれる母親の知人の存在があった。その上で彼女たちは、自らの行動により、奨学金や貸付の制度を利用することができ、入学後の授業料を納める準備を整えたのである。

5　まとめと考察

本章では、中学校卒業後のライフストーリーから、彼らがどのようにしてその後の進路に進んだのかを分析してきた。まず進路未決定者と就職した後に退職した者、就職予定者、大学進学者に共通することがらをまとめる。次に、進路未決定者と就職した後に退職した者、就職予定者のその進路へと至るプロセスを明らかにする。最後に、大学進学者はどのようにして大学進学へと至ったのか、進学しなかった（できなかった）者を対照的に捉えながら、進学に至るまでの状況や進学に必要とされた要因について考察する。

彼らの多くに共通していたのは、程度の差こそあれ、家庭生活の不安定さとそれにともなう養育機能の低下、そしてそこでの彼らの役割遂行である。家族構成員の変動など家族生活の変容は緊張を伴うものであり、子どもたちは総じてそうした状況に翻弄される。その一方で、家庭生活に何らかの変容がある場合、彼らはできるだけ家庭を維持、安定させようと試み、家族関係を調整しようとする。子どもは家庭に準拠し、家族を守るための対処的な行動に出るのである。第四章では、質問紙調査の結果から被保護世帯の中学生の方が一般世帯の中学生より、家族を大事に思う傾向があることが明らかとなった。こうした知見を考えあわせると、彼らは不安定な家庭生活であるからこそ、家族が全面的に意識され、家庭生活を維持しようとする心性が働くのだと考えられる。

また第五章で述べたように、家庭での彼らの役割は、自己肯定感やアイデンティティに深く関与しているものであり、その役割を自ら離脱することは難しい。そして、高校生になるとユリのようにアルバイト代から生活費を家族に渡すこともあり、さらに過重な役割を果たすようになる。家庭の中で彼らは養育される存在ではなく、家庭生活の維持に必要な存在であり、彼らの意識は家族を支えるという側面が強い。

そして家庭生活の変容が生じた時期に、学校生活においても彼らに何らかの変化が見られるのは、小中学校時代と変わらない。たとえば、ユリは母親の家を出て実父の家に住むようになり、そこに兄も同居するようになった頃から高校を遅刻あるいは欠席するようになった。ユリはその理由として友人関係の困難があったと語ったが、同じ頃、彼女はまた家庭生活の変容を経験しているのである。

さらに家庭生活と学校生活が連動していることも読み取れた。たとえば高校入学後、運動部に仮入部した慎司は、その運動能力について教師から高い評価を得て部活動への本格的な参加を求められたが、活動日が多かったことから、彼は家での家事や母親の手助けを優先しその求めに応じなかった。

被保護世帯に育つ子どもたちの多くは、家庭生活において、一般にその年齢の子どもに期待される役割を大きく超えた役割が求められており、大人同様の負担を既にこなしている。彼らは、家庭に準拠した生活が標準となっており、家庭の状況に合わせて家庭生活を維持させる。つまり、彼らが家庭で求められる役割と学校において一般に生徒が果たす役割（主に学習や部活動）には大きな齟齬があり、その齟齬を何らかの作業によって埋めることができず、あるいは調整が不可能である場合には、彼らは家庭での役割に専心するようになるのである。

またそうした状況の果てに、進路の選択肢が狭められたり、自らの進路を変更させたりする場合もある。それは進路未決定者と就職した後に退職した者、就職予定者にみられた。たとえばユリは、高三からの遅刻、欠席によって選択科目の単位を一つ落とし、留年にこそならなかったものの就職には不利であることが伝えられた。そして、高四に進級してからも単位取得はギリギリであり、結局補習を終えた二月に卒業できることが決定した。この間、担任からは「就活より単位」と言われており、彼女は就活をすることができなかった。内申や学力が足りず志望校を不合格となり、また経済的理由から私立高校の併願が適わなかった高校入試時期と同様、ユリは高校においても就活に必要とされる単位や内申等が不足しており、また経済的困難から専門学校への進学も叶わなかったのである。彼女は、自分に残された選択肢から「選択」し、次の進路先へと移っていく。あるいは慎司は、高校入学当初、大学進学を希望していたが、「お金がない」ことから母親に就職を希望され、進路希望を就職に変更した。彼は将来にわたって、家族との同居あるいは実家近くでの居住を考えているが、それは母親のケアを念頭に置いているからである。

こうした状況であっても、子どもたちが家庭に矛先を向けることはない。ユリは、「もしかしたらやりたいことが変わるかもしれない」と考え、就活しなかった理由として「とくにやりたいこともないのに決めても続かないなって思った」ことも挙げている。そして、自分でお金をためて、「来年はやりたいことをやろう」と考え、専門学校進学を希望している。「やりたいこと」の主体は当事者であり、「やりたいこと」の有無によって家族に責任が及ぶことはない。つまり、彼女は、進路未決定のまま卒業することについて、「お金がないこと」を表面化させずに、自らの意思による「選択」の結果と見せるのである。しかしながら、彼女の手持ちの札には実現可能な選択肢がなく、教師や第三者から特定の進路への方向付けはなされていない。

それと同時に着目すべきは、「やりたいこと」は家族からも要請がされているということである。ユリは家族に進路について話した際、兄たちから「お前の人生なんだからお前が決めれば」と言われ、母親には「（専門学校に）自分で行くならいいんじゃないの」と言われた。このことは、ユリが家族から自身の選択を「尊重」されていると読み取ることも可能であるが、その一方で、「やりたいこと」という価値観が表出したことで、進路にかかる一切の負担や責任はユリ個人が負うものとされたと解釈できる。「やりたいこと」には何らかのきっかけやそれへと方向づける働きかけが必要であり、それによって形作られていくものと考えられる。また実際に「やりたいこと」に進むためには、さまざまな準備を整えなければならない。しかし、家族が彼らに「やりたいこと」をやればよいと伝え、彼ら自身もまたそれを追求しようとすることで、進路は未決定となりやすく、その責任は個人が負うものとなる。

とくに家庭生活が変容したことによって養育機能が低下した生活の中で、彼らはその対処としての行動を重ねており、また学校生活においても単位不足等の問題がある場合に、実質的な「選択肢」はほとんどない。大学や短大、あるいは専門学校への進学には学力や内申、また何より経済的な負担が必要であり、それに対応する事前準備は欠かすことができない。被保護世帯の子どもの中には、家庭生活の変容や家族の事情に合わせた対処的な生活を送っている者がおり、このことが学校生活での不利と重なったとき、進路についても選択肢がない状況を招きかねないのである。

また雄貴も家族からは「やりたいことやれ」と言われていたが、彼は調理だけではなく、「接客」もやりたいと考えていた。しかし、学校のカリキュラムや慣例に従い、校外実習の飲食店に就職する。彼は就職後まもなく退職したが、ある程度定められた進路に「自分のやりたいこと」として乗っていたために、そこを降りることができなかったとも考えられる。また弟の大学進学希望も彼の就職を後押ししていた。ユリと雄貴のライフストーリーからは、彼らが所与の状況に従って、次の進路先へと移っていく様子が読み取れ、そこには自身の「やりたいこと」が滑り込んでいるがゆえに家族との葛藤が回避されていると考えられた。

一方、慎司の場合には、家族から「やりたいこと」を求められることがなく、母親からは就職を強く希望されていた。彼は、このことに対して不満をもち、母親と一時的に喧嘩をしたが、徐々にその意向を受け入れ、進路希望を進学から就職へと変更した。葛藤を経ながらも家庭の状況や母親の期待を受け入れた背景には、彼のそれまでの積み重ねがあるものと考えられる。つまり、彼は幼いころから「二つの顔」をもっていたが、母親に対しては一貫して「普通にして」おり、母親の意向に逆らうことなく、家庭生活を優先してきた。そうして家庭に準拠した生活を積み重ねたことにより、進路に際しても、彼は家庭の状況や親の意向を第一義的に優先させたのである。

ここから高卒後の移行には、彼らの家庭生活と学校生活の積み重ねが大きく影響しており、また主体性が当人に問われるかどうかが移行の方向性を左右することが分かる。

それではアイとリカはいかにして大学進学を果たしたのだろうか。彼らのライフストーリーを分析した結果、以下の三つの要因があることが明らかになった。

第一に、彼らはさまざまな出来事がありつつも、学校や勉強中心の高校生活を送っていたことである。アイは将来の仕事を考え、また「学生でいたい」という思いから大学進学を考え始めた。そして指定校推薦を獲得すべく、勉強に力を入れていた。リカは大学進学を当初から念頭に置いており、高校へ行けない時期には、高卒認定試験の勉強をしていた。そして高校のクラスに戻ったあとも、受験を意識し、学校の補習や塾に通い始めた。彼女たちは、高校生活の初期の段階から大学進学を意識した生活を送り、大学進学を可能とする内申や学力、資格を着実に獲得していったのである。このような高校生活を送った背景には、彼らが全日制高校に進学していたことも大きいと考えられる。

第二に、彼らは家庭内での困難や葛藤を経験しながら、家庭以外に居場所と心のよりどころを見つけていたことである。このことはリカが語ったように、母親からの精神的自立を促したと考えられる。つまり、家庭以外の居場所と心のよりどころを得たことにより、母親からの距離が取れ、意見の相違があったときにも自分の希望を貫くことができたと考えられるのである。中学校時代、アイは母親の言うことを聞き、家事のために部活動を退部したが、このことと比較すると大きな変化と言えるだろう。

第三に、母親以外に経済的支援をしてくれる他者がいたことである。大学の入学手続き時、アイは母親の知人に協力を得ることができ、リカは実父や祖父母から支援を受けることができた。また彼らが、自ら行動を起こしたことで、奨学金や貸付の制度を利用することも可能となった。被保護世帯においては、その世帯だけで大学進学のための費用を賄うことはきわめて困難であるため、こうしたネットワークや情報の収集はきわめて重要となる(2)。

このように、上記の三つの要因があったために、彼らは大学進学を果たしたと考えられる。彼らはそれぞれの理由から大学進学の希望をもっていたが、それを維持し実現させるためには、家庭以外の居場所やよりどころ、それに加えて経済的支援者や奨学金等の制度へのアクセスを必要とした。また彼女たちは、ユリや慎司のように家庭内で過重な役割は担っておらず、ある種の母親との決別を経ていたと考えられる。彼らは、家庭生活の中で家族に準拠し続け、母親の援助を優先的に行うという心性はもはや有しておらず、母親との一定の距離を自覚していた。そのため、大学進学に際しても、自らの意思を貫くことができたのである。

確かに被保護世帯の若者が大学進学を果たすことは困難であるが、このようにいくつかの条件が揃えば大学進学は可能となることが明らかとなった。これまで教育達成の規定要因としては、世帯収入の多寡や父母の学歴の高低などが想定されることが多かったが、彼らのライフストーリーを読み解くことで、連続的なプロセスからそれ以外の要因が新たに見出すことができた。社会経済的に困難な状況にある世帯の子どもの中には、大学進学を希望している者もいるだろう。彼らについては、上記の要因が揃えば、大学進学が可能となるケースもあると考えられる。

大学進学しなかった（できなかった）者と大学進学者とを対照的に考えると、家庭生活の状況の違いも当然あるが、家族との葛藤に対してどのように対応したのかが異なっている。被保護世帯の若者が家族の意向とは異なる進路を希望している際には、家族から一定の距離を物理的にも精神的にも取れることが有効であると言えるかもしれない。

長瀬（2011）は、児童養護施設に育った子どもたちの中で、大学等に進学した者を対象とし、進学および卒業を可能とした要因を探った。対象者へのインタビューから、彼らは偶然のきっかけにより進学を希望するようになり、人並み以上の頑張りと奨学金等の制度の利用により、卒業まで至ったことが明らかになった。また児童養護施設の職員や学校の教員、地域の人など人的ネットワークがあったことにより、彼らは奨学金制度等にアクセスできたという。経済的支援とそこへのアクセスについては、本章の知見とも共通しており、中卒後や高卒後の進学に向けての経済的支援の充実や各種の情報提供は欠かすことができない。

被保護世帯の子どもたちは、家庭生活の状況や経済的事情により、移行の契機において、社会的にリスクの高い進路へと至る可能性が高い。こうした実態に対する方策は、彼らの進路の複雑なプロセスを描き出すことから始まるだろう。大学等への進学に対するニーズのほかにも彼らが必要としている支援がさまざまあるにちがいない。ただし、場合によっては、彼らの進路の行き先が家庭生活や家族関係の変容を生起させることも考えられる。そのため、支援やアプローチはあらゆる観点から慎重に検討されなければならない。

注

（1）生活保護世帯における大学等進学のための預貯金については、平成二五年度の実施要領改正において、保有を容認して差し支えないことが明確にされた。『生活保護手帳別冊問答集二〇一四』によれば、「就労に資する資格取得が見込まれる専修学校、各種学校又は大学への修学は、世帯の自立助長にも繋がるものであることから、世帯全体の収入（保護費を含む）のやり繰りにより、保有が容認される預貯金等に充てることとして差し支えない」と明記されている。

（2）鳥山（2008）が述べるように、日本の教育費は各国に比べて高く、またその公的補助も「教育費を負担するのは家族・本人である」という前提のもと、「貸与（貸付）」として成立している。藤村（2009）は、全国データを用いて、世帯の所得が子どもの大学進学機会を規定していることを明らかにしているが、「経済的・社会的あるいは文化的に不利を負わされた子ども・若者ほど、『家族依存型』教育システムから早期に『排除』され、『自立』を強制される」（青木 2007, p. 215）のである。多くの論者が指摘するように、こうした教育システムのあり方は根本的に見直されなければならない。

終章　貧困の世代的再生産プロセス再考
――総合考察

1　本書の知見のまとめ

本書では、①貧困世帯の子どもは全体としてどのような移行経験をたどるのか、②彼らはなぜどのようにして、その進路へたどり着いたのか、という二つの研究課題について実証的なデータに基づいた分析を進めてきた。本章では、各章で得られた知見を総括し、貧困の世代的再生産のプロセスの解明を行う。第一章で確認したように、貧困の世代的再生産とは、「現象的には二世代以上にわたって、社会的に受容できないほどの貧困な生活状態が続くような状況が、ある集団あるいは層として形成されている事実を重要視した概念」（青木 2003a）を指す。ここでは、「子どもを中心に据えたアプローチ」（Ridge 訳書 2010）により、貧困がなぜ世代を超えて再生産されるのかについて考察する。

まず第三章のケースファイル調査では、首都圏近郊のA市X地区とY地区に住む被保護世帯の一六歳から二二歳（三六三名）を対象として、彼らの進路分化を明らかにした。福祉事務所が保管するケースファイルをもとに、ある種の悉皆調査が可能となったことは本書の大きな意義である。

分析の結果、被保護世帯に育つ子どもの全日制高校への進学率は五〇・四％ときわめて低いことが明らかとなった。また大学・短大進学率についても一六・七％と全国の値の三分の一以下であった。貧困世帯の子どもは、教育達成について明らかに不平等を背負っていることが改めて確かめられたのである。さらに、高校非進学者や高校中退者といった非直線型の移行過程をたどる者は、調査において一七・一％を占めたが、彼らについては①求職・アルバイト型、②更生保護・医療・福祉型、③妊娠・育児型、④編入型という四つの類型に分類することができた。このように被保護世帯の子どもの進路を移行という観点で見通すと、中卒後から多様な進路分化が始まっており、とくに高校非進学者や定時制高校からの中退者は学校教育の継続が困難というだけではなく、その後の進路も断続的であることが分かった。

第四章では、被保護世帯の中学生と一般世帯の中学生を対象に実施した質問紙調査の結果を、「学校生活の学業的・社会的・関係的側面」「家庭環境や個人的な生活ならびに家族生活」「経済的・物質的側面」の三つの側面から分析した。

学校生活の側面については、被保護世帯の中学生は、一般世帯の中学生より成績の自己評価が低いことが確認された。彼らは学校の宿題をする頻度も低く、授業も難しいと感じていたが、家庭に勉強する部屋がない、通塾していないなど環境的な不利も抱えていることが分かった。また被保護世帯の中学生は、中学三年になるまでは高校進学を意識していない者が多いことも明らかになった。こうした意識の差が、高校入試時期において、内申点や学力の差として如実に表れると考えられる。将来の進路希望についても違いが大きく、被保護世帯の中学生は、「高卒で働く」と回答した者がもっとも多かった。また被保護世帯の中学生は、一般世帯の中学生よりも部活動の所属率が低く、友人の数も少ない傾向にあった。

家庭生活に着目すると、被保護世帯の中学生は一般世帯の中学生より、多くの家事役割を担っており、家族への凝集性も高いことが分かった。また、自己肯定感については、被保護世帯の中学生と一般世帯の中学生との間にほとんど違いは見られなかった。一般世帯の中学生は自己肯定感と成績の間に正の相関が見られたが、被保護世帯の中学生についてはそうした関係が認められなかった。成績の自己評価が低いにもかかわらず彼らの自己肯定感は高かったのである。その源泉が何であるのかについては、第五章以降で引き続き検討する課題とした。

第五章では、被保護世帯の子どものライフストーリーから、彼らがなぜどのようにして低位の進路にたどり着くのかを家庭生活と学校生活の連動性に着目して分析した。高校入試が大きな進路の岐路であることを踏まえ、まずこの時期に焦点をあて分析を行った。

その結果、被保護世帯の子どもの多くは、高校入試時期までのいずれかの時点で家庭生活が変容し、養育機能が大きく低下した経験を持っていることが見出された。またそうした変容に合わせて、彼らが家庭生活において必要不可欠な役割を担っていったことが明らかになった。その一方で、学校生活においては、彼らは周辺的な位置にいることが多い。家庭生活に何らかの変容があった時期を境にして、彼らは授業に集中できなくなったり不登校になったりしていた。また家庭の経済的事情により、彼らは部活動を退部したり、友達との遊びが制限されたりしていた。このように、彼らは、家庭でますます重要な役割を果たしていくのと対照的に、学校での学習や諸活動には参加しなくなっていった。第四章の質問紙調査で、被保護世帯の中学生は学校の成績の自己評価が低い傾向があり、また部活動の所属率も低く、友人関係にも消極的である様子がうかがえたが、彼らのライフストーリーから、その背景としてこうした家庭生活の内実があったことが理解できる。

そして、このような状況だからこそ、ますます彼らは家庭生活における家事役割にひきつけられ、それにより自己肯定感を獲得していくこととなる。彼らにとって、家族は自己肯定感の源泉でもあるために、家庭や家族に矛先を向けることはない。彼らは単に経済的に困難であるから学力が低いのではなく、懸命に家庭生活を維持しようとする中で自己肯定感をも獲得し、学校生活の中心となる学習や諸活動から撤退していくのである。そうした積み重ねの末に高校入試時期は訪れる。

第六章では、第五章に引き続き、彼らのライフストーリーに基づいて、中卒後の生活とその後の進路について分析した。高校入学後も彼らの家庭生活は不安定であり、養育機能が低下していると考えられ、家庭内での彼らの役割はさらに過重なものとなっていた。彼らはアルバイト代を生活費として親に渡したり、心身が不調な親を支えたりしており、家庭における養育対象というよりは、むしろ家庭生活の担い手となっていた。しかし、このような状況にあっても、彼らは家族に矛先を向けることはなかった。それは、先にも述べたように、家庭での彼らの役割が、彼らの自己肯定感や自己アイデンティティと深くかかわっているためだと考えられる。

それでは、被保護世帯において大学進学を果たした者は、どのようにして大学に進学することができたのだろうか。大学進学者のライフストーリーを分析したところ、以下の三点が要因として見出された。第一に、さまざまな出来事がありつつも、学校や勉強中心の高校生活を送っていたこと、第二に、家庭内で困難や葛藤を経験した際に、家庭以外に居場所と心のよりどころがあったこと、第三に、母親以外に経済的な支援をしてくれる他者がおり、奨学金等の制度にもアクセスできたこと、である。

ここで特に重要と考えられるのは第二の点である。大学進学を果たした者たちは、家庭以外に居場所と心のよりどころを見つけることによって、母親との心理的距離を保てるようになった。彼らの大学進学への希望は、しばしば母親の希望とは異なっていたが、こうした経験が進学希望を貫く前段階の準備として機能した。そうした準備があったために、彼女たちは母親との葛藤があった際にも、自らの意思とそれに基づく行動が維持できたと考えられる。

二名の大学進学者のライフストーリーからは、こうした母親との距離のとり方についての言及が共通してなされた。また彼女たちはともに全日制高校に進学しており、過重な家事役割やアルバイトをしていなかったということも共通している。もちろん、大学進学に必要とされる資金が用意でき、奨学金制度の申し込みを滞りなく済ませることができたことも大きい。このように、被保護世帯の子どもたちの高卒後の進路についても、家庭生活や親とのかかわりは影響を及ぼしている。

2 貧困の世代的再生産プロセスとは

以上、本書では、被保護世帯の子どもたちの進路分化を明らかにした。また彼らの特徴を一般世帯の中学生と比較することで浮き彫りにした上で、彼らのライフストーリーから、なぜどのようにして低位の進路にたどり着くのかというプロセスを解明した。本節では、本書の知見に基づいて、なぜ貧困が世代的に再生産されるのか、その仕組みを考察していきたい。

まず被保護世帯の子どもたちは、ひとり親世帯が多いため、経済的に困窮しているのみならず、家庭生活の中で家事などの重要な役割を担っていることが多い。日本の母子世帯の母親の約七割は就業しているが（平成二三年度全国母子世帯等調査報告）、そうであれば、家庭生活を維持するために、子どもが家庭生活において母親を助ける役回りをしていることは容易に想像がつくだろう。また被保護世帯の子どもたちの母親は就業しているだけではなく、障害や疾病等により無職である場合も多い。このことを踏まえれば、被保護世帯の子どもたちは少なからず、母親の身体的、精神的ケアも担っていると推測できる。家庭生活の中では、母親自身のさまざまな困難や苦悩を子どもも引き受けていると考えられるのである。

また両親の離婚は子どもにとって愛着対象のひとつ（父親）を失う契機でもあり、こうした経験をした子どもは、それ以後の家庭生活を維持するように自己のふるまいを規定し、対処的な行動を重ねていく。家庭の養育機能が低下した中で、彼らは養育対象としてのみ存在するのではなく、家庭生活の維持に必要とされる役割を担い続けるのである。

そうした重大な家庭生活の変容を経験した彼らは、家庭生活における自分の役割の重要性が高まっていくのとは対照的に、学校生活の優先順位を低下させていくことになる。場合によっては、養育環境が整備されていない中で、親が彼らに学校での学習や部活動、進路に重点をおかなくてもよいというメッセージを伝えることもある。実際に、彼らは、学習環境の不利に加えて、部活動に入っていないことも多い。だからこそ友人関係についても消極的であるのかもしれない。また定期的に小遣いをもらっていないことも彼らの友人関係や行動範囲を規定していると考えられる。

彼らはこのように、家庭以外での諸活動の範囲が狭められ、家庭生活に準拠した生活を送り、学校生活では周辺的な位置におかれる。家庭生活では必要不可欠な役割を果たしているのに対して、学校生活でそのような役割を彼らが担うことは難しい。また他の子どもがやっていないことを自分はやっている、という優越感も上乗せされ、家庭生活での役割が彼らの自己肯定感や自己アイデンティティとも深く関与していくものと考えられる。つまり、家庭生活での役割が、彼らの自己肯定感や自己アイデンティティの源泉となっていくのである。それゆえ、彼らは自らその役割に没頭するようになり、家族に矛先を向けることはないのである。

そうした中で、彼らは高校入試時期の「進路選択」や、高校卒業時における進路決定の時期を迎える。高校入試には積み重ねられた学力や内申点が必要であり、また私立高校を併願する場合には所定の入学金や授業料が求められる。高校卒業後に就職する際には、事前に単位修得の見通しを立てて就活する必要があり、高等教育に進むためには高校入試と同様、学力や内申点、入学金や授業料が必須である。こうした準備がないままに、彼らは次の進路先へと移ることが求められる。彼らが家庭生活を優先させ、その維持に懸命になっている間に、進路先の決定を「選択」しなければならない時期がくるのである。

すなわち、本書の知見から考察すると、貧困の世代的再生産とは、家庭生活の変容が生じ、養育機能が低下する中で、子どもが家庭生活の維持に努める生活を送ることにより、結果的に生じる現象といえる。彼らはさまざまな家庭生活の状況に対処した行動を何より優先させなければならないがために、結果的に低学力、低学歴へと至るのである。貧困の世代的再生産は、子どもが家族を守ろうとし、また自身の居場所を守ろうと専心した結果ともいえる。彼らのこうした心性は、自己肯定感や自己アイデンティティに深く組み込まれるがゆえに、自ら離脱することは困難となる。

これまでの進路研究は、そうした子どもを養育対象である「子ども」としてしか見ておらず、彼らの家庭生活の状況やそこでの役割にあまりに無頓着であった。貧困世帯に育つ彼らは、単に養育される者ではなく、家庭生活の重要な担い手という一面がある。

またこの貧困の世代的再生産プロセスには、日本の家族主義も影響している。日本には家族のために自分を犠牲にすることが当然、あるいは美徳とされる風潮があり、また社会システムや教育システムも家族主義の性格が強い。生活保護制度についても、世帯単位で収入が計算された上で、保護費が支給される制度であり、高校生のアルバイト代も原則的には世帯の収入に含まれる。こうした制度に象徴されるように、日本の各種制度は、子ども個人を対象とはしておらず、世帯を維持することに主眼が置かれている。

世帯単位の制度や、世帯単位の努力要請は、子どもに負荷がかかりやすい。家族と子どもが共同体と見なされる状況下だからこそ、子どもは家族に貢献し、家庭に準拠した生活を営む心性が強化されるのである。また養育環境は保護者が整備すべきであるという観念も強い。保護者に何らかの困難が生じた場合でも、その子どもを養育する責任は保護者に負わされており、社会的な支援体制は不十分である。そのため家庭生活の養育機能が低下した場合に、子どもたちは養育される存在から、家庭生活を維持する存在となり過重な役割を担うようになるのである。しかしながら、そうした生活のあり様は、学校生活の周辺化を招きかねず、彼らの進路選択への準備は滞りがちとなる。現代の日本社会の状況にあって、彼らの移行は社会経済的に不利なものとなり、貧困が世代的に再生産される可能性が高い。

3　本書から導かれる「子どもの貧困」に対する政策提言

以上の知見に基づけば、今後どのような政策が講じられるべきであろうか。

第一に、幼少期や学齢期の子どもに対する過重な家事役割を軽減するような生活支援が考えられる。保護者に何らかの困難な状況がある場合に、子どもにのみ食事や弟妹の面倒を課すことは負担が大きすぎる場合がある。子どもたちが家事役割を担うことは、物理的に勉強や部活動の時間が取れないだけでなく、「家庭への準拠」を強める作用をもつ。食事の心配をしたり、弟妹の面倒をみたりすることは、彼らにとって負担が大きすぎる場合があることを踏まえ、現在、高齢者や障害者を対象に行われている給食の宅配サービスをこうした家庭も受けられるようにすることを生活支援の一環として提案したい(1)。社会保障制度や支援制度は、保護者のサポートをしつつ(2)、子ども個人にどのようなニーズがあるのかを見定める必要がある。これと関連して、両親の離婚や家庭生活の変容などについて、子ども自身が打ち明け相談できる機関や場所も設けられることが望ましい(3)。

第二に、貧困世帯の子どもを直接の対象とした取り組みが連続的に、しかも多様に用意される必要がある。布川（2007）は、生活保護制度が国家の最後のセーフティネットであることから、経済的保障だけでなく、自立の基盤作りを含めるべきであると提言する。また親を介してではなく、子どもに直接支援する必要性を提起する。現在、全国で実施されている子どもを対象とした支援は高校進学支援が主であるが、高校非進学者や高校中退者を対象とした支援や、進学だけではない視点からの取り組みが求められる。このとき、被保護世帯に限定しない支援のあり方が模索されることも肝要である。

さらにそこでは、自己肯定感や自己アイデンティティに踏み込んだ支援策が考案される必要がある。彼らは、学習する機会や場所が乏しいのみならず、学校や家庭以外の居場所を有していない場合も多い。また既に学校生活では周辺的な役回りにいる可能性も高い。こうしたときに、学校以外の場所で彼らに対応する福祉行政等の学習支援事業は意義が大きいと考えられるが、このとき彼らの居場所となり、自己肯定感や自己アイデンティティに適切に寄与するような取り組みが目指される必要がある。家庭生活に過度に翻弄されている場合には、一時的にでも家族以外のよりどころが形成されることが肝要であると思われる。

第三に、世帯単位の生活保護制度だけではなく、彼ら自身への資金提供が行われることが必要である。日本における生活保護制度や教育政策などの諸制度は、世帯を前提に形作られている。そうした制度だけではなく、子ども自身に焦点を合わせた支援制度や相談窓口が整備されることが必要である。彼らの生活費や学校で必要とされる資金、あるいは受験時に必要な資金等は別途計上されることは可能と考えられる。またそれだけでなく、もちろん奨学金制度のいっそうの充実が待たれているだろう。広井（2006）は、リスクが人生の前半ないし中盤にも広く及ぶようになったことと、経済格差が大きくなり、各人が人生の初めにおいて、〝共通のスタートライン〟に立てるという状況が大きく揺らいでいることから、「人生前半の社会保障」として教育を考える必要性を指摘した。社会保障のあり方について、発想を転換することを促したのである。社会保障制度そのものの設計を改め、子どもの自由な選択を保障することは、社会全体の課題である。

第四に、学校側においては、家庭のさまざまな事情を抱えた子どもがいることを想定し、どの子どもにとっても自己肯定感を高めうる教育活動や支援がさらに研究・実践される必要がある。低学力に陥らせない学力保障の実践という点では関西で精力的に取り組まれている「力のある学校」研究（志水編 2009）が参考になるが、子どもたちのアイデンティティ問題により深く切り込んだ方策が求められる。[4] その際に、アイデンティティ問題は後期近代という時代状況をふまえてとらえる必要があり、「家庭への準拠」と絡まっていることは本書で縷々述べてきた通りである。また高校教育について、保坂（2012）は、「子ども」から「大人」への移行が長期にわたるようになった若者に対する移行支援のなかで高校教育がもつ意味について、「高校教育は、多様なニーズを抱えた子どもたちの最後のセーフティネットであり、思春期までの『逸脱』を持ち越させないようにする『最後の砦』」だと述べる。スクールカウンセラーやスクールソーシャルワーカーらが、小中学校だけではなく、地域によっては高校にも配置されているところがあるが、高校が「大人になる前の段階でそれまでケアされずに積み残されてきた課題に向き合う最後のチャンス」（保坂 2012）だとすれば、生徒が高校にいるうちにそのチャンスを逃さず、さまざまな移行支援を行うことが求められる。

以上、貧困の世代的再生産に対する新たな政策として、①家庭生活全体への支援、②第三者による居場所支援、③経済的支援、④学校での取り組みの四つを提言したい。宮本（2005）は、移行の危機に直面する若者について、家族状況から分析し、子どもの成長過程での早期介入の必要性を述べている。家庭生活がどのように子どもの発達や進路に影響するのかを長期的なスパンで見通すことが求められる。そして、子どもの視点から家庭生活の変容とその影響を明らかにすること、そしてそれを考慮した具体的な社会政策や支援の構築が喫緊の課題であるといえる。またその実現のためにも、子どもの学力や進路を分析する際には、世帯収入や父母の学歴のみならず家庭生活の諸側面を含めた検討がより強調されるべきである。さらに、子どもの発達を長期的なスパンで見通すとともに、子ども期そのものの充実という観点も見落とすことはできない。子どもの貧困問題は、社会的排除の観点を含め、子ども期を子どもとして生きる権利を確立することにもつながるのである。

ただし、子どもの養育環境を家庭でのみ整備することは難しい。それは国や地方自治体あるいは地域などのさまざまな取り組みや支援によって整えられるべき課題である。両親の離婚やそれにともなう母親の就業によって、子どもの家庭生活に何らかの変容が生じることは、考えてみれば当然のことである。しかしながら、そうした変容に対する一般的な支援制度は、児童扶養手当など経済的な支援であり、子どもの養育環境を整えるのは各家庭の問題とされている(5)。こうした観点に立つことにより、さらに効果的な社会政策や支援につながるに違いない。家庭生活の中で子どもは家族の状況を受け入れざるをえない存在であり、そこに対応していく志向性を持っている。このことを踏まえて、子どもの生活全体つまりは世帯全体を支援していくことが必要である。

家庭生活は、子どもの学力や教育達成を分析する際にこれまでの先行研究が見落としてきたものである。さまざまな出来事の積み重ねとそれを支援する社会的な制度がないこと、また日本の家族主義に囲まれていることから、彼らは家庭生活の担い手として埋め込まれていくのである。

貧困世帯においては、特に家族が一世帯として扱われる側面が強く、また子どもも家庭生活に合わせて家族に貢献するという心性が強化される。このことが、家庭の貧困状態を継承させる強い要因になりうると考えられる。そのため、今後は家庭生活全体を見ながら、個々の家族のニーズに寄り添い支援していく政策が講じられることがますます必要となるだろう。貧困世帯の子どもたちが、家庭生活の中で過重な負担を被ることなく、社会や家庭で養育される存在であるよう、さまざまな取り組みが構築されなければならない。また義務教育終了後、高校に進学しなかった者や高校中退者は、社会的な機関から把握されづらくなる。彼らがどのような状況にあり、どのような支援が必要であるのかについては、とくに検討される必要がある。

4　今後の課題

以上、本書で得られた知見をまとめ、貧困の世代的再生産の仕組みについて考察してきた。ここでは最後に本書の残された課題について述べる。

まず、本書ではインタビュー対象者として、福祉行政の学習支援事業（学習教室）に参加した経験をもつ者を選定した。被保護世帯の子どもにアプローチするためには、一定の信頼関係が必要であるため、学習教室で知り合った者に対して調査依頼をしたからである。しかしながら、学習支援事業に参加しない（できない）被保護世帯の子どもも当然おり、またそもそも貧困世帯とは、被保護世帯だけを意味しない。本書の対象者は、貧困世帯の子どものごく一部であることには十分な注意が必要である。本書では、①生活保護を受給していない貧困世帯の子ども、②生活保護世帯だが学習支援事業には参加していない子どもを対象とすることはできておらず、ここには第三章で見出された福祉行政からも把握がしづらい者が含まれていることだろう。おそらくその一部分は、非行層や病気療養中の者だと考えられる。

このことを踏まえれば、彼らの中には、家庭生活の維持自体がままならなくなり、家庭の中でも自己肯定感が獲得されない者がいると予想される。彼らがもっとも社会的な支援やケアを必要としている存在であることは明白である。本書では、そのような者たちを対象に含むことができていない。

ただし、本書でインタビューした者たちのライフストーリーの妥当性を担保するため、第四章において、被保護世帯の中学生と一般世帯の中学生を対象とした質問紙調査の分析を行った。ここで分析対象とした被保護世帯の中学生の中には、学習支援事業に参加していない中学生も含まれている。この作業をしたことにより、被保護世帯の子ども全体の傾向はつかむことが可能となり、それにもとづいて、後段のインタビュー調査の分析を行った。その意味では、インタビュー調査の解釈にあたって学習支援事業に参加していない子どもの様子も一定程度ふまえることはできたが、それでもインタビュー対象者が限定された点は次の課題として指摘しなければならないだろう。

また本書では、ひとり親世帯の中でも母子世帯を事例としてとりあげることが多かった。それはとりもなおさず、対象とした子どもたちが母子世帯であることが多かったためであるが、父子世帯について検討することができなかったことも課題として残る。庄司（1997）は、母子家族と父子家族に共通する貧困の要因として、「ひとり働き」にみる相対的な低所得の問題と、ひとり親家族がかかえるさまざまな不利益の結果として、当初よりもいっそう低所得・貧困状態に追いやられていく、いわゆる「落層」の過程が存在することを挙げた。そして、家事・育児役割のための欠勤・遅刻・早退などによって結果的に配置転換・転職・失職などに追い込まれる強制的な「落層」の過程は、親が「ひとり」である母子家族・父子家族に共通してみられるものの、むしろ父子家族に特徴的に現れると述べている。この指摘を本書の知見にたぐり寄せて考えれば、父子家庭の方がより子どもが家事役割やきょうだいの世話を担うことが予想される。今後は母子家庭とともに父子家庭についてもその内実を子どもの経験から明らかにする必要がある。神原（2010）が述べるように、ひとり親家族は多様な家族の一形態であり、〝ふつう〟の家族に違いないが、それがすなわち福祉的なサービスを必要としないことにはならない。さまざまな家庭を想定し、子どもたちがどのような生活を送っているのか、そして彼らがどのように移行していくのか、彼らの主観と社会制度の両面から捉えることが求められる。

今後は、社会経済的に不利な状況にある世帯の子どもたちを広く捉えることができる調査設計を考えることが求められる。日本においては、生活保護基準以下の生活費で暮らしている世帯も多く（湯浅 2008）、そうした世帯に育つ子どもたちの生活や進路の実態も明らかにされなければならない。制度の狭間にいる者も含め、子どもの生活や進路について精査されることが必要である。

家庭や子どものプライバシーにかかわる調査を行うことは難しいが、本書のように福祉行政からアプローチするなど今後もさらなる調査方法を検討したい。またさまざまな状況にある子どもに対応するために、学校と福祉の連携は欠かすことができない。こうした連携の構築について考察することも今後の課題としたい。

注

（1）現状では、子どもが家事により自己肯定感を獲得していることを考え、こうした導入には各家庭の状況や子どもの意向を慎重に検討する必要がある。またアイデンティティについては山田の議論が参考になる。山田（2005、2009）は、人びとが家族に求めるものを①家族自体を求める欲求と、②家族に求める欲求の二つに分け、①について、カントをひきながら、「目的としての人間関係をつくりたいという欲求である」と説明した。つまり、これは「自分を個別的存在、固有名をもった存在として認めてもらいたい、自分も誰かを認める存在となりたいという欲求」であり、この「アイデンティティ欲求」については、代替不可能性が入り込むという。家族の機能は代替することができたとしても、「アイデンティティ欲求」はそうはいかない。山田（2009）は、前近代社会において人びとの「アイデンティティ欲求」を満たしていたのは、宗教的、伝統的、地域的な制度である可能性を述べ、近代社会においてはそれが「家族」と「社会」というシステムだと考えているという。山田が述べるように、家族のオルタナティブとして、機能的必要は代替可能であったとしても、アイデンティティについては代替が難しい。近代家族が担ってきたアイデンティティの保障は子どもの貧困や養育環境とも深くかかわるものであると考えられる。

（2）青木（1997）は、「貧困の世代的再生産」という視点から、「とくに子どもの発達の社会的保障を当然のものとして発想したとき、親のケースワーク的援助は、単なる生活保障以上にきわめて重要なものとなり、それは社会的連関のなかでますます考えられていかなければならない」と述べている。

（3）　本田・遠藤・中釜（2011）によれば、「日本の離婚のおよそ九割が離婚届を提出するだけで成立する協議離婚であるため、離婚のプロセスにおいて社会的な介入やサポートを受ける機会がほとんどないのが現状」だという。そのため、親も子どももケアを受けることができる場所も機会もないままに、離婚という出来事に直面するが、問題が顕在化する前に離婚家庭に対して広く援助を行う機会を創出することが必要である（同書、p. 285）。

（4）　大多和（2014）は、高校生を対象とした質問紙調査から、学校に順応できるかどうかに、家庭背景が効いていることを明らかにした。母学歴が大卒であり、家庭があたたかい感じがする、また家庭のことで心配や悩みがない家庭出身者ほど、高校に順応するというのである。他の要因（学校ランク、成績、親学歴）をコントロールしてもなお、表出的な家庭背景（家庭のことで心配や悩みがある）は学校での適応に影響を及ぼすという。大多和がいうように、「学校が生徒のインボルブメントを高めようとして様々な実践を展開させているときに、家庭的な要因でそこに乗ることができないという問題が隠されている」という指摘は重要である。この点をふまえればなおさら、子どもや若者を対象とした多様な支援が用意される必要があるだろう。

（5）　「家族によって適切な監護や養育を受けられない子ども」（要保護児童）については、「公的責任において社会的に保護され養育される必要がある」（喜多・長谷川・神戸・堀場編 2009）。社会的養護の面から考えれば、当然、里親や施設で養護・養育される者の生活や進路、あるいは自立の問題もあわせて議論されなければならない。

あとがき

私は家庭と子どもの学力や進路の関係に、学部生の頃から関心があり、横浜国立大学大学院の修士課程に進学してからもそうしたテーマで研究を進めていこうと考えていた。しかし、当時はまだ、自分が一番何を知りたいのか、いまひとつ分かっていなかった。それでいて、知りたいことが書いていない、と先行研究には漠然とした不満があった。自分の勉強不足を棚に上げながら、問題意識をきちんと言語化することができずに、もやもやと曖昧な日々を送っていた。そうしたときに、何気なく大学の掲示板を見ていると、「生活保護世帯の中学生を対象とした学習教室」の学生ボランティア募集のチラシが目に飛び込んできた。

役所がひらいた説明会では、生活保護世帯の中学生は高校進学率が低く、将来の進路が不安定になりがちであること、これを打開し自立した生活を営んでもらうために、高校進学のための支援事業を始めるということが伝えられた。また子どもの状況や学習進度はさまざまであるため、学習教室はマンツーマン形式で行いたい、そして子どもたちのよいモデル（よいお兄さん、お姉さん）になってほしいとの説明があった。

私は、さっそくこの学習教室に参加し、子どもたちと学習以外にも一緒に話したりおやつを食べたりして過ごした。そうした中で、彼らは筆記用具を持ってこない、時間通りに来ない、宿題をしてこない、ということが多々あり、学習後のミーティングではどのように対応したらよいのかが話し合われるようになった。

このとき、なぜ彼らがそのような状況であるのか、そうした行動をとるのかに対して、私は「生活保護世帯だから」という回答しか持ち合わせていないことに気が付いた。これでは何の説明にもなっていない。

先行研究から、家庭の経済状況が子どもの学力や進路に影響を及ぼすことは知っていたが、それはイコールではない。そこには何らかのプロセスがあるにもかかわらず、分かった気になっていただけだった。「経済的に困難だから」で済ませるのではなく、「だからなぜ結果的に低い学力にとどまるのか」を問わなければならないのではないかと思った。

こうした考えをもつようになったある日、担当していた中三の女の子が話の流れで、学校を遅刻してしまうのは寝るのが遅いから、寝るのが遅くなるのは仕事をしている母親の帰宅を深夜まで待っているからだ、と話してくれた。私はその話を聞いたとき、それなら彼女の遅刻は仕方がないな、と思った。もちろん遅刻はしない方がよく、何らかの工夫をすれば遅刻は回避できるとも思うのだが、私が彼女だとしたら、きっと同じように母親の帰宅を待ってから眠りにつき、学校は遅刻するだろうなと納得したのである。いま考えれば当たり前のことのように思えるが、人には人の生活や事情があり、その人の中では論理だった言い分がある、ということに思い至った。このときから、そうした彼らの都合や気持ちをわきまえた言動を心がけるようになった。それはそのまま「遅刻は仕方ない」と放っておくことではなく、彼らの実状をふまえたアプローチを模索することである。

そうして学習教室で過ごすうちに、私は子どもたちの生活や事情をより知りたいと思うようになった。彼らはどのような状況で、どのような思いをもっており、自らの経験をどのように話すのか。このことは、家庭の経済状況と子どもの学力や進路のプロセスを解き明かす上でも重要なポイントであるように思われた。

博士課程に進学し、中学校を卒業した子どもたちに話を聞かせてもらうようになると、学習教室では見えていなかったことがらが立ち現れてきた。本書では、たとえば子どもの家庭での役割に注目しているが、それはある女の子に「放課後は何して過ごすことが多い？」とたずねたときに、「家事かな」と言われたことから始まっている。彼女はよどみなく日々の家事役割について話し、家族の役に立てると嬉しいのだと語った。これを受けて、ほかの子どもたちにも尋ねてみると、家庭で家事を行っている者は多く、家族が前面に意識されていると感じた。その詳細については、本書の第五章、第六章に記述したとおりであるが、彼らは単に「経済的に困難な世帯だから」学習が追いついていないのではなく、複合的な要因により生じた家庭のさまざまな状況に対応するがゆえに、学習から離れていたのである。本書でもっとも描き出したかったことのひとつは、彼らの具体的な様相である。

本書は、平成二七年一月に大妻女子大学大学院人間文化研究科に提出した博士論文「生活保護世帯の子どもの生活と進路に関する研究」を加筆修正したものである。また本書は、公益財団法人小平記念日立教育振興財団、日立家庭教育研究所による家庭教育研究奨励金（平成二三年度）、一般財団法人大妻コタカ記念会の学術研究補助（平成二四、二五年度）、大妻女子大学人間生活文化研究所の共同研究プロジェクト（D019）、大学院生研究助成（A）（DA2616）の助成を得て行った調査に基づいている。私が論文を無事に提出できたのは、ひとえに指導教員の酒井朗先生のおかげといえる。酒井先生は、他大学から、「博士課程に進学したい」「指導してほしい」と突然現れた私を受け入れてくださり、今日まで丁寧なご指導をし続けてくださった。先生のご指導を受けられたことは、私にとって奇跡に近い幸運であった。先生は、常に高いハードルを用意しつつも、ひとつずつ確実に飛び越えていけるよう段階的なご指導をしてくださっていたのだといま改めて感じている。

博士論文の審査過程では、大妻女子大学の金田卓也先生、田代和美先生にも大変お世話になった。何度も論文をお読みくださり、重要なご指摘をいくつもいただいた。自分では気づくことができなかった論点や視点を教えていただいたことによって、データや論文の見え方が自分のなかで変化する感覚があった。先生方とのやりとりによって見つかった新たな課題については、今後もあたためながら探究していきたいと思う。

千葉大学の保坂亨先生には、学外の審査委員として、博士論文の審査をご担当いただいた。論文を丁寧に読み込んでくださり、「これはこういうことを言っているのでは？」とより分かりやすい展開、概念についてご指導いただいた。また先生が「ここが面白いと思ったよ」と言ってくださったことが大きな励みとなった。

修士課程でご指導いただいた横浜国立大学の新谷康浩先生は、博士課程への進学を後押ししてくださり、進学後もずっと気にかけてくださった。先生がされる一つひとつの問いかけには、いつもすぐにお答えできず、宿題となることが多いのだが、それは時間をかけて研究の核心を考える機会となっている。

また院生時代を振り返ると、修士課程から小池高史さんには大変お世話になり、博士論文提出の際にも、丁寧に論文の草稿を見ていただいた。大妻女子大学大学院では、谷川夏実さんの存在がとても心強く、先輩がいたからこそ、苦しい時期もこらえることができた。また酒井先生が主宰される学校臨床社会学研究会やゼミでは、貴重な出会いがいくつもあった。とくに伊藤秀樹さん（当時、東京大学大学院）には、学会報告や論文投稿、博士論文執筆とその都度、厳しくも優しいご助言を数多くいただき、何度も助けていただいた。ほかにもこれまで学内外で知り合った先生や多くの方々にお力添えを賜った。

さらに、学習教室にかかわるなかで、福祉行政の方々や、教室を運営するＮＰＯ法人の方々にも多くのことを教えていただいた。調査研究のご相談をしたときはいつも親身に聞いてくださり、貴重なご助言やご意見を頂戴した。本書で扱った調査は、いずれも福祉行政の方々とＮＰＯ法人の方々のご協力がなければ実現しなかったものである。とりわけ福祉行政の方々には、データ収集についてもご面倒をおかけし、感謝に堪えない。また中学校で実施させていただいた質問紙調査では、中心となって動いてくださった校長先生をはじめ、各学校の先生方にも大変お世話になった。校長先生に調査のお願いに伺ったときのことは、今でもはっきりと覚えている。

ここでお一人おひとりの名前を挙げることは叶わないが、皆さまのお顔を思い浮かべ、深く感謝申し上げたい。学習教室でコーディネーターの方や学習ボランティアの大学生の皆さんと、ともに活動できたことも、私にとっては今につながる重要な経験である。子どもの言動をすばやくキャッチし、細やかな配慮をしている皆さんから学ぶことはとても多い。まだまだ至らないが、私自身がここで育ててもらった部分も大きいと感じている。

そして何より、中学校卒業後から長らくお話を聞かせてくれている方たちに、心より感謝申し上げたい。インタビューでは、皆さんが経験している辛さ、苦しみ、悲しみ、憤り、困惑、脆さ、やりきれなさを知り、同時に健気さやたくましさ、朗らかさも教えてもらった。あのとき実は……という話を聞かせてもらうことで、学習教室でのふるまいが遡って理解できたこともあった。おそらく私に話してくれる範囲には限界があり、話してくれた内容についても全てが理解できたとは思えないが、自分の生い立ちや経験を一生懸命話してくれたことに感謝してもしきれない。もちろん、楽しい話やうれしい話、心温まる話もたくさん聞かせてもらった。お話を聞かせてくれた皆さんは、私にとって、もはや調査対象者という枠にはおさまらない存在だが、お話を聞かせてもらったからこそ、その内容をきちんと読み取り、形にしたいと思った。本当にどうもありがとうございました。

本書の出版は、酒井先生が勁草書房の藤尾やしおさんに博士論文をお渡しくださったことから具体化していった。藤尾さんが評価してくださり、出版をすすめてくださったことに厚く御礼申し上げたい。

最後に、先行き不透明な院生生活を大らかに見守ってくれた家族に礼を述べたい。大学院進学当初は、これほど院生生活が長くなるとは想定していなかったと思うが、肯定的に支え続けてくれたことに感謝している。

二〇一六年一月

林　明子

初出一覧

本書のもととなっている論文の初出は以下のとおりである。
なお，いずれも加筆・修正を施してある。

第 3 章

「生活保護世帯に育つ子どもの中卒後の移行経験に関する研究」『教育社会学研究』第 95 集，2014，pp. 5-24.

第 5 章

「生活保護世帯の子どもの生活と進路選択――ライフストーリーに着目して」『教育学研究』第 79 巻第 1 号，2012，pp. 13-24.

「生活保護世帯の子どもの家庭生活と学校生活からみた進路選択過程」『家庭教育研究所紀要』第 34 号，2012，pp. 75-84.

人名索引

ア行

カ行

サ行

タ行

ナ行

ハ行

マ行

ヤ行

ラ行

事項索引

サ行

タ行

ナ行

ハ行

ヤ行

ラ行

引用・参考文献

阿部彩．2008,『子どもの貧困　日本の不公平を考える』岩波新書．

青木紀．1997,「貧困の世代的再生産——教育との関連で考える」庄司洋子・杉村宏・藤村正之編『貧困・不平等と社会福祉』有斐閣，pp. 129-146.

青木紀．2003a,「貧困の世代的再生産の視点」青木紀編『現代日本の「見えない」貧困　生活保護受給母子世帯の現実』明石書店，pp. 11-29.

青木紀．2003b,「貧困の世代的再生産の現状——Ｂ市における実態」青木紀編『現代日本の「見えない」貧困　生活保護受給母子世帯の現実』明石書店，pp. 31-83.

青木紀．2003c,「貧困の世代的再生産分析の視点」『教育福祉研究』第９号，pp. 1-8.

青木紀．2007,「学校教育における排除と不平等——教育費調達の分析から」福原宏幸編著『社会的排除／包摂と社会政策』法律文化社，pp. 200-219.

青砥恭．2009,『ドキュメント高校中退』ちくま新書．

天野郁夫．1982,『教育と選抜』第一法規．

荒川葉．2009,『「夢追い」型進路形成の功罪——高校改革の社会学』東信堂．

浅井春夫・松本伊智朗・湯澤直美編．2008,『子どもの貧困』明石書店．

Beck, U., Giddens, A. and Lash, S., 1994, Reflexive Modernization, Polity Press: Cambridge.（＝1997，松尾精文・小幡正敏・叶堂隆三訳『再帰的近代化』而立書房）

ベネッセ教育総合研究所．2009,『神奈川県の公立中学校の生徒と保護者に関する調査報告書』http://berd.benesse.jp/shotouchutou/research/detail1.php?id=3204（最終アクセス日 2015 年 1 月 5 日）

Bhalla, Ajit S. and Lapeyre, F. 2004, *Poverty and Exclusion in a Global World (2nd ed.)*, Palgrave Macmillan.（＝ 2005，福原宏幸・中村健吾監訳『グローバル化と社会的排除』昭和堂）．

Bernstein, Basil, 1971, *Class, Codes and Control Volumel Theoretical Studies towards a Sociology of Language*, Routledge & Kegan Paul.（＝1981，萩原元昭編訳『言語社会化論』明治図書）．

Bourdieu, Pierre et *Jean-Claude Passeron*. 1964, Les Heritiers. Paris: Minuit.（＝1997，石井洋二郎ほか訳『遺産相続者たち』藤原書店）．

Bourdieu, Pierre, 1979, *La Distinction: Critique sociale du jugement*, Éditions

de Minuit.（＝1990，石井洋二郎訳『ディスタンクシオンⅠ』藤原書店）．
知念渉．2012，「〈ヤンチャな子ら〉の学校経験」『教育社会学研究』第 91 号，pp. 73–94.
Elder, G. H. 1974, *Children of the Great Depression: SoRecial Change in life experience*, University of Chicago Press.（＝1991，本田時雄・川浦康至ほか訳『大恐慌の子どもたち——社会変動と人間発達』明石書店）．
Esping-Andersen, G., 1999, *Social Foundations of Postindustrial Economies*, Oxford: Oxford University Press.（＝2000，渡辺雅男・渡辺景子訳『ポスト工業経済の社会的基礎——市場・福祉国家・家族の政治経済学』桜井書店）．
藤村正司．2009，「大学進学における所得格差と高等教育政策の可能性」『教育社会学研究』第 85 号，pp. 27–48.
藤岡伸明．2009，「近年における若者研究の動向——包括的アプローチの現状と課題」『一橋社会科学』第 6 号，pp. 153–170.
藤田英典．1980，「進路選択のメカニズム」山村健・天野郁夫編『青年期の進路選択』有斐閣，pp. 105–129.
藤田武志．1995，「中学生の進路決定過程に関する事例研究：努力主義の採用と学業成績の層的認識」『東京大学教育学部紀要』第 34 巻，pp. 185–194.
藤原千沙・湯澤直美．2010，「被保護母子世帯の開始状況と廃止基準」『大原社会問題研究所雑誌（620）』，pp. 49–63.
藤原翔．2010，「進路多様校における進路希望の変容——学科，性別，成績，階層による進路分化は進むのか」中村高康編著『進路選択の過程と構造高校入学から卒業までの量的・質的アプローチ』ミネルヴァ書房，pp. 44–73.
布川日佐史．2007，「生活保護制度と社会的排除」『家族社会学研究』第 18 巻第 2 号，pp. 37–46.
Furlong, A. and Cartmel, F., Biggart, A., Sweeting, H., and West, P., 2003, *Youth Transitions: Patterns of Vulnerability and Processes of Social Inclusion*, Scottish Executiv.（http://www.scotland.gov.uk/Publications/2003/10/18348/27999）（最終アクセス日 2014 年 9 月 24 日）
Furlong, A. and Cartmel, F, 2007, Young People and Social Change: New Perspective, 2nd ed., Open University Press.（＝2009，乾彰夫・西村貴之・平塚眞樹・丸井妙子訳『若者と社会変容——リスク社会を生きる』大月書店）．
Giddens, Anthony, 1991, *Modernity and Self-Identity: Self and Society in the Late Modern Age*, Stanford, Galif: Stanford University Press.（＝2005,

秋吉美都・安藤太郎・筒井淳也訳『モダニティと自己アイデンティティ——後期近代における自己と社会』ハーベスト社).

権永詞. 2007,「生活安定化の課題としての不安——成熟社会におけるヒューマンセキュリティ」『総合政策学ワーキングペーパーシリーズ』No. 108, pp. 1-30.

長谷川裕. 1993,「生活困難層の青年の学校「不適応」」久冨善之編『豊かさの底辺に生きる学校システムと弱者の再生産』青木書店, pp. 107-145.

林明子. 2012a,「生活保護世帯の子どもの生活と進路選択——ライフストーリーに着目して」『教育学研究』第 79 巻第 1 号, pp. 13-24.

林明子. 2012b,「生活保護世帯の子どもの家庭生活と学校生活からみた進路選択過程」『家庭教育研究所紀要』第 34 号, pp. 75-84.

林明子. 2014,「生活保護世帯に育つ子どもの中卒後の移行経験に関する研究」『教育社会学研究』第 95 集, pp. 5-24.

平沢和司・古田和久・藤原翔. 2013,「社会階層と教育研究の動向と課題」『教育社会学研究』第 93 集, pp. 151-191.

広井良典. 2006『持続可能な福祉社会——「もうひとつの日本」の構想』ちくま新書.

本田麻希子・遠藤麻貴子・中釜洋子. 2011,「離婚が子どもと家族に及ぼす影響について——援助実践を視野に入れた文献研究」『東京大学大学院教育学研究科紀要』第 51 巻, pp. 269-286.

本田由紀. 2008,『「家庭教育」の隘路——子育てに強迫される母親たち』勁草書房.

保坂亨. 2000,『学校を欠席する子どもたち——長期欠席・不登校から学校教育を考える』東京大学出版会.

保坂亨. 2009,『"学校を休む"児童生徒の欠席と教員の休職』学事出版.

保坂亨. 2012,「高校教育としての移行支援」小野善郎・保坂亨編著『移行支援としての高校教育——思春期の発達支援からみた高校教育改革への提言』福村出版, pp. 286-304.

池田寛. 1987,「日本社会のマイノリティと教育の不平等」『教育社会学研究』第 42 集, pp. 51-69.

池谷秀登. 2008,「生活保護現場からみる子どもの貧困」浅井春夫・松本伊智朗・湯澤直美『子どもの貧困——子ども時代のしあわせ平等のために』明石書店, pp. 172-192.

稲葉昭英. 2011,「ひとり親家庭における子どもの教育達成」佐藤嘉倫・尾嶋史章編『現代の階層社会[1]格差と多様性』東京大学出版会, pp. 239-252.

稲田雅也．2006,「ある社会事象が生じるまでの時間の長さを予測する――イベントヒストリー分析」与謝野有紀ほか編『社会の見方，測り方　計量社会学への招待』勁草書房，pp. 197-210.
乾彰夫．2010,『〈学校から仕事へ〉の変容と若者たち――個人化・アイデンティティ・コミュニティ』青木書店.
乾彰夫．2011,「学校から仕事への移行期変容――新たな不平等構造の出現と『移行期』の学習保障」宮寺晃夫編『再検討　教育機会の平等』岩波書店，pp. 59-88.
石川由香里・杉原名穂子・喜多加実代・中西祐子．2011,『格差社会を生きる家族――教育意識と地域・ジェンダー』有信堂高文社.
岩田正美．2005,「貧困・社会的排除と福祉社会」岩田正美・西澤晃彦編『貧困と社会的排除――福祉社会を蝕むもの』ミネルヴァ書房，pp. 1-12.
岩田正美．2007,『現代の貧困――ワーキングプア／ホームレス／生活保護』ちくま新書.
岩田正美．2008,『社会的排除　参加の欠如・不確かな帰属』有斐閣.
岩田美香．2007,「当事者意識：貧困当事者とは誰か？――母子世帯への調査から」青木紀・杉村宏編『現代の貧困と不平等　日本・アメリカの現実と反貧困戦略』明石書店，pp. 210-228.
岩田美香．2009,「ひとり親家族――背後にある貧困問題」乾美紀・中村安秀編『子どもにやさしい学校　インクルーシブ教育をめざして』ミネルヴァ書房，pp. 75-96.
Jones, G., and Wallace, C. 1992, *Youth, Family and Citizenship*, Open University Press.（＝2002，宮本みち子監訳『第２版　若者はなぜ大人になれないのか――家族・国家・シティズンシップ』新評論）.
篭山京．1953,「貧困家庭の学童における問題」『教育社会学研究』第４号，pp. 18-37.
神原文子．2000,『教育と家族の不平等問題』恒星社厚生閣.
神原文子．2007,「ひとり親家族と社会的排除」『家族社会学研究』第18巻第２号，pp. 11-24.
神原文子．2010,『子づれシングル――ひとり親家族の自立と社会的支援』明石書店.
神原文子．2014,『子づれシングルと子どもたち――ひとり親家族で育つ子どもたちの生活実態』明石書店.
金子真理子．2004,「学力の規定要因――家庭背景と個人の努力は，どう影響するか」苅谷剛彦・志水宏吉編『学力の社会学』岩波書店，pp. 153-172.
苅谷剛彦．1986,「閉ざされた将来像――教育選抜の可視性と中学生の『自己

選抜』」『教育社会学研究』第 41 集，pp. 95-109.
苅谷剛彦．1995,『大衆教育社会のゆくえ——学歴主義と平等神話の戦後史』中公新書.
苅谷剛彦．2001,『階層化日本と教育危機——不平等再生産から意欲格差社会』有信堂高文社.
苅谷剛彦．2004,「『学力』の階層差は拡大したか」苅谷剛彦・志水宏吉編『学力の社会学』岩波書店，pp. 127-151.
苅谷剛彦・志水宏吉編．2004,『学力の社会学』岩波書店.
片桐真弓．2013,「家庭教育の現在と母親たち」『尚絅大学研究紀要　人文・社会科学編』第 45 号，pp. 1-20.
片岡栄美．2001,「教育達成過程における家族の教育戦略——文化資本効果と学校外教育投資効果のジェンダー差を中心に」『教育学研究』第 68 集第 3 号，pp. 259-273.
木戸口正宏．2006,「「働くこと」を生きぬく」乾彰夫編『18 歳の今を生きぬく』青木書店，pp. 53-84.
喜多加実代．2011,「子どもの『主体的進路選択』と親のかかわり」『格差社会を生きる家族——教育意識と地域・ジェンダー』有信堂，pp. 147-168.
喜多一憲・長谷川眞人・神戸賢次・堀場純矢編．2009,『児童養護と青年期の自立支援——進路・進学問題を展望する』ミネルヴァ書房.
小林理・岡部卓・西村貴之．2012,「生活保護受給有子世帯の現状と支援課題——A県における生活保護受給有子世帯属性調査における実態を対象として」『厚生の指標』第 59 巻第 12 号，pp. 22-27.
小林多寿子．2005,「ライフストーリー・インタビューをおこなう」桜井厚・小林多寿子編著『ライフストーリー・インタビュー』せりか書房，pp. 71-128.
子どもの貧困白書編集委員会編．2009,『子どもの貧困白書』明石書店.
古賀正義・牧野智和・松田恵示・山田哲也・山本宏樹・盛満弥生．2013,「『進路選択』はどのようになされているのか——調査からみた都立高校中退者の意識と行動」『日本教育社会学会大会発表要旨集』(65)，pp. 350-353.
児島功和・藤井（南出）吉祥・船山万里子・宮島基．2010,「若者の移行における困難の複雑性——就労および家族問題に着目して」『人文学報．教育学』第 45 号，pp. 23-45.
国立教育政策研究所．2012,『平成 24 年度全国学力・学習状況調査報告書・集計結果』https://www.nier.go.jp/12chousakekkahoukoku/06chuu_shuukeikekka.htm（最終アクセス日 2015 年 1 月 6 日).
国立社会保障・人口問題研究所．2014,「『生活保護』に関する公的統計データ

一覧」http://www.ipss.go.jp/s-info/j/seiho/seiho.asp（最終アクセス日 2014 年 9 月 2 日）.
小西祐馬．2003,「生活保護世帯の子どもの生活と意識」『教育福祉研究』第 9 号，pp. 9-22.
小西祐馬．2004,「調査報告：子どもの生活と社会階層——北海道子どもの生活環境調査」『教育福祉研究』第 10 巻第 2 号，pp. 17-39.
小西祐馬．2006,「子どもの貧困研究の動向と課題」『社会福祉学』第 46 巻第 3 号，pp. 98-108.
小西祐馬．2007,「子どもの貧困とライフチャンスの不平等——構造的メカニズムの解明のために」岩川直樹・伊田広行編『貧困と学力』明石書店，pp. 114-131.
小西祐馬．2009,「子どもの貧困を定義する」子どもの貧困白書編集委員会編『子どもの貧困白書』明石書店，pp. 10-11.
小西祐馬．2009,「先進国における子どもの貧困研究——国際比較研究と貧困の世代的再生産をとらえる試み」浅井春夫・松本伊智郎・湯澤直美編『子どもの貧困』明石書店，pp. 276-301.
高坂康雅．2008,「自己の重要領域からみた青年期における劣等感の発達的変化」『教育心理学研究』第 56 巻第 2 号，pp. 218-229.
厚生労働省．「平成 23 年度全国母子世帯等調査結果報告」http://www.mhlw.go.jp/seisakunitsuite/bunya/kodomo/kodomo_kosodate/boshi-katei/boshi-setai_h23/（最終アクセス日 2015 年 1 月 13 日）.
厚生労働省．2014a,『生活困窮者自立促進支援モデル事業』http://www.mhlw.go.jp/stf/sakunitsuite/bunya/0000059387.html（最終アクセス日 2015 年 1 月 5 日）.
厚生労働省．2014b,『平成 25 年国民生活基礎調査』http://www.mhlw.go.jp/toukei/saikin/hw/k-tyosa/k-tyosa13/（最終アクセス日 2015 年 1 月 5 日）.
厚生労働省．2014c,『厚生労働省提出資料』http://www8.cao.go.jp/kodomonohinkon/kentoukai/k_1/gijishidai.html（最終アクセス日 2015 年 1 月 5 日）.
小杉礼子．2005,「『スムーズな移行』の失敗」小杉礼子編『フリーターとニート』勁草書房，pp. 21-93.
久冨善之編．1993,『豊かさの底辺に生きる——学校システムと弱者の再生産』青木書店.
Lareau, Annette. 2003, Unequal Childhoods:Class, Race, and Family Life. University of California Press.
Lister Ruth. 2004, Poverty, 1st. UK: Polity.（＝2011，松本伊智朗監訳『貧困とはなにか——概念・言説・ポリティクス』明石書店）.

前馬優策．2011,「日本における『言語コード論』の実証的検討――小学校入学時に言語的格差は存在するか」『教育社会学研究』第 88 集，pp. 229-250.

牧園清子．1999,『家族政策としての生活保護――生活保護制度における世帯分離の研究』法律文化社.

松本伊智朗．2008,「貧困の再発見と子ども」浅井春夫・松本伊智朗・湯澤直美編，『子どもの貧困』明石書店，pp. 14-61.

松本伊智朗編．2010,『子ども虐待と貧困――「忘れられた子ども」のいない社会をめざして』明石書店.

Merton, Robert K. 1957, *Social Theory and Social Structure., revised ed.* The Free Press.（＝1969，森東吾・森好夫・金澤実訳『社会理論と機能分析』青木書店).

道中隆．2009,『生活保護と日本型ワーキングプア――貧困の固定化と世代間継承』ミネルヴァ書房.

宮島基．2013,「家族を支える女性たち――若者の移行とケアワーク」乾彰夫編『高卒５年　どう生き，これからどう生きるのか――若者たちが今〈大人になる〉とは』大月書店，pp. 145-180.

宮本みち子．2005,「家庭環境から見る」小杉礼子編『フリーターとニート』勁草書房，pp. 145-197.

宮本みち子．2009,「若者の貧困を見る視点」『貧困研究』vol. 2，pp. 59-71.

宮武正明．2014,『子どもの貧困――貧困の連鎖と学習支援』みらい.

文部科学省．2013,『平成 25 年度学校基本調査』http://www.e-stat.go.jp/SG1/estat/NewList.do?tid=000001011528（最終アクセス日 2015 年 1 月 5 日).

望月由起．2008,『進路形成に対する「在り方生き方指導」の功罪――高校進路指導の社会学』東信堂.

森岡清美・望月崇．1987,『新しい家族社会学』培風館.

盛満弥生．2011,「学校における貧困の表れとその不可視化――生活保護世帯出身生徒の学校生活を事例に」『教育社会学研究』第 88 号，pp. 273-294.

鍋島祥郎．1993,「『部落』マイノリティと教育達成―― J. U. オグブの人類学的アプローチをてがかりに」『教育社会学研究』第 52 集，pp. 208-231.

鍋島祥郎．2004,「誰が落ちこぼされるのか――学力格差がもたらす排除と差別」苅谷剛彦・志水宏吉編『学力の社会学』岩波書店，pp. 197-215.

長瀬正子．2011,「高学歴達成を可能にした条件――大学等進学者の語りから」西田芳正編『児童養護施設と社会的排除　家族依存社会の臨界』解放出版社，pp. 113-132.

内閣府．2014,『平成 25 年度青少年のインターネット利用環境実態調査』http://

www8.cao.go.jp/youth/youth-harm/chousa/h25/net-jittai/pdf-index.html（最終アクセス日 2015 年 1 月 8 日）.

中村高康．2002,「アスピレーションの加熱・冷却」中村高康・藤田武志・有田伸編『学歴・選抜・学校の比較社会学』東洋館出版社，pp. 73-89.

中村高康．2007,「混合研究法―― mixed methods research」小泉潤二・志水宏吉編著『実践的研究のすすめ――人間科学のリアリティ』有斐閣，pp. 233-247.

中村高康編．2010,『進路選択の過程と構造　高校入学から卒業までの量的・質的アプローチ』ミネルヴァ書房.

中西新太郎．2009,「漂流者から航海者へ――ノンエリート青年の〈労働―生活〉経験を読み直す」中西新太郎・高山智樹編『ノンエリート青年の社会空間』大月書店，pp. 1-45.

中西祐子・喜多加実代・杉原名穂子・石川由香里．2011,『格差社会を生きる家族　教育意識と地域・ジェンダー』有信堂.

中野由美子．1974,「階層と言語――教育社会学における言語研究の位置づけ」『教育社会学研究』第 29 集，pp. 146-160.

西田芳正．2010,「貧困・生活不安定層における子どもから大人への移行過程とその変容」『犯罪社会学研究』第 35 号，pp. 38-53.

西田芳正編．2011,『児童養護施設と社会的排除――家族依存社会の臨界』解放出版社.

西田芳正．2012,『排除する社会・排除に抗する学校』大阪大学出版会.

西村貴之．2006,「思わぬランクアップとしての大学進学」乾彰夫編『18 歳の今を生き抜く――高卒 1 年目の選択』青木書店，pp. 179-204.

奥村美代子・宮瀬美津子・岩下紀子・柚木美保・岡部由紀子．1989,「児童・生徒の発達段階からみた消費者教育（第 1 報）――金銭の側面からみた検討」『熊本大学教育実践研究』第 6 号，pp. 83-96.

大前敦巳．2002,「キャッチアップ文化資本による再生産戦略――日本型学歴社会における『文化的再生産』論の展開可能性」『教育社会学研究』第 70 集，pp. 165-184.

小野善郎・保坂亨編著．2012,『移行支援としての高校教育――思春期の発達支援からみた高校教育改革への提言』福村出版.

大澤真平．2008a,「子どもの経験の不平等」『教育福祉研究』14 巻，pp. 1-13.

大澤真平．2008b,「『子どもの貧困』にみる育ちとライフチャンス――子どもの経験に注目して」『日本教育社会学会大会発表要旨集録』(60)，pp. 341-342.

Oscar. Lewis, 1959, Five Families: Mexican Case Studies in the Culture of Pov-

erty, Basic Books（＝2003, 高山智博・染谷臣道・宮本勝訳『貧困の文化――メキシコの五つの家族』筑摩書房）.

大多和直樹．2014,「生徒と学校の関係はどう変化したか」樋田大二郎・苅谷剛彦・堀健志・大多和直樹編『現代高校生の学習と進路』学事出版, pp. 86-97.

Paul Spicker, 2007, *The Idea of Poverty*, The Policy Press.（＝2008, 圷洋一監訳『貧困の概念――理解と応答のために』生活書院）.

Ridge, Tess, 2002, *Childhood Poverty and Social Exclusion: From a Child' s Perspective*, The Policy Press.（＝2010, 中村好孝・松田洋介・渡辺雅男訳『子どもの貧困と社会的排除』桜井書店）.

埼玉県アスポート編集委員会編．2012,『生活保護200万人時代の処方箋』ぎょうせい．

酒井朗編．2007,『進学支援の教育臨床社会学――商業高校におけるアクションリサーチ』勁草書房．

酒井朗・林明子．2013,「被保護世帯に育つ子どもの中学卒業後の進路に関する研究」『日本教育社会学会大会発表要旨集録』(65), pp. 160-163.

桜井厚．2002,『インタビューの社会学――ライフストーリーの聞き方』せりか書房．

佐藤香．2011,「学校から職業への移行とライフチャンス」佐藤嘉倫・尾嶋史章編『現代の階層社会［1］ 格差と多様性』東京大学出版会, pp. 65-79.

庄司洋子．1997,「ひとり親家族の貧困」庄司洋子・杉村宏・藤村正之編『貧困・不平等と社会福祉』有斐閣, pp. 85-112.

柴崎智恵子．2005,「家族ケアを担う児童の生活に関する基礎的研究――イギリスの“Young Carers”調査報告書を中心に」『人間福祉研究』第8号, pp. 125-143.

志水宏吉．2002,『学校文化の比較社会学――日本とイギリスの中等教育』東京大学出版会．

志水宏吉編．2009,『「力のある学校」の探究』大阪大学出版会．

志水宏吉編．2011,『格差をこえる学校づくり』大阪大学出版会．

清水睦美．2006,「ニューカマーの子どもの青年期――日本の学校と職場における困難さのいくつか」『教育学研究』第73巻第4号, pp. 457-469.

品田知美．2004,「子どもに家事をさせるということ――母親ともう1つの教育的態度」本田由紀編『女性の就業と親子関係――母親たちの階層戦略』勁草書房, pp. 148-166.

須藤康介．2010,「学力の階層差に関する実証研究の動向――日本とアメリカを比較して」『東京大学大学院教育学研究科紀要』49巻, pp. 53-61.

杉村宏．1987,「子ども・家族・貧困——社会階層と子どもの進路を中心にして」白沢久一・宮武正明編『生活関係の形成——社会福祉主事の新しい課題』pp. 108-53.

杉村宏．2003,「生活保護受給母子世帯の自立支援課題——生活保護ケースワーカーの役割」『教育福祉研究』9 号，pp. 71-92.

鈴木由美子．2009,「子どもが背負う困難な家族の歴史——学校事務室から見る子どもと地域の暮らし」湯澤直美ほか編『子どもの貧困白書』明石書店，pp. 71-73.

高田一宏．2008,「同和地区における低学力問題——教育をめぐる社会的不平等の現実」『教育学研究』第 75 巻第 2 号，pp. 180-191.

田垣正晋．2002,「障害発達から見る『軽度』肢体障害者の障害の意味——重度肢体障害者と健常者との狭間のライフストーリーより」『質的心理学研究』第 1 号，pp. 36-54.

竹ノ下弘久・裵智恵．2013,「子どもの成績と親のサポート」渡辺秀樹・金鉉哲・松田茂樹・竹ノ下弘久編『勉強と居場所——学校と家族の日韓比較』勁草書房，pp. 40-71.

竹尾和子・高橋登・山本登志哉・サトウタツヤ・片成男・呉宣児．2009,「お金の文化的媒介機能から捉えた親子関係の発達的変化」『発達心理学研究』第 20 巻第 4 号，pp. 406-418.

竹内洋．1995,『日本のメリトクラシー ——構造と心性』東京大学出版会.

棚瀬一代．2007,『離婚と子ども——心理臨床家の視点から』創元社.

鳥山まどか．2008,「家族の教育費負担と子どもの貧困」浅井春夫・松本伊智朗・湯澤直美編『子どもの貧困——子ども時代のしあわせ平等のために』明石書店，pp. 194-214.

鶴薗佳菜子・山口泰史・鈴木翔・武田真梨子・須藤康介．2012,「家庭の教育戦略としてのおこづかい——全国小中学生データの計量分析」『東京大学大学院教育学研究科紀要』第 52 巻，pp. 157-167.

Willis, P. E., 1977, *Learning to Labour*, Saxon House（＝1996，熊沢誠・山田潤訳『ハマータウンの野郎ども』筑摩書房）.

山田昌弘．2005,「家族神話は必要か？——第二の近代の中の家族」『家族社会学研究』16 巻 2 号，pp. 13-22.

山田昌弘．2009,「家族のオルタナティブは可能か？」上野千鶴子編『家族を超える社会学　新たな生の基盤を求めて』新曜社，pp. 202-207.

やまだようこ．2000,「人生を物語ることの意味——ライフストーリーの心理学」やまだようこ編著『人生を物語る——生成のライフストーリー』ミネルヴァ書房，pp. 1-38.

山野良一．2008,『子どもの最貧国・日本――学力・心身・社会におよぶ諸影響』光文社新書．
山野良一．2010,「日米の先行研究に学ぶ子ども虐待と貧困」松本伊智郎編『子ども虐待と貧困　「忘れられた子ども」のいない社会をめざして』明石書店，pp. 187–236.
山野良一．2014,『子どもに貧困を押しつける国・日本』光文社新書．
山村健・天野郁夫編．1980,『青年期の進路選択――高学歴時代の自立の条件』有斐閣選書．
山崎鎮親．1993,「家族の子育て・教育ストラテジー――生活困難層の親の願いと苦悩」久冨善之編『豊かさの底辺に生きる――学校システムと弱者の再生産』青木書店，pp. 63–105.
湯浅誠．2008,『反貧困――「すべり台社会」からの脱出』岩波新書．
湯澤直美．2009,「貧困の世代的再生産と子育て――ある母・子のライフヒストリーからの考察」『家族社会学研究』第 21 巻第 1 号，pp. 45–56.
湯澤直美・藤原千沙．2009,「生活保護世帯の世帯構造と個人指標」『社会福祉学』第 50 巻第 1 号，pp. 16–28.
2014,『生活保護手帳　別冊問答集 2014』中央法規．

著者略歴

大妻女子大学大学院人間文化研究科博士後期課程修了。博士（生活科学）。

現　在　大妻女子大学家政学部常勤特任講師

主論文　「生活保護世帯の子どもの生活と進路選択」『教育学研究』第 79 巻第 1 号（2012），「生活保護世帯に育つ子どもの中卒後の移行経験に関する研究」『教育社会学研究』第 95 集（2014）

生活保護世帯の子どものライフストーリー
貧困の世代的再生産

2016年 2 月20日　第 1 版第 1 刷発行
2017年 7 月30日　第 1 版第 2 刷発行

著　者　林《はやし》　明《あき》　子《こ》

発行者　井　村　寿　人

発行所　株式会社　勁《けい》　草《そう》　書　房

112-0005 東京都文京区水道2-1-1　振替　00150-2-175253
（編集）電話 03-3815-5277／FAX 03-3814-6968
（営業）電話 03-3814-6861／FAX 03-3814-6854
本文組版 プログレス・大日本法令印刷・松岳社

ISBN978-4-326-60289-6　Printed in Japan

http://www.keisoshobo.co.jp